U0632180

西安文理学院西安国家中心城市建设研究中心系列丛书

土地资源占补平衡制度创新研究

田富强/著

西安文理学院学术专著出版基金资助

科 学 出 版 社

北 京

内 容 简 介

本书研究土地利用效率提升与建设用地指标配置，分析土地资源占补指标的价格与收益，进行建设用地指标占补平衡创新，研究土地资源占补平衡对新型城镇化建设的影响，在不同领域进行土地资源占补平衡制度创新，建立种票制度、肥票制度、管票制度、推票制度、沼票制度、沙票制度、河票制度、政票制度、教育土地资源占补平衡制度等。同时研究土地资源占补平衡与发展权问题，对土地资源占补平衡进行评价，探讨其发展趋势。统筹耕地与建设用地指标，建立稳步增长的粮食总产量红线。把土地资源占补平衡制度推广到各领域，全面系统地研究占补平衡制度。

本书适合经济、管理、土地、资源、城镇、农村、粮食、贸易等领域的研究人员、管理人员、教师、学生和关注土地资源问题的广大读者阅读。

图书在版编目（CIP）数据

土地资源占补平衡制度创新研究/田富强著. —北京：科学出版社，2017.9
（西安文理学院西安国家中心城市建设研究中心系列丛书）
ISBN 978-7-03-054601-2

Ⅰ. ①土⋯　Ⅱ. ①田⋯　Ⅲ. ①土地资源-资源管理-研究-中国　Ⅳ.
①F323.211

中国版本图书馆 CIP 数据核字（2017）第 236442 号

责任编辑：徐　倩 / 责任校对：贾娜娜
责任印制：吴兆东 / 封面设计：无极书装

科学出版社 出版
北京东黄城根北街 16 号
邮政编码：100717
http://www.sciencep.com

北京京华虎彩印刷有限公司 印刷
科学出版社发行　各地新华书店经销

*

2017 年 9 月第 一 版　开本：720×1000　1/16
2017 年 9 月第一次印刷　印张：16 3/4
字数：328 000

定价：102.00 元
（如有印装质量问题，我社负责调换）

目　　录

第一章　土地利用效率提升与建设用地指标配置

第一节　土地资源占补平衡研究

一、土地资源占补平衡的研究背景

1. 新型城镇化战略中的建设用地紧张问题

（1）新型城镇化战略的建设用地需求。新型城镇化战略需要更多的建设用地指标，没有包括土地资源占补平衡制度在内的供地制度创新，建设用地指标很难完全满足。深化土地资源占补平衡制度研究，并向不同领域推广，是新型城镇化战略实施的需要。

（2）粮食安全、耕地总量控制与土地用途管制。建设用地指标供应涉及耕地面积红线和粮食安全保障。土地资源占补平衡制度回避了这个问题，地票建立在严格遵循占补平衡规定基础上，土地资源占补平衡制度着眼于城乡建设用地指标统筹，保护耕地，提供更多的城镇建设用地指标，是新型城镇化战略供地制度创新的有效出路。

2. 新型城镇化战略前后的建设用地需求与供应

（1）新型城镇化战略之前的建设用地需求与供应。新型城镇化战略标志着城镇化速度与质量发生质的变化。以前的城镇化是不自觉的城镇化，以后的城镇化形成土地资源高效利用的制度。以前的城镇化是无序的供地制度，以后的城镇化必须建立有序的供地制度。

（2）新型城镇化战略之后的建设用地需求与供应。未来新型城镇化战略需要更为持久的大量的建设用地供应，城镇化比例和城镇化速度决定了未来的城镇化，必须以可持续的建设用地指标供应为基础，以往的无序供地制度很难可持续发展，土地资源占补平衡制度是一种很有发展潜力的供地制度。

3. 建设用地的利用效率提升路径是城乡建设用地指标统筹

（1）建设用地需求量增加过快。面对增量稳步提升的建设用地指标，要进行高效利用土地资源的制度创新。土地资源占补平衡制度作为相对比较成熟的制度设计，具有不危害耕地红线的先天优势，可以为建设用地指标的可持续大量供应提供支撑。

（2）效率提升要充分利用乡村的闲置建设用地。在耕地指标、乡村建设用地指标与城镇建设用地指标三大块土地指标中，如果不触及、不突破耕地红线，必须在乡村建设用地指标与城镇建设用地指标之间做出统筹安排。大量的闲置乡村建设用地资源是城镇化发展的必然结果，是城镇化发展的建设用地指标来源。解决好建设用地指标的利用效率问题，要从乡村建设用地指标入手，解决好乡村建设用地指标利用效率问题，可以拉动城镇化发展，同时解决大量劳动力进城后的闲置土地资源利用问题。

（3）城乡建设用地指标自由配置。土地资源占补平衡是良好的耕地占补平衡实施平台，开放城乡建设用地指标流动渠道，建立市场交易平台，是土地资源占补平衡制度的思路。这个思路进一步开掘，可望对建设用地指标配置作出贡献。

二、地票概念

1. 地的概念

1）地票与建设用地

（1）地票制度解决建设用地指标紧缺问题。地票制度的初衷是为解决建设用地指标紧缺问题。建设用地指标的紧缺，是驱动土地资源占补平衡创新的原动力，也是最大的利益驱动。地票制度创新，就是为解决城镇化用地而谋求的制度创新。

（2）地票制度的利益驱动。制度是利益驱动的产物，没有利益驱动，制度的创新动力不足，制度创新不能没有利益驱动，没有利益驱动的制度创新行而不远。利益群体追求利益的冲动，形成从开始到成熟、从试点到普及的动力机制。讳言利益对地票制度创新的价值不客观，制度的受益者获益，而获益者只涉及小部分人，这样的制度创新，其利益驱动不为大多数人接受。地票制度的最大受益者是建设用地指标的获取者，地票受益者还有广大农民。这部分人在地票制度实践中属于弱势群体，被动地参与土地资源占补平衡实践。很多人受到经济盘剥，土地资源占补平衡的强大利益驱动会引发负面的评价。

2）地票与耕地

耕地参与土地资源占补平衡交易，涉及三个问题：一是耕地红线保护，土地资源占补平衡是耕地红线的产物，没有耕地红线保护制度，就没有占补平衡制度的产生，没有占补平衡制度，土地资源占补平衡就无法出现，如果耕地红线制度出现重大变化，随其出现的耕地占补平衡制度和地票制度都将重新定位；二是粮食安全保障，在占补平衡的框架内进行地票制度创新，前提是在保护耕地面积不减少的条件下保护粮食安全，粮食安全保障需要保护耕地面积，也需要提升耕地利用效率，尽量不触动耕地面积，不引发耕地面积减少，是在不考虑耕地利用效率的条件下，对粮食安全保障的考虑，如果考虑耕地利用效率与耕地面积保护相结合的制度设计，地票制度将发生重大变化；三是耕地利用效率，土地资源占补平衡没有涉及耕地利用效率。研究土地资源占补平衡，离不开耕地利用效率的分析。如果耕地利用效率发生变化，土地资源占补平衡的基础也将发生变化。耕地利用效率的提升，可以在保障粮食总产量不下降的条件下，少利用一部分耕地。在新型城镇化战略的发展过程中，建设用地指标需求量大增。少利用的这部分耕地包括两部分：一是保留一定比例，留待以后粮食需求量增加后应对粮食安全需求；二是其余部分，特别是其中的大量抛荒耕地，完全可以转变为建设用地指标，土地资源占补平衡将会发生质的变化。地票制度将从占补平衡的框架中解脱出来，耕地总量略有减少，粮食总产量略有增加，建设用地指标逐步增加，新的框架让地票制度成为配置耕地资源、提高利用效率的关键。

　　3）地票与土地

　　土地利用效率提升有两个途径：一是通过建设用地内部的结构调整，统筹城乡建设用地指标，在土地资源占补平衡下，让城乡建设用地指标自由流动，实现建设用地指标的利用效率提升，最终把大规模低效利用的乡村建设用地指标，逐步转变为城镇建设用地指标；二是通过土地资源占补平衡创新，最大限度地提升耕地的利用效率，才能从整体上提升土地的利用效率。耕地利用效率的提升，离不开地票制度框架。在粮食总产量不下降的条件下，对土地资源占补平衡提高耕地利用效率的行为进行激励。

　　地票制度实现了土地用途的转变，如图 1-1 所示。

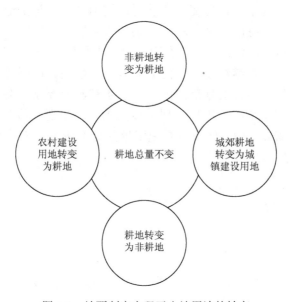

图 1-1　地票制度实现了土地用途的转变

2. 票的含义

票是钞票,是交易的票据,是配额供应指标(如粮票),是价格双轨制下购买商品时存在价格差的票证(如低价肥料),是有价证券(如股票),是可以储存的有价物(如银票)。

(1)地票与钞票。钞票即货币。以往农民复垦耕地,没有更深一层的含义,也不会有人对粮农复垦耕地予以激励。有了土地资源占补平衡创新以后,粮农复垦耕地行为有了激励,产生的地票收益可以让粮农分享。地票虽然并非钞票,但是可以带来一定数量的货币收益。

(2)地票与交易票据。地票是一种有经济价值的票据。这种票据具有核算价值和经济意义,可以对占补平衡条件下建设用地指标与耕地指标的相互沟通进行记录。地票事关新型城镇化战略的健康实施,具有很高的实验价值,小票据承载着大改革。

(3)地票与配额供应指标。票的一个重要含义是配额供应的指标。例如,取消以前的粮票,就是凭证供应的配额指标的载体。地票出现以前,建设用地指标供应是一种情况,地票出现以后,地票成为一种相对新鲜的制度尝试,承担着配额供应建设用地指标的任务。

(4)地票与价格双轨制下的票证。地票的价格等于完全让市场配置建设用地指标的价格减去计划方式配置建设用地指标的价格。地票支出实际上是一种价差的反映,大量建设用地指标通过计划方式配置,完全让市场配置建设用地指标目前并不存在。完全让市场配置建设用地指标的价格等于地票的价格与计划方式配置建设用地指标的价格之和。地票的价格决定了地票的价值,地票的价值类似于有价证券,这种价值必须在限定时间内实现。一般必须在交易后 2 年内落地,到期地票不得继续使用,由交易所原价购回。地票实现价值有地域限制,落地范围必须在城镇规划范围内。地票还有额度控制,例如,重庆市每年地票交易量是城市新增建设用地计划指标的10%,以避免投资过热产生泡沫,确保经济社会健康发展[1]。地票没有无限期的储存价值,但在 2 年期限内具有价值。

三、地票研究综述

1. 地票的内涵与基本情况

(1)地票内涵。地票研究方兴未艾,城镇建设用地指标紧张,乡村建设用地指标大量闲置[2]。重庆市通过了《重庆农村土地交易所管理暂行办法》,举行了农村土地交易会[3]。地票是经过复垦并经土地管理部门严格验收后产生的指标[4]。通过集体建设用地与城镇建设用地的远距离、大范围置换，提升偏远农村的土地价值，实现城市反哺农村的目的[5]。城乡建设用地置换是有效缓解"城市建设用地短缺"和"农村建设用地闲置"之间矛盾的重要途径[6]。地票通过土地资产的货币化实现节省耕地的可持续发展模式[7]。地票能降低集体建设用地体制外流转的成本和制度风险[8]。

（2）地票基本情况。地票最高单价为 270 万元/hm^2，最低单价为 120.30 万元/hm^2，平均单价为 167.25 万元/hm$^{2[1]}$。截至 2011 年年底，重庆市进行 23 场交易，累计交易地票 175 亿元。交易 5906.67hm^2，使用 3240hm$^{2[9]}$。

（3）地票研究文献。地票研究文献有国土资源部《关于规范城镇建设用地增加与农村建设用地减少相挂钩试点工作的意见》[10]、成都市人民政府《关于完善土地交易制度促进农村土地综合整治的意见（试行）》[11]、成都市国土资源局《关于完善建设用地指标交易制度促进农村土地综合整治的实施意见》[12]、重庆市人民政府《重庆农村土地交易所管理暂行办法》[13]、重庆市农村土地交易所《重庆市城乡建设用地优化配置与农村建设用地复垦研究报告》[14]及重庆市国土资源局和房屋管理局《关于规范地票价款使用促进农村集体建设用地复垦的指导意见》[15]。北京大学国家发展研究院综合课题组[16]、陈悦[17]、魏峰等[18]、沈冰等[19]、付海涛和段玉明[20]、岳彩申和张晓东[21]、黄忠[22]，对地票制度与运行问题的研究都很有意义。

2. 地票的基本功能和意义

（1）地票制度的基本功能。地票具有协调土地市场与管理秩序、完善耕地占补平衡、优化城乡建设用地布局、促进缩差共富和为农村土地产权制度改革形成制度供给五大功能[23]。地票实现了实物资产的证券化，完成了实物资产货币化过程[24]。

（2）地票的重要意义。允许集体土地直接入市不能取代地票制度[25]。地票制度存在广阔的交易空间和制度变迁动力[26]。地票制度有效保护耕地[27]，对推进我国城乡统筹发展具有重要意义[28]。地票最大的意义在于能有效解决农村建设用地闲置和城镇建设用地紧张的矛盾[4]，城乡统筹以地票模式探索农村集体建设用地流转管理制度改革[29]。地票是对农村土地资产价值的重新发现，是我国城乡二元体制下对农民土地利益的补偿[30]。叶延[31]认为提高土地的整体利用效率，让外围地区获得建设用地指标转让的收益，实现区域经济的一体化发展[32]。地票模式是城乡建设用地市场一体化的初步探索[33]，开启了农村土地制度变迁之路，形成了从宅基地换房、挂钩项目到地票的演进路径[34]。地票制度对我国农村建设用地的流转具有重要参考价值，为城乡土地提供了统一的交易制度通道[35]。

3. 地票的价格与收益

（1）地票价格。地票价格是农用地转为建设用地并产生土地增值收益的权益价格，是耕地的国家粮食安全保障价格与生态价格之和[36]。影响地票价格的成因主要包括地票用途、竞价累积效应、地票票面面积、拍卖方式和市场需求[37]，张泽梅[38]与严伟涛[39]对地票价格进行了探析。地票要以社会福利最大化为目标定价，保障地票交易各方——供票农民、地票落地政府、地票购买者的权益[40]，地票价格形成机制应该考虑市场定价和政府管制相结合的原则[41]。地票生产价格加上农村土地发展权补偿价格，形成成本价格[42]。

（2）地票收益。地票兼顾了涨价归公和涨价归农[43]，从地票利益分配机制来看，农民所得的实惠有限[44]，政府在制定相关政策时减少盲目性，可保障政策的公平性[45]。

（3）地票的利益分配。路乾认为地票交易中的市场机制会促使要素流向城镇、土地向大城市集中的"马太效应"，存在价格可操纵、政府无意创租和无法真正释放农村土地资源等问题。政府应更多地发挥提供服务的作用，加大监管力度，实现地票标准化，让被征地农民也能从地票交易中获益[4]。要确立农民的复垦主体与地票交易的主体地位[46]。

4. 地票存在问题与对策

（1）地票制度存在的问题。地票交易存在指标同市不同价、商业开发者搭便车以及指标泛滥[47]、边远地区支撑性发展要素过度流失、地票来源受限及内涵不够丰富的问题[23]。刘朝旭和雷国平[48]对地票制度的创新、问题与对策进行了探索。地票制度风险评估能够有效规避、减小风险，保证地票制度安全运行[49]，地票制度在运行中出现了功利主义需求与制度理性相冲突、政府机构职能异化、农民权益保障不足、政策调控过度而市场机制弱化等现象[28]，利益冲突问题必须引起思考[26]，把规划建设用地流转与指标交易结合起来统筹考虑[50]。

（2）完善地票制度的对策建议。地票应严格复垦耕地质量管理[23]。要明确交易主体、完善交易监管机构、建立交易收益分配制度[27]，逐步开放地票交易二级市场[51]，放开地票年度总量限制，将城乡建设用地增减挂钩与地票合并，创设耕地保护发展权交易方式进一步扩大交易标的[22]。地票制度与现有国有土地制度和农村土地制度的衔接非常重要，地票具有特有的法律性质[35]，黄忠[52]对地票的相关法律问题进行了辨析。

（3）需要的制度支持。实施地票制度，必须改革征地制度。地票制度的改革应当与缩小征地范围以及允许集体建设用地使用权直接入市等问题一并展开[30]。

四、其他研究

农村宅基地使用权可以以实物交易和地票交易的形式进行流转,具有突破性[53]。宅基地使用权地票交易通过市场机制对农村低效率使用的宅基地进行有效配置[54]。宅基地进入地票交易市场,解决城乡统筹背景下农村人口进城购房资金问题以及城乡差距较大、社会严重不公问题[55]。地票制度大范围推广能否实现取决于粮食安全保证能否实现[56],以重庆地票交易制度为蓝本,吸收成都地票交易制度的合理成分,探索建立成渝经济区统一的地票市场,逐步建立全国统一的地票市场,实现利益的最优化配置是今后地票制度宗善的重中之重[57]。地票制度变迁将收敛于一个完全改革的均衡状态[58]。

第二节　城乡建设用地指标配置

一、建设用地指标配置是城乡土地比例的统筹

乡村土地比较复杂,主要包括耕地和乡村建设用地,其中耕地属于一类用地指标,乡村建设用地属于三类用地指标。城镇土地基本上是建设用地(其中也有耕地,但城镇耕地不作为耕地指标管理)中首先被保证的指标,属于二类用地指标。三类用地指标在城乡的分布和统筹决定了中国土地分布总的格局。三类土地指标中,属于乡村的有耕地和乡村建设用地指标。乡村要着力保护耕地指标不被侵占,主要是不被城镇建设用地侵占,其次不被乡村建设用地侵占。在确保粮食安全的条件下,要重点保护城镇建设用地指标。

二、城乡建设用地指标交易是典型的城镇包围乡村的过程

1. 建设用地指标配置确定了城乡土地布局

(1)乡村面积减少对乡村用地影响不大。耕地面积大,建设用地总量却并不大。从微观来看,城镇对乡村的侵占比较明显,乡村建设用地指标减少主要是因为乡村建设用地指标的城镇化。虽然这个进程中涉及的土地指标与 18 亿亩(1 亩=667m²)耕地红线相比微不足道,但乡村建设用地指标城镇化影响不容忽视。假定目前乡村总面积为 p,包括两个部分:耕地总面积 q 和乡村剩余建设用地面积 o, $p = q + o$。假定转变为城镇建设用地指标的乡村建设用地面积为 s,

城镇面积主要是建设用地，原有城镇建设用地面积为 t，乡村建设用地指标和转变为城镇建设用地指标的乡村建设用地面积之和为 r，则乡村面积减少，此时剩余乡村建设用地指标 o 为：$o=r-s$，$r=o+s$。假定城镇面积 m 等于原有城镇建设用地面积 t 与转变为城镇建设用地指标的乡村建设用地面积 s 之和：$m=s+t$。假定城乡面积总量为 u，城乡面积包括乡村面积 p 和城镇面积 m，则：$u=p+m=q+o+s+t$。假定转变为城镇建设用地指标的乡村建设用地面积 s 占乡村面积 p 及转变为城镇建设用地指标的乡村建设用地面积 s 之和的比例为 v，则：$v=s/(p+s)=s/(q+o+s)$。转变为城镇建设用地指标的乡村建设用地面积 s 占原有城镇建设用地面积 t 的比例为 w，则：$w=s/t$。乡村面积包括耕地面积，耕地面积在耕地红线 18 亿亩水平之上。因此乡村面积大于原有城镇建设用地面积 t：$p>t$，则：$w>v$。转变为城镇建设用地指标的乡村建设用地面积占乡村面积及转变为城镇建设用地指标的乡村建设用地面积之和的比例，与转变为城镇建设用地指标的乡村建设用地面积占原有城镇建设用地面积的比例相比微不足道，三类用地指标的关系和发展趋势如图 1-2 所示。

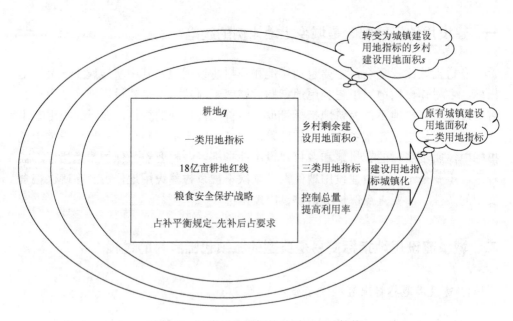

图 1-2　三类用地指标的关系和发展趋势

（2）城镇建设用地指标的增加对城镇面积影响较大。城镇建设用地存量与乡村总面积相比微不足道。城镇建设用地指标的提升，对城镇影响大。转变为城镇建设用地指标的乡村建设用地面积占原有城镇建设用地面积的比例，比转变为城镇建设用地指标的乡村建设用地面积占乡村面积及转变为城镇建设用地指标的乡村建设用地面积之和的比例重要。假定 w 与 v 的比例为 n，则：$n = w/v = [s/t]/[s/(q+o+s)] = (q+o+s)/t$。随着建设用地指标的城镇化，转变为城镇建设用地指标的乡村建设用地面积 s 逐步扩大，转变为城镇建设用地指标的乡村建设用地面积占原有城镇建设用地面积的比例快速增长，并且增长幅度显著。

2. 城镇包围乡村的战略转型

城镇化是乡村建设用地指标的城镇化，乡村建设用地指标城镇化是城镇包围乡村的过程。城镇包围乡村是中国历史上的重大转折，以往农村人口占总人口的比例很高，城镇很难解决更多乡村人口的就业和居住难题。只有城镇常住人口数量超过总人口一半的比例之后，战略转型的契机开始出现，乡村本位的经济布局开始发生变化，城镇本位的经济布局初步形成。就业人口的分布，长时间内都是农村大于城镇，只有最近城镇人口第一次超过农村，成为人口的主要聚居地。城镇人口占主流时，进入城镇本位的经济发展阶段。目前已经超越乡村为主体的经济发展阶段，属于城乡统筹阶段。两三亿农民工进城定居后，开始进入城镇本位的经济发展阶段。

三、从乡村包围城镇到城镇包围乡村

当下城乡统筹的经济布局发展到城镇本位的经济布局后，实现了城镇包围乡村的历史发展阶段。目前的统筹状态只是城镇包围乡村的过渡阶段，但仍然可以看出城镇包围乡村的一些特征。

1. 城镇对乡村建设用地指标的利用

（1）乡村建设用地指标为 0 的极端情况。假定城镇完全拥有乡村建设用地指标。这是极端的情况，剩余乡村建设用地指标 o 为 0，则 $r = s$。乡村建设用地指标和转变为城镇建设用地指标的乡村建设用地面积之和 r 等于转变为城镇建设用地指标的乡村建设用地面积 s，乡村没有建设用地指标。

（2）耕地总面积等同于乡村总面积。乡村没有建设用地指标，耕地总面积 q 此时等同于乡村总面积 p：$p = q$，乡村用地全部是耕地。假定乡村用地耕地化比例为 1，规定等于耕地面积与乡村用地面积的比例：$1 = q/p$，则：$1 = q/p = 100\%$。乡村用地耕地化比例为 100%，耕地占乡村用地的比例为 100%，所有乡村居民在城镇居住，乡村全部耕地化的目标完满实现。如果全部乡村居民居住在城镇，并不影响下乡耕作。

（3）从土地比例来看，城镇化比例已经实现 100%。假定城乡建设用地面积为

k，等于剩余乡村建设用地指标 o 与城镇面积 m 之和，则 $k=o+m=o+s+t$，因为 $o=0$，则有 $k=m$。城镇化比例 j 可以根据城镇面积 m 与城乡建设用地面积 k 的比值计算：$j=m/k$。城镇化比例已经实现 100%：$j=m/k=100\%$，城镇面积等于城乡建设用地面积。

2. 对乡村建设用地利用效率的挤压和提升

乡村建设用地指标的下降伴随着建设用地利用效率的提升。城镇通过利用乡村建设用地指标提升乡村建设用地利用效率。城镇建设用地指标利用效率较高。通过城镇建设用地面积 m 在城乡建设用地面积 k 中的比例 f 分析建设用地指标的效率提升，则有 $f=m/k$。

剩余乡村建设用地面积 o 在城乡建设用地面积 k 中的比例 e 为：$e=o/k$。因为 $k=o+m$，$e+f=1$，$e=1-f$，$f=1-e$。单位面积的乡村建设用地的产出效率 h 与单位面积的城镇建设用地的产出效率 i 的比值 g 为：$g=h/i$，则有 $h=g\times i$。

乡村建设用地的总产出 d 与剩余乡村建设用地面积 o、单位面积乡村建设用地产出效率 h 的关系是：$d=o\times h$。城镇建设用地总产出 c 与城镇建设用地面积 m、单位面积城镇建设用地产出效率 i 的关系是：$c=m\times i$。

城乡建设用地总产出 b 与乡村建设用地总产出 d、城镇建设用地总产出 c 的关系是：$b=d+c=o\times h+m\times i=o\times g\times i+m\times i=(o\times g+m)\times i$。

城乡建设用地单位面积利用效率 a 与城乡建设用地总产出 b、城乡建设用地面积 k 的关系是：$a=b/k=[(og+m)i]/(o+m)=i[(og+m)/(o+m)]$。

城镇通过高效利用乡村建设用地指标，加快居民进城定居速度。城镇通过利用乡村建设用地指标，充分利用建设用地指标的附加价值，使城镇化成为建设用地指标附加值的城镇化。

四、城乡的布局分工更为简单明确

最大限度地减少乡村建设用地指标及其比例。城镇通过占用乡村建设用地指标，提升耕地在乡村用地中的绝对优势比例，使得乡村主要成为耕地，减少乡村建设用地指标及其比例。

城乡用地和建设用地—耕地的关系更加清晰简洁。城镇通过利用乡村建设用地指标，提升城镇土地占城乡土地面积的比例，使得城乡的布局分工更为简单明确，城乡用地分为两大类：建设用地与耕地。

城乡用地的原有分类如图 1-3 所示，城镇本位时代城乡建设用地的分类如图 1-4 所示。

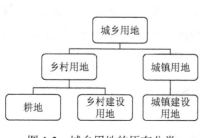

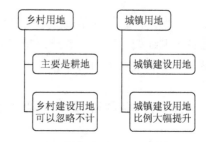

图 1-3 城乡用地的原有分类　　图 1-4 城镇本位时代城乡建设用地的分类

第三节 土地利用效率统筹配置建设用地指标

一、利用效率与建设用地指标的总量提升

1. 建设用地指标内部优化配置遵循效率原则

建设用地指标经常关注两个方面：一是建设用地指标总量；二是现有建设用地指标总量的优化配置。效率高的区域可以获取更多建设用地指标，效率低的区域，建设用地指标通过地票制度向效率高的区域流动。只要地票制度设计足够有效，交易成本足够低，效率原则可以在城乡建设用地市场高效地配置建设用地指标，把利用效率不高的指标输送到较高地区。最终实现建设用地指标利用效率的均衡（图 1-5）。

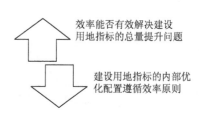

效率能否有效解决建设用地指标的总量提升问题

建设用地指标的内部优化配置遵循效率原则

图 1-5 建设用地指标配置效率

2. 利用效率提升与建设用地指标总量

（1）建设用地指标和耕地指标总量涉及两个领域。效率原则可以有效地解决建设用地指标的内部分配问题。制度设计高效时，利用效率成为有效地提升建设用地利用效率的杠杆。对建设用地指标内部效率提升十分有效的效率原则，能否超越界限，向外开拓，解决建设用地指标总量的提升问题？建设用地指标总量的提升，主要涉及耕地与建设用地的关系问题。能否从耕地总指标量中，获取一定指标，涉及耕地和建设用地两个完全不同领域的土地利用效率问题。

（2）建设用地指标和耕地指标总量的制定遵循不同的原则。耕地指标总量是红线战略规定好的，建设用地指标总量只能由耕地总量来决定。假定用作耕地和建设用地的土地面积总量是 A_1，耕地红线为 B_1（18 亿亩），建设用地指标为 C_1：$C_1 = A_1 - B_1$。只要用作耕地和建设用地的土地面积总量与耕地红线是确定的，那么建设用地指标总量就是确定的。耕地红线是首先被确定的量，建设用地指标总量是被耕地红线所决定的数量，耕地红线逼迫建设用地指标的高效利用，成为提升建设用地利用效率的动力。

二、地票帮助乡村建设用地利用效率的提升

建设用地指标从乡村流动到城镇，对乡村建设用地利用效率提升可以分为三个阶段（图 1-6）。第一阶段是存在大量闲置乡村建设用地指标的阶段，通过地票制度，将大量的闲置建设用地指标输送给城镇，解决乡村建设用地指标的闲置问题。第二阶段，通过地票制度将利用效率低于城镇的乡村建设用地的潜力充分发掘，通过集中居住，压缩乡村建设用地指标。乡村建设用地指标的压缩，意味着乡村建设用地利用效率的提升。

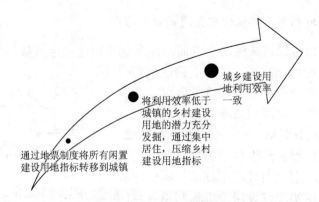

城乡建设用地利用效率一致

将利用效率低于城镇的乡村建设用地的潜力充分发掘，通过集中居住，压缩乡村建设用地指标

通过地票制度将所有闲置建设用地指标转移到城镇

图 1-6　提升乡村建设用地利用效率的阶段

假定乡村建设用地指标数量为 A_2，乡村单位土地建筑面积为 B_2，总建筑面积为 C_2，$A_2 \times B_2 = C_2$。

假定通过地票制度，将面积为 D_2 的建设用地指标流动到城镇，乡村剩余建设用地指标为 E_2：$E_2 = A_2 - D_2$。

建设用地指标流动后的乡村单位土地建筑面积为 F_2：$F_2 = C_2/(A_2 - D_2)$。

在总建筑面积不变的情况下，土地利用效率可以通过单位土地的建筑面积来反映。单位土地的建筑面积提升量为 G_2：

$$G_2 = F_2 - B_2 = C_2/(A_2 - D_2) - B_2 = (A_2 \times B_2)/(A_2 - D_2) - B_2$$
$$= (B_2 \times D_2)/(A_2 - D_2) = B_2/(A_2/D_2 - 1)$$

乡村建设用地指标数量与单位土地建筑面积不变的情况下，单位土地的建筑面积提升量与流动到城镇的乡村建设用地指标相关，并且变化方向一致，D_2 越大，

A_2/D_2 越小，(A_2/D_2-1) 越小，$B_2/(A_2/D_2-1)$ 越大。流动到城镇的乡村建设用地指标越大，单位土地面积的建筑面积提升量越大。

第三阶段，乡村建设用地指标的潜力被充分发掘后，城乡建设用地利用效率一致，建设用地指标流动后的乡村单位土地面积中的建筑面积 F_2，与城镇单位土地面积中的建筑面积 H_2 一致：$F_2 = H_2$。

三、土地利用效率的城乡差距

1. 土地利用效率的差距是建设用地指标流动的基础

城乡建设用地指标的流动，遵循效率差距规律。只要制度设计的成本足够低，指标总是从利用效率低的区域向利用效率高的区域流动。

2. 城乡之间的建设用地指标

城乡之间的效率差距。地票制度抓住乡村闲置建设用地指标，将利用效率为 0 的乡村闲置建设用地指标出售给城镇，实现建设用地指标从乡村向城镇的流动。未来城镇化成熟阶段，乡村城镇化处于发展的较高阶段，城镇闲置建设用地指标可能向乡村流动，真正实现城乡之间的建设用地指标双向流动。常见的地票运行领域是从乡村向城镇的流动，地票定义规定的主要是这一类型，建设用地指标从城镇向乡村的流动要等到城镇化成熟阶段才会普及（图1-7）。

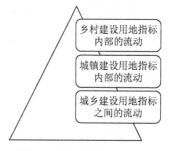

图 1-7 地票制度运行方向

3. 城镇内部的建设用地指标

（1）城镇内部的效率差距。不同城镇之间的建设用地指标存在相互交流的空间，城镇内部也存在建设用地指标相互交流的空间。城镇内部的建设用地利用效率的差距总是存在的，效率差距为指标流动提供机会。

（2）建设用地指标在城镇内部的流动。拆迁是建设用地指标在城镇内部流动的表现之一。地票制度如何与拆迁相互协调，值得深入研究。拆迁往往发生在城镇内部土地利用效率较低的区域，为了更好地利用建设用地指标，将原有利用效率较低的建筑拆除，改建为利用效率较高的建筑，符合利用效率对建设用地指标的配置规律。

4. 乡村内部的建设用地指标

城镇内部存在建设用地指标利用效率的差距，乡村内部也是如此。等到乡村城镇化高潮来临之后，乡村之间的利用效率差距为指标流动提供动力。

建设用地指标在乡村内部的流动。乡村城镇化形成高潮，乡村建设用地指标将会紧张，乡村内部的建设用地指标配置力度加大，指标将会从利用效率较低的地方向较高的地方流动。

四、安置聚居点的土地再度利用

1. 农村居民安置点再开发

建设用地指标要从现有存量中源源不断地挤出，就需要对现有建设用地重复多次的挤压式利用。通过不断地挤压，提升现有建设用地的利用效率，最终挤出建设用地指标来。现有乡村建设用地资源利用效率还可以多次提升。通过多次聚居，逐步缩小建设用地占用指标，将挤压出来的建设用地指标用在城镇化建设中。未来聚居点的土地资源，还会再度纳入指标统筹的范畴。聚居点是复垦了宅基地的乡村居民被集中安置的地点，往往距离原来的村组很近，适应未来建设用地指标匮乏的需要，安置点的土地再利用如图 1-8 所示。

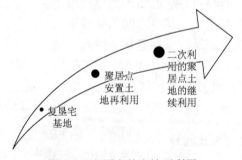

图 1-8　安置点的土地再利用

2. 多轮利用提升建设用地利用效率

第二轮开发后，只要城镇建设用地利用效率比较高，乡村建设用地资源的深度开发利用就有可持续性，可以继续进行第三轮、第四轮的开发。乡村居民居住用地指标越来越少，居住地可以逐步向城镇靠拢。

五、地票交易最终改变城乡之间的土地用途布局

1. 利用效率、指标流动与城乡布局

利用效率低的地方产生指标更多。建设用地指标随着地票交易在城乡之间

流动，利用效率越低的乡村产生更多地票指标，源源不断地输送到利用效率更高的地区。

利用效率高的地方将获取更多的指标。土地指标利用效率越高的地区，为地票指标支付的价格越高，地票交易中拿到地票的机会越多，获取的地票指标越多。利用效率高的地方成为指标流向的聚焦点。其他条件一致的情况下，土地指标向利用效率更高的地区配置，形成良性指标配置体系。

2. 利用效率一致情况下指标与人口成正比

指标一定的情况下人口与利用效率成反比。利用效率 a 可以近似地表示为指标 b 与人口 c 的比值，$a = b/c$。假定其他条件不变，在建设用地指标一致的情况下，解决更多居民的用地问题，需要提升土地指标利用率。

利用效率一致的情况下指标与人口成正比。指标的自由流动使城乡之间的土地利用效率逐步均衡。公式 $a = b/c$ 中，利用效率趋同后，人口分布与指标数额成正比。人口较少的乡村地区，留下的土地指标更少。人口较多的城镇地区，获取更多的建设用地指标。地票的自由流动对城乡人口、土地指标的统筹意义很大。

3. 城镇带的形成与乡村的面积急剧缩小

若地票制度在全国普及，并成为唯一的建设用地指标来源渠道，地票交易盛行，交易量大，会发生极端情况：城镇辖区内的建设用地指标急剧增加，所占比例急剧上升，最终城镇辖区内所有土地成为建设用地，土地城镇化比例为100%。乡村辖区内的建设用地指标急剧减少，所占比例急剧下降，最终乡村辖区内所有土地成为耕地，土地城镇化比例为0%。地票制度对城乡建设用地指标的配置，会帮助乡村与城镇之间的土地用途布局发生彻底的变化。

六、城镇建设用地指标紧张

地票的发展不可能是出于短暂需求的一种权变的制度设计。地票制度试点的初衷是应对建设用地指标的匮乏。随着新型城镇化战略的推动，人口城镇化被提上议事日程，进城人口的定居已经被高度重视。以往 40 年的城镇化，并不关注人口城市化，只关注土地指标的增加，主要是城郊耕地指标向城镇建设用地指标的转化。原有城镇化无需为农民工提供住房，与新型城镇化战略相比，土地压力并不大。新型城镇化战略背景下，以往的土地需求仍然十分旺盛。每增加1%的城镇化比例，必须要有相应人口的居住问题解决。这样实实在在的人口城镇化，加大了建设用地指标的缺口。此后的城镇化，建设用地指标的需求不仅不会减少，而且会持续增加。持续增加的建设用地需求，要求地票制度必须可持续发展，以满足建设用地指标的持续供应。

城乡建设用地效率尚未持平。地票制度之所以可持续运行，与城乡建设用地效率的差距仍然存在有关。只要城乡建设用地资源的利用效率还存在差距，地票制度就有为城镇化提供源源不断的建设用地指标的动力。

乡村建设用地利用效率提高到城镇建设用地指标的水平，并不意味着地票制度将不再有存在的基础。只要在城乡所有建设用地领域，存在利用效率的差距，就会有建设用地指标的流动，也就会有地票制度运行的基础。

第二章　土地资源占补指标的价格与收益

第一节　地票的价格

一、城乡建设用地成本与指标的价格

1. 城乡建设用地指标的价格

没有市场交易机制的背景下，无法反映建设用地指标的价格。建设用地指标审批制条件下，没有建立公开、透明的建设用地指标交易市场，没有公平、公正的建设用地指标交易。建设用地指标的稀缺性，说明指标的价格很高。在没有市场交易机制的背景下，建设用地指标的价格很难得到体现。

2. 地票试点让城乡建设用地指标的价格浮出水面

目前审批制下十分隐蔽的建设用地指标，通过地票制度试点，开始展现其本质特征（图 2-1）。从地票本质入手看建设用地指标的稀缺性及其成本。

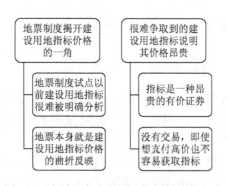

图 2-1　地票证实建设用地指标价格的存在

（1）地票是额外的拿地成本。地票额度是建设用地指标价格的一种曲折反映。地票的存在表示建设用地指标是有价的资源，大部分拿地者可以不购买地票就参与竞拍并获取土地。地票本身还有市场，一些不能轻易进入市场竞拍的开发者必须购买，建设用地指标是有价资源，不仅有成本，还有价格。在地票交易试点之前，拿地的范围窄，难度大。有了地票试点后，存在额外的地票交易价格问题。

（2）接受地票价格是对指标交易价格的默认。地票交易虽然受到拿地制度的影响，发展势头尚未达到理想状态，试点区域也比较狭窄，但从理论界和实业界对地票的接受来看，地票价格作为建设用地指标价格的曲折反映，基本达成共识。

3. 城乡建设用地的成本分类

（1）地票价格是原有拿地成本的附加部分。在审批制一统天下的区域，只有通过审批才会有建设用地指标供应。这时的拿地成本 C_1 只有一项，建设用地本身的价格就是传统招拍挂程序下，通过竞拍，价高者得，价格为 A_1。没有建设用地指标成本：$C_1 = A_1$。引入地票制度以后，通过购买地票拿地的开发者，需要支付的成本复杂化，拿地成本 $C_2 = A_2 + b_1$。其中 A_2 还是传统招拍挂程序下，通过竞拍的价格；每亩地票可以获取的交易资金为 b_1。引入建设用地的指标成本 B_0。B_0 在这里等于地票交易价格 b_1：$B_0 = b_1$；$C_2 = A_2 + b_1 = A_2 + B_0$。地票制度下拿地成本等于招拍挂的土地竞拍价与建设用地指标成本（地票价格）之和。

（2）地票价格将建设用地指标价格公开化。制度研究需要契机。即使没有地票制度试点，建设用地指标价格也会被广泛关注。但地票制度试点加速了这一过程，使得建设用地指标成为一个重要课题。特别是地票与发展权的微妙关系的解决，需要对发展权加以补偿，更需要深入地分析地票的本质，即地票到底是什么价格的直接或者间接反映。

二、地票与城乡建设用地指标价格的关系

1. 地票与城乡建设用地指标价格的关系分析

（1）地票与城乡建设用地指标价格的关系概述。地票制度是在城乡建设用地指标之间搭建一个桥梁，虽然目前很难区分城乡建设用地指标的价格，也很难确定两者的高低，但可以肯定地票价格 b_1 应该与目前的城乡建设用地指标的交易价格有关。不通过地票制度直接参与招拍挂竞拍，买地者支付价格 A_1，但并不支付地票价格。地票价格不是招拍挂程序下通过竞拍支付的土地价格 A_1。地票价格不是土地本身的价格，地票是市场制度的产物，是在审批制的主流制度下，被边缘化的拿地者不得不为拿地资格付出的成本。非边缘化的拿地者，不需要支付这笔成本。非拿地者占用审批制下的资源优势，相当于双轨制下计划内的指标。地票购买者通过支付地票交易资金，拿到的是计划外指标。计划外指标是需要花费成本的，计划内指标的价格在没有计划外指标时很难体现，只知道计划内指标很难拿到，但是没有公开的市场交易，自然也就没有明码标价的市场价格。地票交易

资金几乎就是计划外指标的价格，建设用地指标的计划外指标价格，实际上就是建设用地指标的价格。计划内指标免收指标价格，不需要支付地票交易价格，没有建设用地指标成本，地票是购买者所支付的建设用地指标价格。

建设用地招拍挂后拿到土地者需要付出的成本如图 2-2 所示。

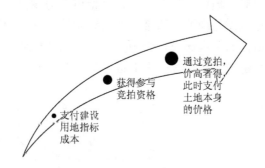

图 2-2　建设用地招拍挂后拿到土地者需要付出的成本

（2）地票与城乡建设用地指标关系的几种可能。建设用地指标的价格与地票价格的关系有两种情况：一种是直接地反映地票价格；另一种是间接地反映地票价格，如图 2-3 所示。直接反映包括两种情况：一种是地票价格与目前的城镇建设用地指标的价格有关；另一种是地票价格与目前的乡村建设用地指标价格有关。

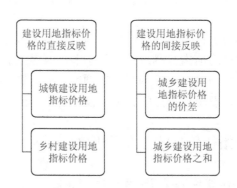

图 2-3　建设用地指标价格的直接和间接反映

2. 确定地票与城乡建设用地指标关系的标准

（1）目前地票交易价格与城乡建设用地指标价格的关系。目前的地票价格不高也不低，主要原因是地票属于试点区域的补充制度。二元供应的状态使得目前的地票价格很难分析，地票与城乡建设用地指标的关系假设，必须要能很好地解释目前地票的价格。

（2）只有地票供应时地票交易价格与城乡建设用地指标价格的关系。如果成都重庆的试点区域，将地票市场作为唯一的建设用地指标供应平台，地票价格还会有所变化。

试点区域的审批制的存在，影响了地票价格，使其价格不高。也许等到地票制度完全覆盖市场以后，地票价格会更高，地票供应力度会加大，最终地票价格涨跌很难确定。理想状态是地票作为唯一的建设用地指标供应平台的情况下，地票与城乡建设用地指标的关系假设，必须要能很好地解释地票的价格。

确定地票与城乡建设用地指标关系的标准如图 2-4 所示。

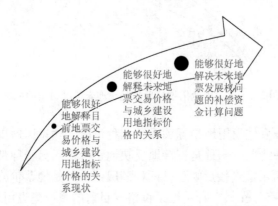

图 2-4　确定地票与城乡建设用地指标关系的标准

（3）未来地票交易价格与城乡建设用地指标价格的关系。未来乡村进入城镇化以后，乡村新增建设用地指标剩余的比例不多，甚至没有剩余。在地票供应平台的理想状态下，乡村需要从市场购买地票额度，此时需要支付的交易价格，必须能够从地票与城乡建设用地指标的关系假设中得到圆满的解释。

三、乡村建设用地指标价格的分类及价格

1. 乡村建设用地指标在乡村的出售价格

（1）不发达地区乡村建设用地指标在乡村的出售价格。目前建设用地指标的交易并不普及。建设用地指标主要是计划配置，比较典型的是行政区向上级申请建设用地指标。在占补平衡的实践中，绝大多数的指标配置，只有地票等少数尝试涉及指标交易。经济发展水平不高的地区，乡村建设用地指标很少在乡村出售。一块乡村建设用地被闲置，得到有效利用的方式是重新利用。

（2）耕地用途管制不严格的地区的乡村建设用地指标在乡村的出售价格。目前，部分农村耕地用途管制并不严格。村民在自家耕地上建设，无论是作为工商

业用途，还是作为宅基地，比较自由。这时乡村建设用地指标并不紧张，要开办工厂、商店，建设住房，都可以获得建设用地指标。此时乡村建设用地指标价格不高或者价格为0。

（3）耕地用途管制严格地区的乡村建设用地指标在乡村的出售价格。经济发达地区，如果耕地用途管制十分严格，建设用地指标又比较紧张，则不会出现不收取指标转让费的情况。即使没有公开的指标交易市场，也会通过其他交易方式，凸显指标的价值。乡村建设用地指标开始具有市场价格，乡村建设用地指标的价格，可以与地票价格加以比较。如果乡村建设用地可以复垦，闲置的乡村建设用地复垦不受自然条件的限制。假设乡村建设用地指标的价格为x，地票价格为y，当$x>y$时，乡村建设用地选择在村组内部转让，乡村建设用地复垦为耕地，作为地票交易不划算，没有地票供应。当$x<y$时，乡村建设用地选择在村组内部转让不如复垦为耕地。

2. 地票是乡村建设用地指标在城镇出售的实践

（1）乡村建设用地指标在城镇出售。农民工离开乡村到城镇打工，把自己的劳动力出售给城镇。如果乡村建设用地在城镇出售就需要具备一定条件，如果刚好是城乡结合部，乡村建设用地可以出售给城镇，作为城镇建设用地指标。完全可以通过地票交易等平台跨时空进行交易。

（2）地票购买者促进建设用地指标增加。地票是乡村闲置建设用地的复垦和再利用，是保障粮食安全的举措。城镇建设用地市场购买者，也许不需要弄明白自己所买的是什么、从何而来，他们只相信自己购买地票之后，就可以不受本地区建设用地指标的限制，去参加土地的招拍挂。本来一个城市地区的城镇建设用地指标是有限的，一些竞拍建设用地的人受到指标限制，不能入场竞拍。只要他们购买地票，就会增加城市的指标，原有的限制自然解决。城市获取新的建设用地指标的同时，持有地票的竞拍者获得以前不能获得的资格。持有地票的竞拍者不会去追究地票的本质与建设用地指标配置的关系，这是所在城市土地管理部门的事情。

（3）地票是乡村建设用地指标在城镇市场交易的价格。地票是乡村闲置建设用地指标，通过一系列复杂的环节，在城镇建设用地市场卖出一个好价钱。在建设用地指标总量基本稳定（可以开垦为耕地的非建设用地面积有限，可忽略不计）的情况下，城镇建设用地指标的增加意味着乡村建设用地指标的减少。城镇建设用地指标与乡村建设用地指标的紧密联动关系，使得地票价格与乡村建设用地指标价格发生某种联系：城镇增加的建设用地指标的成本，就是乡村建设用地指标减少的补偿。既然城乡建设用地指标的一增一减带来竞拍土地者的地票资金付出与复垦者的复垦补偿，地票就是乡村建设用地指标在城镇市场交易的价格。地票市场上城镇建设用地指标的增加意味着乡村建设用地指标的减少。

四、乡村闲置建设用地复垦的动机分析

1. 质疑地票交易价格的背景

建设用地指标是研究一个地区可以争取到的建设用地指标是否足够满足需要。地票交易市场上，建设用地指标交易及其增加，很少为竞拍者关注，竞拍者只是拿资金购买进场竞拍的权利。竞拍者很少想自己购买的地票额度是否为建设用地指标交易。建设用地指标增加，完全是政府应对国土资源部门监控的手段，很少与建设用地使用者发生深刻关系（图 2-5）。

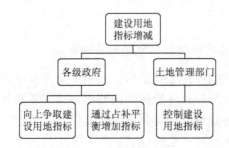

图 2-5　建设用地指标增减反映了部门间的关系

建设用地指标还没有形成完全的交易市场。在绝大多数建设用地指标来自政府部门向上级争取的情况下，建设用地指标的交易要形成完善的市场，不能在双轨制条件下运行。

没有明确的指标价格提法。局部试点的建设用地指标交易，其本质很难被完全认识，更不用说达成共识了。双轨制条件下运行建设用地指标交易很难发现指标的真实价格。

2. 乡村闲置建设用地复垦与转让的利益比较

（1）政策性偏向。强力推进地票制度试点，往往使得乡村建设用地指标优先保障城镇需要。地票制度试点以前，乡村闲置建设用地指标的利用并未受到高层的关注。当城镇建设用地指标严重匮乏后，乡村闲置建设用地指标的高效利用被高度重视。特别是新型城镇化战略实施以后，城镇建设用地指标匮乏的现状很难根本扭转。虽然提倡统筹城乡发展，但是优先保障城镇建设用地指标的趋势不会发生根本转变。

（2）城乡建设用地指标的供需紧张程度。同一地区城镇经济发展所需的建设

用地指标越多，建设用地指标越匮乏。

闲置建设用地进入地票交易市场的原因如图 2-6 所示。

图 2-6　闲置建设用地进入地票交易市场的原因

五、城乡建设用地指标的价格关系

乡村建设用地指标在乡村的价格很难被发现。乡村建设用地指标价格 B_2：$B_2 > 0$。即使乡村建设用地指标价格很难在乡村显现出来，也不会低于 0。地票制度出现以前，深入研究城乡建设用地指标价格的时机不成熟，进一步深入分析的框架尚未建立。为了解决发展权补偿资金问题，要对问题进行深入分析。

六、地票与城乡建设用地指标的价格的关系推测

1. 地票价格与城乡建设用地指标价格的关系

地票价格与城乡建设用地指标的交易价格关系如图 2-7 所示。目前的城镇建设用地指标价格 B_1、乡村建设用地指标价格 B_2 的取值很难确定，地票价格 b_1 是目前的城乡建设用地指标的交易价格的差值。地票可看作城乡建设用地指标的价差。地票价格与地票的形成过程有关，是乡村建设用地指标在城镇的投放。乡村减少了等量的建设用地指标，城镇增加了同样额度的建设用地指标，增减产生交易价格。交易价格与乡村建设用地指标在城镇的投放有关，很容易与城乡建设用地指标的价格产生关系。但是，这种推测并非毫无瑕疵。

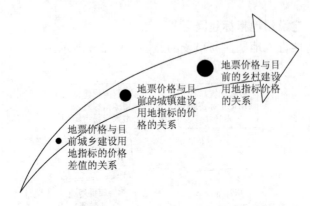

图 2-7　地票价格与城乡建设用地指标的交易价格关系

2. 地票价格与目前的乡村建设用地指标价格的关系

如果把地票看作乡村出产的建设用地指标在城镇市场的出售价格，很容易想到地票价格就是乡村建设用地指标本身的价格。乡村建设用地指标的价格应该是在乡村市场的交易价格，地票最终落户城镇，在城镇获取交易价格，城镇交易价格不应该是乡村建设用地指标在乡村的售价。

七、地票价格与城镇建设用地指标的价格关系

1. 地票价格与城镇建设用地指标的价格比较

地票交易价格的形成机制比较完善。一种推测是：地票价格 b_1 等于目前的城镇建设用地指标的交易价格。这种推测看似合理，地票是在城镇建设用地市场落地的，建设用地指标是有价格的，在城镇建设用地市场交易的建设用地指标，应该是城镇建设用地指标的价格。假定目前的地票交易价格 b_1 是建设用地指标价格 B_1 的估计值。另一种推测认为来自乡村的建设用地指标，在城镇建设用地市场交易所形成的价格，就是城镇指标交易价格。

2. 地票价格本质

地票价格是乡村闲置建设用地指标在城镇地票交易市场卖出的价格。首先，地票交易主体是乡村闲置建设用地指标。其次，地票交易价格是乡村闲置建设用地指标在城镇地票交易市场卖出的价格，是城镇建设用地指标的价格。再次，地票交易的实现条件是城镇建设用地指标价格高于乡村正在利用的建设用地指标价格。只有这样乡村闲置建设用地指标才会在城镇地票交易市场交易，不会首先在当地乡村建设用地市场拍卖。虽然这个价格没有完全实现自己的价值，但高于乡村正在利用的建设用地指标价格。

3. 城乡建设用地指标的价格决定地票交易的实现

乡村建设用地分为两种：一种是正在利用的乡村建设用地；另一种是闲置的乡村建设用地。两种用地指标价格不一样，闲置乡村建设用地利用效率低，其指标处于闲置状态，闲置乡村建设用地指标的价格应该较低（图2-8）。

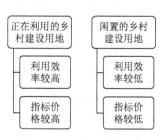

图 2-8　乡村建设用地的分类和指标价格

乡村建设用地指标价格为 B_2，正在利用的乡村建设用地指标价格为 B_{21}，闲置乡村建设用地指标价格为 B_{22}，$B_{21} > B_{22}$。乡村闲置建设用地指标价格虽然不为零，但是利用效率低，甚至可以忽略不计，因此作为一种大致的估计，假定乡村闲置建设用地指标价格 B_{22} 近似于 0。地票的价格本质为：地票交易成立取决于城镇建设用地指标价格与乡村正在利用的建设用地指标价格的比较，如果单位面积的乡村闲置建设用地指标转变为城镇建设用地指标的收益 B_1，大于转变为乡村正在利用的建设用地指标的收益 B_{21}，则把乡村闲置建设用地指标转变为城镇建设用地指标划算，才会有进入地票市场交易的可能。如果 $B_1 \leqslant B_{21}$，则乡村闲置建设用地指标进入地票交易市场的动力不足，此时可以就地将其转变为乡村正在利用的建设用地指标。只要地票交易产生的条件满足，会有源源不断的地票额度产生（图2-9）。

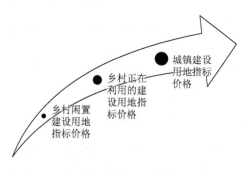

图 2-9　地票额度产生的条件

第二节　土地资源占补指标的价格

一、土地资源占补指标价格的高低

倘若土地资源占补指标的高价诱发了社会各方的广泛参与，促进了土地的管理和城乡统筹，促进了社会资本向农村流动，城市反哺农村，促进了三农问题的解决和城市化的进行。不能简单地认为这一定是坏事，更不能延误改革[59]。

1. 土地资源占补指标价格涉及多方利益

（1）土地资源占补指标增加建设用地购买者的经济支出。土地资源占补平衡是一种补充制度设计，是为解决用地方不能参与正常建设用地竞拍设计的。土地资源占补指标所需要支付的资金是建设用地购买者多支出的部分，正常的建设用地竞拍是全部购买者进场公平拍卖，价高者得。建设用地指标有限，建设用地需求太多，参与竞拍的建设用地购买者不能全部入场竞拍。选择进场参与竞拍的购地者是必要的，这就有一定数量的购地者没有进场交易的资格，土地资源占补指标交易平台给没有进场交易资格的购地者提供进场的资格。土地资源占补指标价格就是没有进场交易资格的购地者比有进场交易资格的购地者多付出的成本。无论有进场交易资格的购地者，还是没有进场交易资格的购地者，都需要支付购地款及其他款项。没有进场交易资格的购地者，还要多支付土地资源占补指标的价格（图 2-10）。

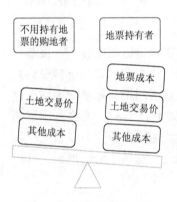

图 2-10　两种购地者需要付出的成本

（2）较高的价格吸引更多乡村建设用地被复垦。价格对市场的供需产生明显的影响。无论谁复垦闲置的乡村建设用地，都会从土地资源占补指标的较高收益中获利，这是土地资源占补指标供应增加的主要动力。要让土地资源占补指标满足用地需求，就要加大土地资源占补指标供应力度，价格较高很明显是有益于土地资源占补指标额度增加的。

2. 土地资源占补指标价格过高的影响

（1）影响建设用地市场交易的公平。土地资源占补指标不是进场交易竞拍建设用地的必备门票。土地资源占补指标在全国尚未建立统一的平台，许多省市没有地票试点。地票只是一种制度补充，进场交易门票的收取是个别现象，是特殊的，而不是普遍的规则。

（2）影响土地资源占补平衡的健康发展。地票制度试点仅几年时间。土地资源占补平衡是购地者的福音，土地资源占补指标暂时还在双轨制下运行。土地资源占补指标交易的支出是持有土地资源占补指标者比免票者多支出的部分，价格过高显示出入场资格歧视，过早地将进场门票双轨制的矛盾激化，不利于土地资源占补平衡的稳健发展。适度降低土地资源占补指标价格，从比较和缓的路径上开始，等到土地资源占补平衡获得市场认可，随着免费门票的额度下降，土地资源占补指标所占比例上升，土地资源占补指标价格由市场定价，管理层退出对土地资源占补指标价格的调节。土地资源占补指标价格根据市场供需的情况定价，真正实现土地资源占补指标价格的市场化。

二、土地资源占补指标价格的形成

1. 初期适度调控比较合理

土地资源占补指标价格先低后高。土地资源占补平衡是给一部分不能入场竞拍的购地者提供竞拍机会，帮助更多购地者实现目标的制度。如果制度开始阶段土地资源占补指标价格过高，购买者很难适应，先低后高的价格策略，容易诱导市场接受这一制度。

早期高价格不利于市场稳定。土地资源占补指标价格过高，激化矛盾，不能免费入场的购地者不满自己的境地，土地资源占补平衡看似带来机遇，结果过高的价格，打击了购地者的信心，使这些购地者更加不满竞拍制度，不利于建设用地市场的稳定。

土地资源占补平衡普及前，应该适度调控土地资源占补指标价格。价格形成的最好平台是市场，市场形成土地资源占补指标价格是最佳选择，为了防止前期土地资源占补指标交易价格过高，管理层可以适度地调控价格。主要方法是加大土地资源占补指标供应力度。

2. 土地资源占补指标普及后完全由市场形成价格

土地资源占补平衡普及后放开调控政策。调控不是市场行为，可以有效地控制土地资源占补平衡试点的风险。土地资源占补平衡普及后，要适时退出行政调控，防止干扰市场交易的正常环境。

土地资源占补平衡普及后由市场形成土地资源占补指标价格。做好制度保障，由市场决定土地资源占补指标价格，疏通土地资源占补指标供应环节，防止人为原因导致土地资源占补指标价格差距过大。完善制度，降低误差。

三、影响土地资源占补指标价格的供给因素分析

1. 供给加大，土地价格下跌

（1）土地资源占补平衡加大供地额度。假定建设用地竞拍的成功比例为 B_j，参与竞拍的土地额度为 C_j，购地者对土地的需求额度为 G_j，$B_j = C_j/G_j$。参与竞拍

的土地额度包括两部分：一部分是原有建设用地指标 Y_j；另一部分是土地资源占补平衡下土地资源占补指标持有者带入的指标 D_j，$C_j = Y_j + D_j$。购地者对土地的需求额度也分为两部分：一部分是不持有土地资源占补指标的免费进场交易者的需求额度 M_j；另一部分是持有土地资源占补指标的进场交易者的需求额度 P_j，$G_j = M_j + P_j$。持有土地资源占补指标的购地者，必须购买的土地资源占补指标数额等于其所要购买的土地额度，土地资源占补指标持有者带入的指标等于其需求额度：$D_j = P_j$。土地资源占补平衡试点前，投放的建设用地指标一般是根据需求量来设定的，假定原有建设用地指标 Y_j 与免费进场交易者的需求额度 M_j 之间有正相关关系。Y_j 是根据 M_j 设定的，假定相关系数为 a_1，$Y_j = a_1 M_j$。建设用地竞拍的成功比例是：$B_j = 1 - M_j(1-a_1)/(M_j + D_j)$。提高建设用地竞拍的成功比例是加大土地资源占补指标的数量投入。

（2）加大土地资源占补指标供应，降低土地拍卖价格。加大土地资源占补指标的数量投入能提高建设用地竞拍的成功比例。需求一定的情况下，供给增加，缓和竞争的激烈程度，土地交易价格可望降低，具体如图 2-11 所示。

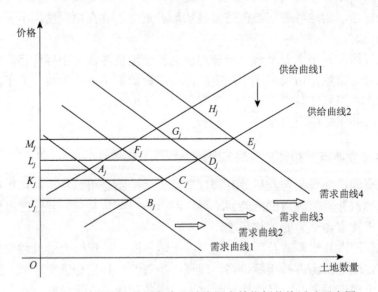

图 2-11 土地资源占补平衡中土地资源占补指标价格活动示意图

2. 土地资源占补指标价格不增加用地者成本

土地资源占补指标价格产生以下效应：增加拿地者的成本，增加部分就是土地资源占补指标价格；增加土地资源占补指标供应，降低建设用地稀缺性，降低土地交易价格。长期来看，降低的土地价格高于或者等于土地资源占补指标价格，土地资源占补指标交易就没有增加用地者的拿地成本。如果降低的土地价格低于土地资源占补指标价格，土地资源占补指标交易就增加用地者的拿地成本。

四、影响土地需求的因素

1. 土地资源占补指标供应客观上提高土地价格

土地资源占补指标的介入，并未降低土地价格。土地资源占补指标供应释放了抑制的土地需求，把处于抑制状态的土地需求诱发出来。一些中小拿地者资金有限，不能获得拿地资格，长期以来很难有机会进入激烈的建设用地竞拍市场，拿地的冲动被抑制。土地资源占补平衡提供新的拿地途径，不惜花费土地资源占补指标成本实现拿地夙愿，这样的用地者形成需求增长的动力。供地力度的增加，需求的增长会提升土地交易的价格，增长的需求与增长的供应相较于新的交易价格并未有明显的下降，甚至出现小幅的上升。

2. 新型城镇化战略的实施提高土地价格

新的顶层设计聚焦城镇化进程。新型城镇化战略聚焦城镇化对内需的拉动，新战略下，逐步地解决一些制约城镇化发展的深层次问题，包括建设用地供应问题，建设用地的指标约束将成为要解决的战略目标之一。一些原来没有动机拿地的资本产生进入土地交易市场的动机，任何政策刺激，都会增加对土地的需求。土地资源占补指标额度的增加，会带来对土地价格的平抑效应。新城镇化战略引发的拿地热情，有效抵消了这一效应。土地价格并未如预期下跌，甚至有所增长。

3. 未来土地存量减少土地价格提高

土地是稀缺资源，建设用地存量有限。随着乡村建设用地向城镇建设用地输送的额度渐增，乡村建设用地的潜力下降。建设用地资源的稀缺，使得土地价格增长成为共识。一些想要拿地的主体，一旦有机会，就会储备土地，以防止土地价格上升，心理因素会增加对土地的需求。增加的土地需求，加剧土地交易竞争的激烈程度，把土地资源占补指标带来的间接降价效应抵消。土地资源占补指标价格的直接效应增加了土地成本。

五、地票推广

1. 地票推广不普及引发的问题及症结

没有持有土地资源占补指标的建设用地主体只要竞拍到土地资源占补指标，

就解决了土地资源不足的问题，甚至还有富余土地供给。土地资源占补指标本身代表数额相等的耕地已经转变为建设用地，而在地票试点市场上，出现了拿到土地资源占补指标的建设主体拍不到土地的现象。

（1）土地供应。假定持有土地资源占补指标者的土地资源占补指标面积数量是 A_g，表示新垦耕地面积，按照占补平衡、先补后占规定，自动转变为建设用地部分；除了土地资源占补指标，政府划拨的建设用地指标是 B_g，土地供应面积 C_g 为：$C_g = A_g + B_g$。

土地资源占补指标持有者的贡献如图 2-12 所示。

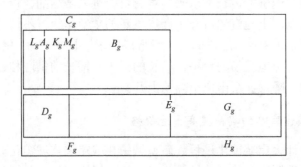

图 2-12　土地资源占补指标持有者的贡献

（2）基于土地需求的分析。土地需求是两部分之和，一部分是持有土地资源占补指标者的需求 D_g 等于其所拍买到的土地资源占补指标面积 A_g，这些建设主体需要的土地面积等于其所掌握的土地资源占补指标额度，主体需要多少建设用地，就在土地资源占补指标交易市场购买多大面积的土地资源占补指标额度。主要把关者是土地竞拍组织者，这些建设用地主体没有竞拍到面积相等的土地资源占补指标额度，不允许在土地竞买市场竞拍相等面积土地作为建设用地，要严格掌控指标。另一部分是没有持有土地资源占补指标的建设主体的土地需求面积 E_g，在供不应求情况下，没有持有土地资源占补指标的建设主体的土地需求面积 E_g 大于政府拿到拍卖市场上的建设用地指标面积 B_g。假定在省略土地资源占补指标的供应和持有土地资源占补指标者的需求供需两方面的情况下，进入竞拍土地市场的需求 E_g 就大于供给 B_g，即 $E_g > B_g$。在一般没有地票试点的地区都是政府投放的建设用地指标小于竞拍的建设用地主体的需求，只有如此，才会有竞价机制，才会发现土地资源的价值和价格。土地需求总量 $F_g = D_g + E_g$。

（3）土地资源占补指标持有者在竞拍中被迫出局。土地需求总量 $F_g = D_g + E_g$，土地供应总量 $C_g = A_g + B_g$。持有土地资源占补指标的建设用地主体根据土地资源占补指标产生的供应 A_g 等于其对土地的需求 D_g，土地需求总量 F_g 与土地供应总

量 C_g 的差值 $G_g = F_g - C_g = (D_g + E_g) - (A_g + B_g) = E_g - B_g$。假定在没有土地资源占补平衡试点的地区，都是政府投放的建设用地指标小于竞拍的建设用地主体的需求，才会有竞价机制，才会发现土地资源的价值和价格。进入竞拍土地市场的需求 E_g 就大于供给 B_g。扩大了土地资源占补指标持有者所遭遇的不公待遇，在没有土地资源占补平衡的背景下，进入竞拍土地市场的需求 E_g 就大于供给 B_g。假定 E_g 和 B_g 之间的差值记作 H_g，$H_g = E_g - B_g = G_g$。有数量为 H_g 的土地面积的用地需求不能满足。无需进行土地资源占补指标交易而直接进入土地招拍挂市场的主体，是特殊阶层。这些阶层在没有土地资源占补平衡试点的市场竞拍中，有一部分建设主体的部分用地需求没有满足，是竞拍的结果，也是市场发现价值和价格的结果，是公平竞争的结果，在这些无需购买土地资源占补指标就可以交易的特权阶层中，无论哪些群体、哪些部分的用地需求没有满足，都是符合公平游戏规则的。E_g 和 B_g 之间的差值 H_g 无论包括哪些用地主体的目标需求额度，都是发生在没有支付土地资源占补指标价值的群体之中，是相对公平的行为。引入土地资源占补平衡后，双轨制下会出现更加不公平的现象，市场竞拍结果不总是有利于土地资源占补指标持有者，持有土地资源占补指标者不一定会拍得目标数额的土地，这是正常现象，正常现象背后出现的结局相对不正常。此前不能满足用地需求的主体，全是没有支付土地资源占补指标价值的用地主体，现在不能满足用地需求的主体，既包含没有支付土地资源占补指标价值的主体，也包含支付土地资源占补指标价值的主体。支付更多价值的用地主体没有拍到土地，说明未持有土地资源占补指标的部分主体竞拍到了土地。增加了未持有土地资源占补指标的主体的竞拍成功率，降低了持有土地资源占补指标的主体的竞拍成功率。假定有数量为 J_g 的土地资源占补指标持有者没有竞拍到土地，其所持有的土地资源占补指标面积为 K_g，这样原有土地资源占补指标总额度尚有 L_g 为持有土地资源占补指标者所拍得，假定土地资源占补指标介入原有征地市场拍卖后，没有持有土地资源占补指标者一共拍得的土地面积是 M_g，土地资源占补指标持有者有面积为 K_g 的没有拍得，等于面积为 K_g 的土地资源占补指标为不持有土地资源占补指标的建设用地主体所拍得，没有持有土地资源占补指标者拍得的土地面积 $M_g = K_g + B_g$，在没有土地资源占补平衡介入背景下，不能竞拍成功的面积 G_g 是不持有土地资源占补指标者的土地缺口，现在不持有土地资源占补指标者的土地缺口减少了 K_g，多增加了满足土地指标 K_g，土地缺口减少到 $G_g - K_g$。在持有土地资源占补指标者的土地需求不能完全满足的背景下，不需要持有土地资源占补指标的特权阶层的利益扩大了，满足土地需求扩大面积为 K_g，增加了持有土地资源占补指标者的不满足感。

（4）竞拍者全部持有土地资源占补指标后的竞争价格。竞拍是指在需求大于供给背景下，通过竞拍机制实现交易对象价格和价值的方式。首先是对较好区位土地的竞争，面积相等的土地供应和需求，存在区位的较大的差异，在对较好区位土地的竞争中，自然形成较好区位的较高价格。竞拍可以发现不同区位的价格和价值。其次，土地资源占补指标本身的稀缺性。只要完全实现土地资源占补平衡，征地指标的限制越来越严格，直至取消国家土地指标供应，来源有限的土地资源占补指标将会更加稀缺，土地资源占补指标价格自然回归价值，出现土地资源占补指标有限，不能在竞拍市场完全获得需要额度的土地资源占补指标的现象，又会出现土地资源占补指标供应与土地需求不均衡的紧缺现象，目前土地资源占补指标宽松的局面将不存在。

2. 土地资源占补指标持有者的损失

土地资源占补平衡下，土地资源占补指标带来的新增耕地面积转变成的建设用地面积被未持有土地资源占补指标的建设用地主体买到后，在土地资源占补指标本身所产生的较高预期的压力下，土地资源占补指标持有者的心理落差相当大。

（1）对土地资源占补指标的解读产生的预期高。土地资源占补指标的本意是带来合法占用建设用地的新垦耕地的指标，这些新垦耕地，为新的建设用地指标的合法化奠定基础。土地资源占补指标就是产生新的不需要经过政府征地的原有审批程序制约的建设用地的来源，原有征地制度下的土地指标如果没有占补平衡的处置，反而比土地资源占补指标的制度合理性弱，土地资源占补指标所具有的法理上的粮食安全价值，高于非土地资源占补指标来源的征地指标。土地资源占补指标持有者眼里的土地资源占补指标具有法定的合理性，甚至可以不受用地指标的限定，只需要符合国家用地来源规划，在竞拍市场上具有豁免权，基本不受竞争激烈的影响，实现100%的竞拍成功率。两种计算方法，土地资源占补指标持有者的拍卖成功率都比较低，第一种计算方法中的所有建设用地主体的平均竞拍成功率只有 $b_2 = (A_g + B_g)/(D_g + E_g)$，据推算，持有土地资源占补指标者在不具有资源优势的背景下，在现有制度框架下竞拍，甚至低于这一比例。

（2）实际均衡成交实现比例较低的现状。受土地资源占补指标持有者资源限制，土地成功获拍比例低于平均比例和未持有土地资源占补指标者的成交比例，引发对未持有土地资源占补指标者的不满和对现在征地制度旧有部分的不满足。很高的心理预期（100%）与很低的实现比例，使其心理落差过大，产生对现有制度的不满和愤懑，是对现有制度改进的动力因素。

（3）心理失落。土地资源占补指标交易付出了巨大资金，带来了土地资源占补指标背后的建设用地指标，满足了其他群体的需求，使其他群体福利提升。与未持有土地资源占补指标者相比，持有土地资源占补指标者的预期福利处于高位，土地资源占补指标介入征地市场后，持有土地资源占补指标者的福利下降到不如自己的未持有土地资源占补指标者水平之下。高者下降迅速，处于低位，低者上升，高于原来具有优势者，处于高位。这一利益转变的落差使土地资源占补指标持有者为他人作嫁衣裳。

（4）为特权阶层服务的不公感觉。如果帮扶的是弱势群体，土地资源占补指标持有者还能自我安慰。若帮扶的恰恰是具有特权的阶层，不需要购买土地资源占补指标就可以直接进入市场进行土地竞拍的未持有土地资源占补指标的群体，土地资源占补指标持有者的心态更加微妙，制度改进动力增强。

3. 土地资源占补指标不能全覆盖的损失

双轨制下，一部分竞拍者需要购买土地资源占补指标才可以参与竞拍，一些竞拍者不需要进行土地资源占补指标交易就可以获得竞拍资格，没有获取土地资源占补指标的主体应该支付的土地资源占补指标价格成为土地资源占补指标视角下的收益损失。

能否竞拍到土地不能确定，土地资源占补指标价值打折，而且有限的土地资源难以满足竞拍者需求。竞拍者中持有土地资源占补指标者和没有持有土地资源占补指标者的拍卖基础不同，即使全部拍卖者都持有土地资源占补指标，土地资源占补指标数额高于备拍土地面积，还存在土地资源占补指标总量过剩的问题。

未持有土地资源占补指标的建设用地主体要持有土地资源占补指标，会产生两种后果：保护耕地面积和土地资源占补指标交易者地位平等。如果现有耕地转变为建设用地的过程都适用土地资源占补指标交易，势必减少耕地面积总量，最大范围地保护耕地。耕地占用完全施行占补平衡，没有进行占补平衡的耕地占用不会存在。土地资源占补指标交易的普遍存在，将会减少或者杜绝不需要持有土地资源占补指标就可以进入土地市场交易的建设用地主体数量，逐步将双轨制转变为土地资源占补指标单轨制。

六、降低土地资源占补指标持有者的失望感

增加土地投放可以降低土地资源占补指标持有者的失望感，需要增加土地资源占补指标占总供应土地指标的比例。

1. 土地资源占补指标持有者失望感的影响因素

（1）未持有土地资源占补指标者的竞争激烈程度。征地框架下原有投入用地指标越少，土地资源占补指标持有者失望感越强。按照持有土地资源占补指标者的预期100%计算，假定持有土地资源占补指标者最终拍卖成功率实现了均衡比例 $b_2 = (A_g + B_g)/(D_g + E_g)$，其失望比例 $d_2 = 1 - b_2 = 1 - (A_g + B_g)/(D_g + E_g) = G_g/(D_g + E_g)$。土地资源占补指标数额 D_g 不变，土地资源占补指标介入前未持有土地资源占补指

标的建设用地主体的用地需求面积不变的背景下，政府供地指标 B_g 越小，不能满足的用地需求面积 G_g 越大，持有土地资源占补指标者的失望比例 d_2 越高。持有土地资源占补指标者的失望比例 d_2 是与土地资源占补指标介入前未持有土地资源占补指标者最终获取土地的失望率等方向变化的。土地资源占补指标介入之前，未持有土地资源占补指标者的土地市场竞争越激烈，需求满足越难以实现，土地资源占补指标介入后，未持有土地资源占补指标者的需求较好满足后，持有土地资源占补指标者的不满足感越强。持有土地资源占补指标者对未持有土地资源占补指标者福利的改善幅度与自己的失望感等方向变化。土地资源占补指标持有者以自己的土地资源占补指标交易实践改善了未持有土地资源占补指标者对土地的需求满足的福利，未持有土地资源占补指标者原有福利越差，失望感越强。在土地资源占补指标持有者对土地的需求不变、未持有土地资源占补指标者的土地需求不变的背景下，政府通过行政框架投入土地面积越少，土地资源占补指标持有者满足感越低。

（2）土地资源占补指标占供应土地指标的比例。在 $d_2 = G_g/(D_g + E_g)$ 中，未持有土地资源占补指标者不能满足的土地面积和未持有土地资源占补指标者的土地需求面积不变背景下，土地资源占补指标额度影响分母与分数值。

2. 降低土地资源占补指标持有者不满感

（1）增加政府土地投放指标。在 $d_2 = G_g/(D_g + E_g)$ 中，在 $(D_g + E_g)$ 不变情况下，持有土地资源占补指标和未持有土地资源占补指标者的土地需求总量不变条件下，增加政府土地指标投放量 B_g，自然降低 G_g 的指标，$G_g = E_g - B_g$。

（2）增加土地资源占补指标提升土地资源占补指标持有者的满足感。在未持有土地资源占补指标者不能满足的土地面积 G_g 和未持有土地资源占补指标者的土地需求面积 E_g 不变的背景下，增加土地资源占补指标额度 D_g，使土地资源占补指标持有者不满感降低。这是征地制度框架与土地资源占补平衡试点双轨制向单轨制过度的趋势，逐步扩大土地资源占补指标额度，降低土地资源占补指标持有者的不满足感。土地资源占补平衡的扩展试点和扩大规模，与土地资源占补指标持有者的满足感上升始终相互促进，同方向转变。

第三节　土地资源占补指标的收益

一、土地资源占补指标交易的资金收益

1. 土地资源占补指标收益分成

（1）原有征地收益的二元分成。土地的高效利用，拓宽进城农民的资金来源。

土地城市化过程中，城市政府依靠土地出让金来经营城市。人的城市化过程中，地票制度帮助农民退出建设用地后获得补偿资金。

农村建设用地转变为耕地后，城郊相应面积耕地可以转换为城市建设用地。原有征地模式中，城郊耕地的主人分得部分土地收益，政府获得主要部分收益，这是建立在耕地面积没有遵循占补平衡原则基础上的耕地转变为建设用地的分成模式。城市建设用地掌握在城郊农民手中，为其所耕种，获取耕地占用所获得的利益的其余部分，由代表国家从名义上占有耕地的政府所享有。

（2）占补平衡下二元分成的不足。占补平衡背景下征地将不再是简单的双边模式，也不再是城郊农民—城市政府之间的利益分成，在占补平衡的利益格局下，利益分成的不公平性亟需修正。占补平衡必须考虑城市政府占用的城郊耕地如何补偿的问题，这部分城郊耕地被征用为建设用地后，必须引入新垦耕地主体来支撑城郊征用耕地的合法性。如果没有新垦耕地主人参与，在占补平衡机制下，占用城郊耕地不合法。引入新垦耕地主体，将其作为土地转变用途带来的巨额利益的主要分成者。

（3）新垦耕地主体介入分成的战略意义。占补平衡具有重要的理论价值和实践价值。占补平衡的理论价值在于耕地面积红线的不可突破，占补平衡首先肯定了占用耕地为建设用地具有粮食安全战略意义上的挑战性，通过不增加建设用地总量的方式，在城市建设用地面积和农村建设用地面积之间作出合理的动态平衡来解决，不需要新增城乡建设用地总量，如果新增城乡建设用地总量，在城市建设用地价值高于耕地价值的背景下，要想在未来城市建设用地指标缓解后恢复部分建设用地为耕地具有不可逆性。不可逆性的存在要求在实践中不能突破耕地红线，期冀未来可以在城市建设用地和农村建设用地空余后自动转变为耕地，从经济价值来说这方面动力难以自动形成。基于不可逆的城乡建设用地发展趋势，城乡建设用地总指标成为国家粮食安全战略控制的要点。严守占补平衡原则底线，就不会突破耕地红线，不会在经济利益诱导下使城市化突飞猛进导致耕地面积减少和粮食安全不可保障。占补平衡是粮食安全的底线，土地资源占补平衡以及先补后占的耕地保护制度将耕地与城市建设用地的自由转换变为现实，有望使农村建设用地在退出建设用地市场时，获得补助，土地资源占补平衡对农民的补助意义重大。

占补平衡的实践价值。占补平衡的底线原则，将城乡分割的发展关系演变为土地资源基础上的水乳交融的一体化发展关系。没有城市定居问题的解决，不会有农民退出农村宅基地的实践，没有农村建设用地面积的减少，就没有城市新增建设用地指标的解决。城市需要农村建设用地指标的支持，条件是城市必须解决农民进城定居的问题。随着占补平衡时代的到来，不顾及农民的城市化的时代一去不复返。占补平衡真正将城乡连接为一体，以往的城市建设把农民进城看成包袱，现在城市为了争取农村建设用地，鼓励农民进城，将闲置建设用地指标城镇化。

（4）三元分成的法律依据。占补平衡为三元结构的土地资源收益分成带来了契机。土地资源在国有背景下，政府仍然可以占有部分收益，农村新垦耕地主体的加入，将在城市化发展利益最大化原则下，将大多数利益转让给宅基地退出农村建设用地市场的农民。宅基地退出转变为农村耕地，是对粮食安全的贡献，补偿耕地的重大举措使城郊相等面积的耕地转变为城市建设用地有了合法性，城郊耕地为城郊农民所有可以获得大量补偿，这些农民只是国家耕地的耕种者，并不是实际上的耕地所有者，所应获取的补偿不应该超过农村新垦耕地主体的所得，耕地资源具有稀缺性，如果农村宅基地不退出，没有更多新垦耕地，城市政府不能合法地征用城郊耕地，就耕地增值过程而言，没有新垦耕地，城郊耕地只能作为耕地存在，无升值空间。农村居民失去宅基地，做出巨大牺牲，在城市定居、扎根的艰难历程中，尚存更多未知数，舍弃宅基地，主要依靠宅基地的收益进城购买价格居高不下的房子，需要勇气和付出。三元分成的主体无疑是新垦耕地主体。

（5）三元分成是对农民利益调整的有益探索。新垦耕地的主体是乡村农民，城郊农民在征地过程中获得的补偿高，两者的资源获得相差悬殊。原有的分成方式获得高收益产生的弊端有望缓解。过度积累的资产是很多城郊农民放弃自身谋生能力提升的主要因素之一，三元分成制度不是对城市郊区耕地主体农民的利益侵蚀。应该改进土地收益分成比例，主要是降低政府的收益分成比例，提升转变为耕地的农村建设用地主体的收益分成比例。

2. 三元分成主要路径

1）三元分成主要依赖制度创新下的市场机制

市场机制主要是利用交易平台将现有耕地的潜力发掘，实现耕地产量不减少背景下的耕地利用效率的提升和农民土地资源占补指标收益的提升，为城市化提供资金。在土地资源的城市化转变中，市场机制能够实现土地资源的稀缺性所带来的价值，有利于保护耕地，减少损失，将土地资源利用到极致。

以占补平衡指标作为城市建设用地指标的主要来源，降低非占补平衡指标比例；利用产票制度发掘占补平衡指标潜力，拓展占补平衡空间；提升农村建设用地转变为耕地的收益。

2）土地指标价格提升依靠占补指标比例提升

（1）土地资源占补指标地位评价。土地资源占补指标交易价格提升主要依靠土地资源占补指标所占建设用地指标比例的提升，越来越多的城市用地主体进入土地资源占补指标交易市场，使土地资源占补指标回归高价位。目前土地资源占补指标交易在很多城市进行试点，土地资源占补指标交易价格与城市郊区征地交易价格相比太低，没有实现新垦耕地收益主要补偿新垦耕地主体的战略目标。

目前的土地资源占补指标交易价格难以实现土地资源占补指标本身价值，在于土地资源占补指标还是一种附属制度设计，没有实现全部建设用地指标进入市场交易，由市场配置土地资源的方式。地票是弱势建设主体的门票，依附城市建设用地拍卖的行政配置资源方式。

土地资源占补平衡与目前土地征用制度，不能对立去看，一旦将这两种不同配置资源的方式定位为对立关系，将会导致严重的后果。地方财政收入不得不主要依赖土地资源，只要给目前的土地资源占补平衡留足充分的发展尝试空间，给这一制度合法的地位和操作空间，使其在目前征地制度下获得发展与预期，而不是急于代替目前的征地制度，并尝试统一土地征用制度的市场，既是较好的制度发展策略，也是双轨制思路。

（2）减少直接进入建设用地拍卖的建设主体。土地资源占补平衡创新的发展趋势是加大土地资源占补指标比例对土地资源占补指标价格的提升作用，调整其分成比例，调整土地增值的分成比例，惠及进城农民的城市化。随着经济环境的变化，政府初级城市化任务即将完成，土地财政的作用逐步式微，不需要将土地财政作为未来城市化的主要资金来源，人的城市化将会逐步成为城市化的必然诉求。这不仅是扩大内需的需要，是城市化水平提升、经济发展惠及民生、未来经济发展增长点的需要，更是解决未来粮食安全下的新增城市建设用地指标的需要，土地资源占补指标交易资金在目前基础上得到提升的压力下，交易市场的供需方向发生变化，是以市场方式解决市场交易价格问题的主要方式。市场价格取决于供需矛盾的主要方面，目前的土地资源占补指标交易市场，政府组织新垦耕地打包进入市场交易，土地资源占补指标作为门票的性质，需求者潜力尚未完全释放，供应与需求之间尚未形成供不应求的趋势，交易价格不超过土地拍卖价格的一定比例，尚未形成利益分配上的良好格局。使需要政府扶持的土地资源占补指标交易变为市场建设用地主体的主动需求，实现土地资源占补指标的合理价格回归，需要逐步地降低政府允许不经土地资源占补指标交易直接进入建设用地拍卖市场的建设主体的数量，使更多建设用地主体进入土地资源占补指标市场交易，以获取拍卖土地资源的资格，随着政府允许的不经土地资源占补指标交易市场直接拍卖土地的建设主体的数额减少，越来越多的建设主体需要进入城市土地资源占补指标交易市场才可以获得拍买资格，而能够进入土地资源占补指标交易市场的耕地指标增长数额有限，在激烈竞拍中实现土地资源占补指标价值的合理回归，实现土地资源占补指标交易价格对新垦耕地主体的合理补偿和较高资助水平。

（3）降低直接竞拍的建设用地主体数量。双轨制长期存在的土地资源占补指标交易势必产生不公平，要明确哪些主体必须进入土地资源占补指标交易市场，才具有资格拍卖土地；哪些主体可以豁免，无需进入土地资源占补指标交易市场，直接可以进入土地市场拍卖。长期存在的双轨制，导致土地资源价格扭曲，土地资源占补指标交易资金流失，损害公平竞争。

双轨制规定不明确，有模糊性和不规范性，部分建设用地主体直接进入土地交易市场，其他建设用地主体需购买占补平衡指标后方可进入土地交易市场。并轨制规定明确、清晰，有规范可以遵循，除了特殊情况（国家重大利益用地、军事等特殊用途等），必须购买占补平衡指标后方可进入土地交易市场。

3. 地票制度改进步骤

对于土地资源占补平衡的预期，是基于未来土地资源占补指标交易价值的回归，显示农村建设用地转变为城市建设用地过程中所具有的价值。城市郊区耕地只是作为一种中介与置换载体，将农村建设用地转变为城市建设用地，不具有必然的粮食安全保障价值，土地城市化的实质是以城市郊区的耕地为中介，将农村建设用地转变为城市建设用地的过程。

（1）载体是城市郊区的耕地。城市与乡村建设用地的转换原来只发生在郊区，具有地域限制，现在已经超出了地理位置限制，现在的限制主要取决于土地资源占补平衡的规定及占补平衡的范围。一般把占补平衡限定在较小的区域内，占补平衡从郊区的城市和乡村之间的占补平衡向一个较小区域推进。

（2）城市建设占用农村建设用地的过程。在占补平衡的地票制度下，地理位置的隔绝将不再是城乡之间隔绝的主要障碍。农村建设用地转变为耕地后，节省出来的多余耕地面积指标，在城市郊区的耕地转变为相等面积的城市建设用地，省略其间农村耕地的增长和城郊耕地面积的减少环节或中介，将城市建设建立在农村原有建设用地上，城市建设的新增土地就是原有农村的建设用地，城市建设实际上是对农村建设面积的占用，城市建设占用的农村建设面积越多，城市化发展越快，农村建设面积的效应发挥越明显。宅基地退出建设用地市场复垦为耕地，土地价值的转换所带来的主要利益是农村居民放弃宅基地将其变为耕地带来的，不能忽视土地资源转变用途后的主要受益主体宅基地，忽视这一主体会造成利益损害和不公。土地利益应该主要向农村宅基地主体倾斜。城郊耕地转变为城市建设用地，损失的只能是耕地及其带来的经济价值，与农村宅基地能够带来的价值相比，损失的利益小。在没有促使农村宅基地转变为耕地前，城郊耕地只能承担农作物种植的功能，农村宅基地主体的价值高于城郊耕地主体的价值和功用，农村宅基地主体是利益主要获得者。农村居民将宅基地的功用转变为耕地，只能从事农业种植的较低价值的功用，牺牲的利益比城郊农民失去只能种植的耕地，损失更大，代价更高，需要补偿更多。

农村居民对耕地的开发，只能根据国家粮食安全要求，从事粮食生产，不能进行建设等更大价值的开发。在耕地价值难以充分体现的背景下，名义主体的变更，不能改变耕地的性质，名义主人的变更不会损失城郊农民更多利益，与其在城市化中获得的商业便利和利益比较，失去只能种植粮食的耕地，实际上损失和收益可以相等，甚至得大于失。

二、土地资源占补指标增加依赖产票制度创新

充分利用耕地可以产生巨大利益。地票制度促进下，充分精耕细作耕地，最大限度地发掘耕地的潜力。

1. 产票制度创新

制度创新包括土地资源占补平衡创新。产量不减少背景下的产票制度创新，就是保证产量不减少背景下的耕地利用效率提升。只要保证产量不减少，就有多余部分耕地提供给城市建设用地市场，只要总产量不减少，通过发掘耕地增产潜力节余出来的耕地面积，就成为主要的制度创新源泉。

2. 地票附属制度对农民的补助和对城市用地的补充

要增加土地资源占补指标额度，从而增加城市用地建设指标，在不增加单纯采用计划行政手段规定的建设用地指标背景下，改进土地资源占补平衡。除了不需要经过土地指标交易、依靠划拨获取的建设用地指标，地票制度对建设用地精细利用作出贡献。

1）1.2 亿 hm^2 耕地外具有的建设用地指标

目前耕地面积为 1.35 亿 hm^2，在 1.2 亿 hm^2 耕地红线底线的规定下，尚有 0.1533 亿 hm^2 耕地可以通过目前的行政指标方式转化为城市建设用地。这 0.1533 亿 hm^2 耕地，在转变为建设用地中，如果与土地资源占补平衡并行，将会产生问题，双轨制指标制度的粮食安全后果不同，一种是占补平衡的制度，能够保证耕地面积在目前背景下不减少，1.35 亿 hm^2 耕地不减少；另一种是在双轨制演变之中，0.1533 亿 hm^2 耕地可以作为缓冲余地，直到 0.1533 亿 hm^2 耕地全部转变为城市建设用地，才与土地资源占补平衡并轨。

2）0.1533 亿 hm^2 耕地作为建设用地指标的尝试

制度改进不可能立即见效，否则制度变迁下的利益重新分配导致制度改进的阻力较大，导致中途停滞。目前 0.1533 亿 hm^2 耕地作为制度变迁的铺垫，在将不需要占补平衡的建设用地指标完全并轨到需要占补平衡的制度的探索中，可考虑

在利益分配逐步顺畅的背景下，提前结束双轨制，适时并轨。

（1）快速结束双轨制探索。激进做法是只将 0.1533 亿 hm² 耕地中的很少一部分拿出来作为未来不受占补平衡约束的建设用地指标，总会产生特殊用途的建设用地指标需求，在不需要进行占补平衡规范的特殊建设用地的侵蚀下，未来 0.1533 亿 hm² 耕地会逐步被建设用地指标消耗完，在没有约束的不经占补平衡转为建设用地的耕地压力下，1.2 亿 hm² 耕地红线的突破在所难免。这种方案是对未来土地转变用途的强大动力的制约，使其减速，将占补平衡推进到所有建设用地的新增过程中去，为确保 1.2 亿 hm² 耕地红线早作准备。0.1533 亿 hm² 耕地的少部分（如 1/4 的比例）作为占补平衡制度推进的铺垫，尽快在这部分耕地转变为建设用地后，全部建设用地必须占补平衡，严格地执行相关规定，保证 1.315 亿 hm² 耕地的存量，为未来粮食安全奠定基础。

（2）较快结束双轨制探索。如果在将耕地转变用途作为城市建设用地的制度推进中遇到较大阻力，可以将占补平衡完全实行时间推后，例如，允许在将 0.1533 亿 hm² 耕地的一半面积拿来作为占补平衡完全实现的制度缓冲期，允许特殊用途的建设用地占用 0.077 亿 hm² 耕地而不需要占补平衡，可以减轻制度推进压力，保证各方利益调整和获得现有制度受益者的支持。

（3）中速结束双轨制探索。耕地作为占补平衡实现的指标尚不能确保制度占补平衡严格执行，继续顺延，这种制度变迁属于中等速度，以 0.1533 亿 hm² 耕地的 3/4 作为缓冲，期间要做好制度变迁的前期准备，使 0.115hm² 耕地转变为建设用地而不必占补平衡，建设用地主体和有关利益各方有充分的思想准备，完全执行占补平衡的规定。

（4）较慢结束双轨制探索。占补平衡完全覆盖建设用地市场的最后制度方案。0.115 亿 hm² 耕地转变为城市建设用地后，不能使占补平衡制度完全覆盖建设用地占用，严重威胁 1.2 亿 hm² 耕地的红线，一旦各相关主体还没有占补平衡的动力，1.2 亿 hm² 耕地将不会确保。制度设计需要遵从社会发展的普遍实际，而不同阶段完全实施占补平衡的规定必须因地、因时、因势制宜，选择最佳方案，实现占补平衡的全覆盖。

3）较慢方案实施的可行性

任何原因的建设用地指标都必须占补平衡，这一规范制度实施后，任何原因的征地都必须在先补后占基础上减少耕地面积，1.2 亿 hm² 耕地保护将没有任何压力，占补平衡全覆盖后的耕地保护顺利。未来实施最理想的占补平衡全覆盖方案，将会产生压力；方案实施后，将会有效保护 1.2 亿 hm² 耕地。

3. 空余宅基地整理和宅基地集中利用

土地资源占补指标交易是占补平衡全覆盖后实现耕地新增与占用平衡的最佳

制度平台尝试。一旦占补平衡的推进力度加大，凡占必补，先补后占，占补平衡，将会极大地促进土地资源占补指标市场交易的繁荣和土地资源占补指标需求力度的增加，目前主要由政府力推的土地资源占补指标交易市场将会发生逆转，巨大需求成为拉动土地资源占补指标交易价格的主要因素，宅基地复垦的激励因素大增，更多农村闲置建设用地很快进入交易市场，加快促进建设用地在城乡之间的自由流动步伐。

4. 土地资源占补指标交易价格的决定因素在于拉动需求

（1）复垦耕地供应建设用地指标。土地资源占补指标交易价格的主要确定因素是供给与需求。在供给方面，宅基地空置比较常见的情况下，只要土地资源占补指标市场未曾建立，或者建立后保障措施不完善，没有形成比较完善的复垦交易土地资源占补指标的机制，或者土地资源占补指标价格不具有吸引力，都难以促使定居于此的农民下定决心复垦宅基地，将复垦耕地作为土地资源占补指标交易的供给方要素推入市场交易，从短期看供给因素不占主要地位。

（2）城市化建设用地随着占补平衡覆盖面增加导致需求暂时逐步扩大。拉动内需的主要经验是城市化的力度要加大。城市化力度加大的首要条件是安居乐业，安居需要的城市建设用地在城市化进程中越来越多，需要将农村建设用地指标转变为城市建设用地指标。土地制度改革从城市拉开帷幕，占补平衡等制度变迁主要从城市建设用地制度改革入手，城市建设用地征地过程越来越规范，越来越多的制约因素进入土地资源占补指标市场，寻求来自农村建设用地退出所新垦耕地的土地资源占补指标的城市建设单位将会增加更多用地需求。需求的增加是主要趋势，并且伴随着中国城市化过程。可持续的需求使土地资源占补指标需求持续增加。

（3）合理安置进城定居问题。需求和供给之间存在时序差异。定居农民会腾出更多空置宅基地，腾出宅基地是一个缓慢的过程，不是一个快速推进的过程，只要农民进城定居尚处于目前的难以完全定居城市的半城市化状态，城市建设所需要的来自农村空置宅基地的土地资源占补指标将会长久地处于需求大于供给的状态。农民定居所必须考虑的因素远远大于城市建设用地主体可以想象的难度，他们不仅需要考虑经济合算与否，更重要的是考虑定居稳定性、定居之后可持续发展程度、定居城市是否必然增加了幸福度等。只要这一决策的系统工程存在障碍，这一决策将永远会处于延续状态。需求旺盛与供给不足之间存在巨大反差，会导致占补平衡制度严厉推行后土地资源占补指标价格短期内上升。

农村宅基地空置量和城市建设用地需求量大，如果农民进城定居速度缓慢，占补平衡进展缓慢，指标市场量小，占补平衡指标价格不高。农民进城定居速度提升后，占补平衡指标供需量增加，如果要求更多建设用地使用占补平衡指标，占补平衡指标价格短期内会升高。

（4）土地资源占补指标价格演进的阶段性。供给与需求之间存在时间差。目前政府出手推广土地资源占补平衡，解决了一部分用地单位的燃眉之急，土地资源占补指标需求不旺盛，土地资源占补指标价格难以反映地票所代表的新垦耕地的稀缺性及其价格。随着占补平衡的推进，未来占补平衡覆盖的面积将会逐步增大，在短时期内农村宅基地主动退出建设市场并新垦为耕地的动力不强，供大于求，土地资源占补指标价格上升。在价格刺激下，随着定居更符合农民的长期利益，相关政策更加到位，城市化配套政策更加严密，土地资源占补指标供应逐步增加，可望降低土地资源占补指标价格，在城市化长期高速发展背景下，反映农村建设用地和新垦耕地稀缺性的土地资源占补指标价格不会太低，甚至会长期维持在高位。

三、城市化中土地用途转变成为收益增加的来源

1. 城市建设用地的收益来源考虑

城市建设用地产生巨大利益，主要是转变用途后将用作宅基地的土地转变为城市建设用地所产生的价值增值部分。土地用作城市建设用地的效益越高，最终增加值越大。

2. 损失利益转变为收益的放大效应

损失的农民利益，成就了粮食安全保证下的城市建设主体的利益，这一利益转型，成就了城市建设用地主体，将效益不高的宅基地转变为城市建设用地，放大了收益，产生了农村向城市的建设用地放大效应。

四、城郊耕地的价值和作用

1. 利益放大的中介和载体是城郊耕地

城市郊区的耕地作为地理位置极佳的土地，成为相距遥远的两块土地之间的桥梁，承担起将农村建设用地转变为城市建设用地的桥梁，将农村建设用地与城市建设用地连接起来。

2. 城郊耕地的原有价值

（1）城郊耕地价值的本质。在没有转换为城市建设用地之前，城郊耕地的价值属于耕地性质，耕地在粮食安全保障的框架下是只具有保证粮食生产的作用，

难以实现增值的目标。

（2）城郊耕地价值增值的条件。城郊耕地价值增值的出路在于利用较佳的区域地理位置，实现向城市建设用地的转变，在转变用途的过程中实现价值升值。占补平衡制度实施以前，城郊耕地实现用途的转变，上升到城市建设用地，只要城市建设用地指标存在，征用地的手续合法，即可成交，实现城郊耕地向城市建设用地的转变，这是粗放型城市建设用地的转变时期。

（3）城郊耕地价值增值的相关利益方。占补平衡制度实施以前，城郊耕地转变用途主要是在城市政府与城郊耕地主体之间进行，只要政府具有建设用地指标，只要双方能够谈得拢价格，交易就可以达成。建设用地主体只是城市建设用地的成本支付者。支付的成本主要留作城市政府的建设启动资金，其余部分拨付农村耕地主体作为补偿。

3. 城郊耕地的现有价值

（1）城郊耕地价值实现的新背景。在粮食安全的新框架下，即使双方达成一致，谈妥征地补偿价格，尚需在国家粮食安全保证下占补平衡，有新垦耕地作为补偿，先补后占，增加了粮食安全保证。

新垦耕地主体的价值和功用。目前的土地资源占补指标交易市场没有充分凸显土地资源占补指标的应有价值，土地资源占补指标及其所反映的新垦耕地，是整个占补平衡制度的核心。具有城郊地理区位优势的土地由耕种转变为城市建设用地，其所连接的一边是国家粮食安全保障战略，一边是具有经济价值的城市化建设用地市场。土地资源占补指标交易处于初级阶段，很多因素没有能将土地资源占补指标的价值充分发挥，土地资源占补指标交易价格尚未显示真正价值。

国家粮食安全保障的约束监督。以往的征地过程，只要符合征地指标就可以操作运行，这是粗放式利用土地时代的普遍特征。占补平衡的政策实施后，不会出现没有考虑粮食安全，单纯从城市建设利益促动下考虑征地的问题。每一次征地必须有相应新垦耕地作为补偿，并且先补后占。

（2）城郊耕地价值增值的出路。城郊耕地是最佳的城市建设候选土地，粮食安全问题使其不再是天然的城市建设用地来源，单纯考虑城市建设用地的需求，不足以成为征地的必要条件，没有新垦耕地，将不能实现城市郊区耕地的自动城市化。新垦耕地资源的稀缺，将会导致新垦耕地严重不足，城市郊区将会存在用之不竭的土地资源。一方面是可以利用又难以占补平衡、实现有效城市化利用的城市郊区耕地；另一方面是来源有限或者新垦成本较高的新垦耕地，如何将两者完美结合，需要探索。随着新垦耕地的成本越来越高和资源稀缺，与取之不竭的城市郊区耕地相比，土地资源占补指标价格将越来越高，难以实现城市郊区耕地自然而然的城市化利用。

（3）可以新垦的耕地存量本身较少。在粮食种植效益较低，城市郊区农民可望通过转变耕地用途获得更大利益的预期下，相比于难以获得或者来源有限的新垦耕地，城市郊区的耕地面积很大，只要城市不断扩展，城市郊区的范围就会无限地向原来尚不是郊区的边远乡村扩展，持续推动城市化过程。新垦耕地不是可以随意获得的资源，这与目前新垦土地存量有限有关，也与整理土地的成本较高有关。虽然涉及全国大部分村庄的集中居住，鉴于农民集中居住带来的社会问题和可持续发展挑战，实际上可以利用的新垦耕地来源与理论数字相比更小。

（4）整理土地成本较高。实践中发生的集中居住解决土地整理问题的模式是一种成本模糊的实践。成本模糊是指目前的集中居住或者整理土地的实践，没有计算真实成本，只考虑显在成本，忽视了潜在成本。目前集中居住的整理土地模式，支付的成本没有完全解决农民城市化的全部成本，只是以表面上平等的交易方式支付了部分成本，难以确保搬迁农民城市化进程的完全实现。将农村的土地开垦为耕地，作为进入交易市场的土地资源占补指标，没有体现土地资源占补指标交易的价值，或者没有将土地资源占补指标交易价值交给耕地主体——农民，都不是可持续发展的。

占补平衡下新垦耕地作为主要的贡献者参与分成，新垦耕地成为主要约束之一。符合城市建设规划和征地条件，还必须获得占补平衡下的先补后占，矛盾的主要方面已经转移到新垦耕地。

五、城市建设用地收益分配比例

按照制度设计的要求，占补平衡制度实施后，具有较好地理位置的被占耕地的重要地位受到制约，新垦耕地主体作为对新增建设用地指标作出巨大贡献的一方，逐步提升其在利益格局中的地位。甚至在某些方面具有不可替代的价值。被占用城郊耕地主体作为耕地的名义所有者，参与了对建设用地的贡献和付出，如果没有土地资源占补指标额度参与交易，在占补平衡的制度下，城郊耕地也无法进入城市建设用地市场，从粮食安全保障的角度来看，新垦耕地主体甚至占据不可替代的地位。

占补平衡前，从所有权角度分析，城郊耕地主体比较重要；从城市规划角度分析，城市政府最重要。占补平衡后，从所有权角度分析，城郊耕地主体比较重要；从城市规划角度分析，城市政府比较重要；从粮食安全角度分析，新垦耕地主体最重要。

第三章　新型城镇化建设用地指标占补平衡创新

第一节　建设用地与经济结构转型条件下城镇化的物质基础

一、土地资源占补平衡的全面推广普及

1. 城镇化的宏伟目标

以城镇化为载体，拉动内需，提振经济。现有城镇建设用地的面积，只解决了四五亿城镇户籍人口的定居，加上非城镇户籍在城镇居住的人口，也只有六七亿人的居住问题。未来四亿人口进城，需要大规模的建设用地额度。城镇化达到成熟阶段，四五亿以上人口将要实现城镇定居并获取城镇户籍的梦想。进城定居并获取城镇户籍的人口至少相当于目前的城镇户籍人口总数。

2. 未来城镇化目标实现需要大量建设用地

目前中国正处于城镇化快速发展阶段，城镇化比例持续提升，已经占用的建设用地面积增幅最快、存量最大。按照原有城镇土地利用率计算，未来同样数量人口的城镇化，至少需要跟目前城镇土地等面积的建设用地额度。占用相当面积的建设用地，需要加大供地制度创新力度。只有在目前的供地制度的基础上创新才能为规模巨大的土地进入建设用地市场提供平台。

3. 城镇建设用地全面实施占补平衡

全面推开土地资源占补平衡。占补平衡已经增加了大面积建设用地，在耕地保护红线的制约下，通过占补平衡使大量闲置乡村建设用地转变为城镇建设用地。未来建设用地大面积增长，单纯依靠现有审批指标已经难以为继。目前审批建设用地指标，只能在 1.2 亿 hm^2 耕地红线尚未触底时维系，一旦 1.2 亿 hm^2 耕地之外的耕地面积作为政府审批的建设用地指标用完之后，这种计划配置建设用地资源的方式就不得不停止。

4. 适时全面推广地票制度

（1）推广地票制度的思路和先后次序。把可以解决未来大量建设用地资源的土地资源占补平衡整顿好，使其健康发展。从西部地区开始实施，西部地区实施

后，在发达地区率先推广。地票制度推广的步骤如图 3-1 所示。

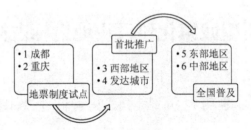

图 3-1　地票制度推广的步骤

　　地票制度推广普及不能毕其功于一役，也不宜在地票制度没有完全推广普及之前，停止目前的主要审批制度。统筹规划，稳步创新，逐步推行，才能取得成效。在各地很多制度创新的基础上，总结经验教训。地票制度本身的有效性尚待确认，渐进是制度改进的必由之路。若地票制度在全国推广过程中一切顺利，覆盖全国主要区域，获得市场推崇认可，到耕地面积下降到 1.2 亿 hm^2 时，审批制度难以继续推行，地票自然成为主要的建设用地配置制度。

　　（2）在条件接近的西部地区首先推广。率先在西部城市推广地票制度，面临的发展环境与试点的成都、重庆比较接近，地票制度落地生根的基础比较完善。目前陕西省西安市已经在高陵县进行城乡统筹的制度探索，具有进一步落实地票制度的基础。西部地区建设用地资源矛盾相对比较容易解决，西部地区其他区域的经济发展水平接近，建设用地资源紧张程度较低，不至于刚推广就遭遇强大的阻力，引发制度推广中的不稳定因素。

　　（3）发达城市用地资源紧张。在向发达城市推进时做好制度改进。以特大城市上海为例。上海等城市的建设用地资源紧张，在上海等大城市推广地票制度不仅可以解决这些城市的建设用地紧张问题，还可以为地票制度在不同区域的适应性问题找到例证。若在落后的西部地区与发达区域都能够实行，会增强制度的适应性，让地票制度在适应中完善，更有代表性。在上海等大城市推广地票制度时，需要加以改进。上海等大都市具有较小的乡村辖区，地票制度仅仅在本辖区内实施，潜力不大。

　　（4）建立发达城市地票交易互动区域联盟。扩展上海与相关区域的联合互动，建立地票制度实施的互动区域，允许在更大范围内实现地票交易。建立上海与江苏省相关区域的联动机制，允许上海占用的建设用地额度与江苏省相关乡村的建设用地资源之间相互交易，给上海建设用地更大的来源空间。深圳市乡村用地狭小，乡村建设用地资源与城镇建设用地资源的互换潜力不大。要通过机制创新，建立深圳市与广东省相关区域的土地资源占补指标交易联动机制。在广东省部分乡村建设用地资源与深圳市的城镇建设用地资源之间，建立交易机制。

交易机制要注意资源共享基础上的利益互惠。发达城市土地资源占补指标交易获取的土地资源占补指标，不仅要按照制度规定支付土地资源占补指标交易费用，还要按照发展权要求，支付相关的发展权基金。深圳市在换取广东省乡村地区的土地资源占补指标额度后，也要在支付土地资源占补指标交易资金的基础上支付一定数额的土地资源占补指标发展权基金。

在发达城市推广过程中，会出现很多问题和挑战，具有跟重庆、成都完全不同的环境与矛盾。在制度演变和演化的绝佳机遇期，利用机遇，找到尖锐矛盾的本质，着力解决制度困境，做好地票制度的完善工作。

5. 在东部地区和中部地区试点推广

（1）大范围试点有助于提高推广速度。推广普及将在发达城市所在的东部地区和广大中部地区逐步开展。推广可以采取同步并进，试点区域代表性尝试的方式。在不同区域各自遴选资源禀赋和经济发展水平不同的区域进行试点，把地票制度推广到全国。

（2）实现全国普及地票制度。地票制度在全国普及后，要成为主流建设用地资源配置制度，还有很长的路要走。主要是创新制度，以地票制度来激励耕地资源和土地资源的高效利用，形成地票制度的完整体系，让地票制度思想贯穿到各行各业各种资源的利用之中（图3-2）。

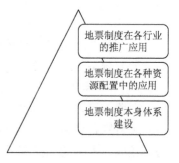

图 3-2　地票制度体系建设需要加大力度

6. 城市化驱动经济转型国家战略的顶层设计

我国作为发展中的经济体，虽然面临诸多约束，尚有巨大潜力引导经济向前稳健发展。

1）城市空间化比率较低

（1）经济发展的动力。城市化落后于工业化，人的城市化长期落后于土地城市化。这两项指标的严重滞后，是长期经济发展的不足导致的。经济发展动力不足的背景下，特别是在长期奉行的出口导向的经济发展模型不再能够有效支持经济健康高质量发展的背景下，此前积累的城市化水平不高的缺陷，成为扩大内需的最佳载体。长期的城市化水平不高，主要的原因是经济发展水平所限。在较低的经济发展水平下，较低的城市化率可以降低消费对积累的解构速度，相对较快的工业积累完成后进入国家的工业化进程。经济的制约，成为数十年来城市化迟迟难以推进的症结，也成为长期为公众所期盼解决的关键。较低水平的城市化可以保障至少有三四十年的快速城市化进程，拉动内需将会产生强劲的经济增长动力。当初的工业化伴随着快速城市化，或者土地城市化伴随着等速的人的城市化进程，现在的经济发展的动力将不会有这样巨大的城市化差距作拉动引擎，未来数十年的可靠的内需基础也就不会有高速城市化作载体。

（2）经济结构转型。土地资源占补平衡的实施及其推广普及，相当于以制度平台为乡村建设用地转变为城镇用地铺就道路，将乡村闲置土地转变为耕地后，从城郊拿出等面积的耕地用于解决建设用地不足问题，最终实现闲置土地从乡村向城市转移的变迁。严格的制度设计框架，为建设用地在城乡之间的转移及第一产业向第二、三产业的转变和劳动力充分就业提供保障。中国经济发展到了转变战略机遇期，面临的诸多困惑需要以城市化的巨大潜力和刘易斯拐点完全到来前较低成本的劳动力红利来支撑未来数十年的经济增速与动力。

2）劳动力成本不高

较高的劳动力成本与较低的劳动生产率会使经济发展雪上加霜。而目前中国面临的问题是劳动力成本逐步上升。

3）消费水平较低

消费水平较低成为目前经济发展的优势和动力。较低的消费水平，决定了城乡居民特别是乡村居民的物质积累较贫乏，物质与服务的缺口较大，未来的需求潜力较大，未来的商品和服务在国内市场的释放空间巨大。

二、转型经济的本质是城市对农村的同化

城市化基本上是城市本位的城市化，是一种城市文明对乡村文明融汇的过程，是城市居民主导的文明交汇进程。乡村居民在其中扮演的是适应的角色，乡村整体上是处于被融汇的地位，地位的边缘化决定乡村主导的城镇化很少存在，这是乡村文明与城镇文明的落差形成的。

虽然进城定居的成本很高，在城镇化趋势下，离乡进城定居的趋势越来越明显。违背这一潮流会付出更高的代价，这就要求在被动之中掌握主动，更主动地迎接城镇化的浪潮。进城早比进城晚更好，成本更低。在日益提升的房价压力下，进城晚只会耽误更多时间，要在城镇安居乐业需要适应城镇文明，定居居民要实现可持续发展。乡村居民将城镇文明中的精华吸收，改变乡村居民素质中不适应城镇文明的部分，提升素质，长期融汇入城镇，城镇化的规律是一种文明对另一种文明的同化。在渐进的过程中，逐渐进城的乡村居民被数量和密度都比较大的城镇居民群体同化。如果城镇化是汹涌而来的，进城人群的定居是浪潮式的，一种极端后果是，当一个社区进城人群多于当地城镇居民时，素质较低的部分乡村

居民，会影响所在社区的主流文明风格。这样的城镇化，带来的是只有人的聚居、没有文明提升的城镇化，甚至会出现降低文明水准的城镇化。一定的进城定居成本，有益于对进城居民的淘汰选择，而没有门槛的进城制度会降低城镇化的文明质量。

三、城镇化的维度

1. 农民离开农村的模式

（1）留居人口较多。进城不是每一个乡村居民的选择。即使城镇化水平达到80%，仍然会有占人口总数20%的乡村居民定居在乡村，这部分人群数量较大。

（2）城市需要慢慢消化进城人口。人口数量的布局变化是一个方面，文明融汇是另一个方面，可以通过两方面出路来解决人口城市化与素质城镇化的难题。

2. 城镇化的统筹

（1）城镇化的三个维度。如果没有素质城镇化，只有土地城镇化和人口城镇化，城镇化就是物质城镇化。物质城镇化不能实现中国梦创新的要求，人口城镇化比土地城镇化好解决，土地城镇化比素质城镇化好解决。只有人口城镇化，没有土地制度配套，就会出现定居问题。只有人口城镇化和土地城镇化，没有素质城镇化，就会出现低水准的城镇化。三个维度的城镇化如图 3-3 所示。

图 3-3　三个维度的城镇化

（2）城镇化统筹的思路。土地城镇化依靠土地资源占补平衡创新解决。土地资源占补平衡的推广普及，能够解决乡村建设用地向城镇集中的问题，人口城镇化主要通过就业和求学来解决。就业途径帮助农民工城镇化，求学途径帮助大量农村学子进城读书，最终实现城镇化。素质是软实力，素质城镇化提升较难。目前就业中出现一种潮流，农民工与大学生就业合流，这种现象是对城镇化的生动描述。来自农村的两类群体，成人和未成年人，以就业的方式进入城镇。农民工与大学生就业合流，有助于提升素质城镇化水平。农民工就业，在城镇接受城镇文明的熏陶，未成年人进城求学，获得素质提升。

3. 教育城镇化助推三个维度城镇化的融汇

教育资源城镇化。教育资源城镇化是在不降低甚至要提升农村教育投资的背景下，有计划提升城镇教育资源的配置数量和质量，为大量进城未成年人接受教育做好准备。

教育用地城镇化。乡村学校撤并加快，城镇学校布点加快，教育用地的城镇化是土地资源占补平衡急需解决的问题，教育土地资源占补平衡设计很有必要。

受教育人口城镇化。有了教育用地城镇化的土地资源占补平衡的支撑，受教育者的城镇化就有了依托，受教育者特别是少年儿童进城接受教育的过程，也是家属进城伴读的良好契机，这对城镇化的促进是很明显的。

4. 不同维度的城镇化

（1）素质城镇化。城市吸纳人口必须使人口素质提升。土地城镇化支撑的教育城镇化，带动了受教育人口的城镇化，也为素质城镇化提供基础，为人的城镇化提供质量保证。探索教育土地资源占补平衡，是解决教育用地城镇化的关键，人力资源开发是城镇化健康发展的基础。只要做好教育土地城镇化的制度支撑，就能保证学校教育资源城镇化的物质基础。有了教育用地城镇化作保障，就有教育城镇化和素质城镇化的健康发展，人口的城镇化才不会失去素质保障而沦为低水准的城镇化。

（2）消费城镇化。消费城镇化是关键抓手。消费城镇化离不开乡村居民财富的积累，土地资源占补平衡给乡村人口的土地资源变现提供了制度保障。消费城镇化必须有人口城镇化，人口城镇化在土地变现的财富帮助下容易实现。只有物质层面的城镇化不够，居民素质和教育的需求必须满足，进城接受教育本身就是拉动消费的重要环节。素质城镇化不仅是城镇化品质的象征，更是教育城镇化的发展目标，教育城镇化带来了素质提升，也拉动教育消费。只要教育土地资源占补平衡能够支撑教育资源城镇化进程，五个城镇化的联动式发展就有保障。

第二节　农民进城与土地资源占补指标进城的制度改进

一、发展权悖论要求农民与土地资源占补指标同步进城

1. 农村人均建设土地面积高于城市是土地资源占补平衡的基础

土地资源占补平衡是农村建设用地相对于农村人口出现过剩时产生的。农村

现有建设用地面积为 J_n，农村现有人口为 R_n，农村人均建设用地面积为 T_{nj}；城市现有建设用地面积为 J_c，城市现有人口为 R_c，城市人均建设用地面积为 T_{cj}，则有 $J_n/R_n = T_{nj}$，$J_c/R_c = T_{cj}$。目前很多地区都出现农村人均建设用地高于城市的现象：$T_{nj} > T_{cj}$。城市人均建设用地指标远远低于农村，土地资源占补平衡设计是将闲置的农村建设用地指标置换到相对紧缺的城市建设用地市场的一种土地制度设计。

2. 发展权不均衡是静态观察的结果

判断发展权悖论的出现，需要将农村人均建设用地与城市人均建设用地进行比较分期，在不同时期会出现不同的现象。

（1）第一阶段是农村人均建设用地面积高于城市。农村人均建设用地面积高于城市，城市土地发展权受损。农村建设用地资源分配低效，需要解决的问题是将农村闲置建设用地配置到城市，解决相对紧张的城市建设用地不足问题，主要制度平台是土地资源占补平衡先补后占的制度设计。

（2）第二阶段是比较均衡的状态。农村人均建设用地面积等于城市，城乡建设用地资源分配均衡，土地发展权均衡。这一阶段在目前的发展中国家不会自动实现持久的均衡，虽然城市人均建设面积和农村人均建设面积均衡，城市化的发展总是从城市开始，逐步蔓延到农村，此时城市化程度高的区域（城市）与城市化程度低的区域（农村）对建设用地的需求强度不同，城市化程度很高的区域对建设用地的需求强度高于城市化程度低的区域，产生从静态来看农村建设用地继续向城市转移的现象和趋势，这一现象与趋势将会长期持续，并与人的城镇化相伴而行，逐步达到最终城市扩展，农村减小甚至完全城市化。

（3）第三阶段是农村人均建设用地面积低于城市。农村建设用地资源匮乏，土地发展权受损。而城市对建设用地的利用效率较高，自然出现建设用地向边际效益较高的城市聚集的现象，自然会产生农村建设用地人均面积小于城市的现象，这一现象逐步成为农村城市化的促进因素。这一阶段出现的比率不大，城市是建设用地资源利用比较集约的聚居形态，乡村是建设用地资源利用相对粗放的状态。

二、土地资源占补平衡导致发展权不均衡的因素

1. 人口在城乡之间流转潜力大于土地

土地资源的高效利用成为城市化与乡村化土地利用的分水岭。城市建设用地面积的扩展是城市化进程本身，农村建设用地面积的逐步减少，是农村向城市建设用地演进的必由之路。相同建设用地，人口吸纳能力不同，农村减少的建设用地在进入城市建设用地后，比农村所减少建设面积吸纳人数多。即使农村与城市

之间的建设用地总面积不变,农村减少的建设用地面积全部进入城市建设用地市场,农村建设用地所容纳的人数低于城市建设用地所容纳的人数,同样面积建设用地所容纳的人数农村低于城市。随着土地资源占补指标在城乡之间的流动,农村减少的建设用地所承载的人口小于城市新增建设用地可以容纳的人口。

2. 是否存在发展权在于现实定居难度

土地资源的流转是有利于农民进城的,扩大的城市建设用地需要进城定居的人口,农村建设用地的减少也对农民进城产生推力。只要加大制度设计力度,实现进城定居的制度保障,就会避免发展权悖论所产生的问题。

三、理论创新和制度保障

土地资源占补指标作为解决土地进城慢于农民进城问题的制度创新,存在农村土地发展权衰竭的隐患。土地进城慢于农民进城必然产生农村建设用地闲置问题,土地资源占补平衡有效解决农村闲置建设用地城市化问题。土地进城快于农民进城必将产生衰竭隐患,土地资源占补平衡可能走向反面。农民与土地资源占补指标同步进城是均衡的制度设计,均衡的变化速度导致留村建设用地均衡分布,同步的控制措施必须制度化。实践中农村建设用地的出现与农民进城息息相关,土地来源与宅基地占用密切相关,需要从实践层面推动农民进城。

1. 政府指标控制的行政方式

行政方式将农村建设用地资源的承载主体全部安置进城,着眼于农村宅基地征用过程中宅基地主人的进城安置,可以按照农村人均建设用地面积,根据土地资源占补指标交易数额计算进城农民数量。土地与人挂钩不考虑其他问题,仅着眼于宅基地主人的进城定居资金、置业、买房、就业、教育培训、融入城市小区等问题,不涉及其他农民进城问题的解决。宅基地主人安置探索较多的是集体行为和行政方式,农民以宅基地换取进城服务的探索较多,多数是集体组织、行政手段为主,农民自由意志考虑较少,值得进一步探索比较符合城乡统筹背景下土地资源精细利用和农民权益得到保障的新路子。

2. 农民土地资源占补指标的市场交易方式

农民定居城市可以将自己的宅基地或者其他建设用地作为进城的资源要素赋予所在城市,增加所在城市的建设用地资源和土地资源占补指标额度数量,以此换取所在城市的定居安置保障。这一制度考虑农民自由意志和自主要求,让农民自主选择是否进城、何时进城、进哪座城市等，设计比较复杂，需要详尽的制度保障。这一制度的创新不亚于占补平衡先补后占的土地资源占补指标交易制度的创新，越是市场化的制度，越需要详尽的制度安排和各方面的制度保障。

第三节　地票与土地指标的统筹

一、地票本质是城乡建设用地资源交易

1. 地票解决城镇建设用地指标

（1）地票环节。地票着眼于乡村闲置土地的利用，产生耕地面积的增加，根据占补平衡的规定，多出了城镇建设用地指标。无论从地票制度创新的动机还是从实际看，乡村闲置土地利用的只是附属环节，根本环节是为增加城镇建设用地指标。地票的产生是一个循环过程，环节 2、3、4 是过程，环节 1、5 是目的（图3-4）。

（2）地票与闲置乡村建设用地复垦。紧张的城镇建设用地指标已经成为新型城镇化战略实施需要攻克的重大课题。乡村闲置建设用地资源复垦的方向如图 3-5 所示。很少有人从乡村闲置建设用地指标的利用入手，来设计土地利用制度。地票的原始定义主要是复垦乡村闲置建设用地，地票试点的第一阶段，闲置的乡

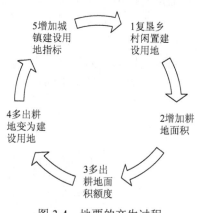

图 3-4　地票的产生过程

村建设用地基本得到开发利用，提高乡村建设用地资源的利用效率。第二阶段，目前很多地区的宅基地复垦已经成为地票的主要来源。村民上楼，不完全属于闲

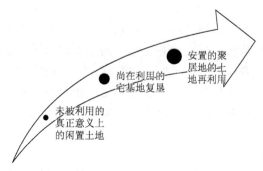

图 3-5　乡村闲置建设用地资源复垦的方向

置建设用地指标配置。放弃不用的宅基地复垦，属于严格意义上的闲置建设用地指标。按照严格意义上的地票定义，尚有人居住的宅基地复垦，不属于闲置乡村建设用地，即使被迫上楼的村民最终改善了居住条件，地票还是主动式的制度设计，是推进建设用地指标城镇化的利器。

未来第三阶段，建设用地指标来源越来越少，需求不减甚至更大，势必要在已经安置的聚居点土地上做文章。地票制度的本质不是为了乡村建设用地利用效率的提升，而是为了新增城镇建设用地指标，是为了建设用地指标的城镇化。

2. 建设用地指标交易制度

（1）地票实际上是一种城乡建设用地指标交易的制度。地票制度的本质，实际上是两种指标的交易，交易双方是乡村和城镇。乡村给城镇输送建设用地指标，获得地票交易资金。城镇支付地票交易资金后，获得建设用地指标，地票交易资金充当中介，将乡村闲置建设用地指标输送给城镇建设用地市场，解决了城镇建设用地指标紧张的问题。在乡村仍然比较落后的情况下，闲置建设用地指标的价格低，效应小。城市之间通过地票制度进行的资源交易如图 3-6 所示。

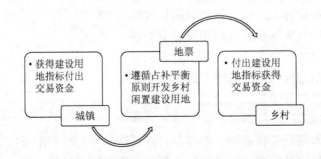

图 3-6　城乡之间通过地票制度进行的资源交易

（2）土地资源及指标。指标与资源不同。土地资源的性质分为两种：一种是土地本身的利用及其价值；另一种是土地不同用途的指标额度。假定土地资源的利用可以在耕地与城乡建设用地之间自由转换，不存在立地条件的限制。一块耕地，可以作为耕地，也可以作为城乡建设用地。资源不能从乡村转移到城镇，因为土地不能移动，但是指标可以自由转移。地票交易之后，土地还是原来的土地，但指标分配不一样了，乡村耕地多了，建设用地少了；城镇耕地少了，建设用地多了。

没有实现人口城镇化的地票制度不符合新型城镇化战略的要求。如果城镇化形成城市带，但没有安置相应比例的人口进城，这不符合新型城镇化战略的要求。地票制度的附属制度创新已经提上议事日程，明确提出人口与土地挂钩的制度。

二、建设用地指标的统筹与流动

1. 地票制度帮助实现建设用地指标的城镇化

城镇化是目前的关注焦点。建设用地指标同样有城镇化的巨大推力。尽可能高效地利用乡村建设用地指标，通过挤压乡村建设用地指标切实提升乡村建设用地的效率。建设用地指标源源不断地从土地利用效率不高的乡村向城镇流动。

2. 建设用地指标的城乡统筹

（1）建设用地指标的城乡统筹与城乡建设用地指标城镇化。建设用地指标的统筹与城镇化是两个概念，一个是单向的，另一个是双向的。一个是主动式的，另一个是中性式的。目前城镇建设用地指标比乡村更紧缺。乡村还有大量没有高效利用的建设用地，经常受到关注的是建设用地指标的城镇化。很少关注建设用地指标向乡村流动的问题。统筹建设用地指标，统筹必须是灵活的，可以双向流动的，不是单维的，既可以是城镇化背景下，乡村建设用地指标向城镇的流动，还可以是未来城镇化成熟阶段，城镇闲置建设用地指标向乡村的流动。建设用地指标的城乡统筹避免了建设用地指标的透支，建设用地指标向乡村的流动，忽视了大量乡村建设用地指标城镇化对乡村未来城镇化发展的建设用地指标的透支。乡村未来城镇化需要的建设用地指标统筹如图 3-7 所示。

图 3-7　乡村未来城镇化需要的建设用地指标统筹

（2）地票制度如何实现建设用地指标的城乡统筹。建设用地指标的统筹，出现在城乡建设用地利用效率一致之后，需要经历一个相当漫长的历史时期。存在的矛盾和问题，已经在地票制度试点之初就开始埋下隐患，不提前提取发展权补偿资金，未来很难解决好发展权问题。

三、地票在建设用地指标统筹方面遇到挑战

1. 地票交易关系涉及城乡统筹战略的更多更深刻的层面

地票是主要着眼于城乡建设用地指标交易的制度。地票交易是土地资源利用的统筹制度，不仅涉及土地用途管制的占补平衡原则，更关系到粮食安全战略和新型城镇化战略。在新型城镇化战略的要求下，地票交易还要严格遵循城乡统筹原则。城乡统筹作为一个发展的概念很有意义，在乡村支持城镇的年代，城乡统筹就是农业支持工业。在建设用地指标紧张的年代，城乡统筹很容易只是着眼于建设用地指标的交易，把乡村闲置建设用地指标输送给城镇。新型城镇化战略背景下，城乡建设用地指标的交易，已经不局限于闲置乡村建设用地的开垦，而是规模化和普遍化的宅基地的复垦。宅基地复垦虽然不完全适用闲置建设用地的概念，但是为了城镇建设用地指标而开发宅基地也无可厚非。目前建设用地利用的效率低，宅基地的利用效率更低，集中后确实可以产生很多新增建设用地指标。但是，考虑未来的城镇化将改变原有的土地城镇化模式，切实以人为本，建设人的城镇化模式，统筹城乡建设用地资源变成

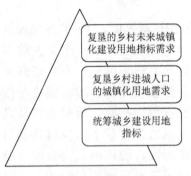

图 3-8　统筹城乡建设用地指标需要
考虑人和乡村城镇化的需要

沉重话题（图 3-8）。

2. 地票交易的隐患

地票制度是对乡村闲置建设用地的开发利用，但从长远来看，未必如此。建设用地指标越来越少，价格越来越高。未来等到复垦建设用地的乡村要进行城镇化建设时，是否还有这么多的建设用地指标可供利用。乡村闲置建设用地复垦为耕地是一回事，复垦的同时进入地票制度交易市场，并获取交易资金补偿是另一回事。一旦进入地票交易市场，乡村建设用地指标就减少相应的额度，未来乡村要想获取相应额度的建设用地指标，成本可能加大。极端情况是到时建设用地指标极度匮乏，即使支付很高价格也不一定能够获取相应额度的指标。

3. 储存乡村建设用地指标的方法

乡村闲置建设用地复垦后的两种选择如图 3-9 所示。

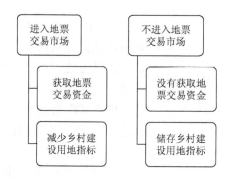

图 3-9　乡村闲置建设用地复垦后的两种选择

　　对于绝大多数没有地票交易试点的地区，即使复垦闲置建设用地，也没有进入地票交易的平台，不会获取交易资金，不会减少乡村建设用地指标。乡村建设用地指标随之储存卜来。地票交易没有普及的区域，从长远来看，即使复垦了乡村闲置建设用地，也不会减少乡村建设用地指标。

四、三类土地指标的统筹

1. 三类土地指标的分类及其相互关系

　　土地指标有耕地面积、乡村建设用地、城镇建设用地。三类土地指标构成复杂的土地资源三元模式，在耕地和乡村建设用地之间，既存在大量的宅基地占用耕地的现象，也存在地票制度下，复垦乡村建设用地为耕地的现象。耕地红线战略的实施，基本上确保耕地面积不减少。在地票制度创新以前，特别是在 18 亿亩耕地红线尚未触底之前，城镇建设用地占用耕地的现象屡禁不止。地票制度试点以后，复垦乡村建设用地，城郊耕地转变为建设用地。城乡建设用地指标之间存在复杂的关系。在地票制度试点前，这两种指标发生关系的市场交易方式有限，地票制度试点后，自由交易城乡建设用地指标，大量乡村建设用地指标输送到城镇。目前不仅可以看到乡村建设用地指标进入城镇，未来乡村发展城镇化的建设用地指标稀缺，也可以通过购买城镇建设用地指标来实现。

2. 建设用地指标的计划配置是减少耕地的制度安排

　　（1）报批建设用地计划减少了耕地指标。统筹城乡建设用地指标是隶属于建设用地土地资源配置的课题。统筹城乡建设用地指标首先要保证不影响耕地面积指标，目前，各个区域的建设用地指标是通过计划方式报批的。报批的指标如果没有遵循占补平衡的制度规定，都是对耕地面积指标的减少。计划方式报批的指标很少遵循占补平衡的规定。如果遵循占补平衡制度，完全可以通过地票市场交

图 3-10　三类土地指标的互动关系

易，自然无需通过审批来获取计划指标。这从反面说明计划指标对耕地面积指标的减少。既然计划报批建设用地指标，必然减少耕地面积指标。这一计划体制还能延续下去的一个主要背景是目前耕地存量没有跌破 18 亿亩耕地红线。多余的耕地可以成为计划报批建设用地指标的最后储备。

（2）地票制度不会引起耕地面积指标的减少。地票制度严格遵循占补平衡的建设用地指标配置原则，不会引起耕地面积的减少。图 3-10 中，除非有新的资源加入，否则无论三种用途怎么变化，总量是一定的。只有在地票和其他遵循占补平衡的制度，耕地总量才会保持不变，乡村建设用地指标通过耕地这个中介，与城镇建设用地指标发生关系。

3. 地票主流化才能制止计划配置对耕地面积的侵占

计划的报批指标方式减少了耕地面积，触及 18 亿亩耕地红线后，地票制度及其他遵循占补平衡制度的设计必然成为主流的制度设计。地票制度的实践和理论研究比较成熟，地票制度的主流化可以制止耕地面积的减少，地票制度是真正保护耕地红线的制度设计。

五、三个城镇化同步发展

1. 三个城镇化的同步健康发展

（1）建设用地指标城镇化。城镇化的发展趋势，使得人口向城镇聚居，但是耕地不可能向城镇集聚。建设用地指标随着人口的集聚同向流动，在充满机遇的建设用地指标城镇化过程中暗藏着挑战：进城人口的建设用地指标是否得到满足，乡村建设用地指标减少是否影响未来城镇化建设用地指标，这两个问题的妥善解决，才会保证两个城镇化是同步健康发展的。两个城镇化的发展允许有阶段性特质，此前 40 年的城镇化发展中，人口城镇化远远低于土地城镇化速度，这是城镇化发展的阶段性产物。

（2）建设用地指标与进城人口同步城镇化。新型城镇化战略背景下，内需成为经济发展的主要动力，人口城镇化成为拉动内需的主要一环。在建设用地指标城镇化的过程中，忽视进城人口的建设用地需求，搁置复垦宅基地进城人口的城镇建设用地额度是严重错误的。

（3）建设用地指标、进城人口与乡村同步城镇化。地票交易中，要考虑乡村城镇化建设用地额度，未来这一问题将成为核心和关键。

不同时段需要解决的建设用地指标问题如图 3-11 所示。

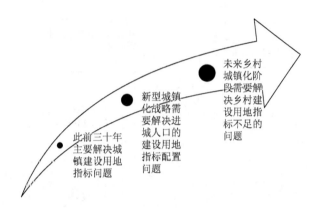

图 3-11　不同时段需要解决的建设用地指标问题

2. 进城居民节省的城镇建设用地指标

（1）复垦宅基地带给城镇建设用地指标。以复垦宅基地为主要模式的乡村建设用地指标进城，意味着进城的乡村居民给城镇带来了大量建设用地指标。复垦自己的宅基地，通过地票制度交易为城镇带来大量建设用地指标的进城农民，不一定能从自己的宅基地复垦的指标中受益。

村民进城后的建设用地指标满足方式如图 3-12 所示。

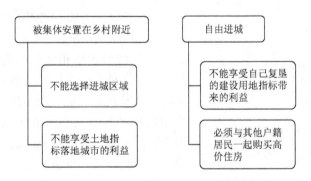

图 3-12　村民进城后的建设用地指标满足方式

无论闲置的宅基地零星被复垦，还是被集体安置，宅基地的主人都很少从自己带来的建设用地指标中获得充分的收益。乡村建设用地指标如果主要是通过宅基地复垦实现的，这些放弃宅基地的进城村民就有权利享受自己创造的建设用地指标的利益。这些放弃宅基地的进城村民，在指标落地的城镇可以获取一定比例的建设用地指标，用于他们的居住和发展用地。其余建设用地指标可以为指标落地城镇的发展服务。理想的城乡统筹利用模式如图 3-13 所示。

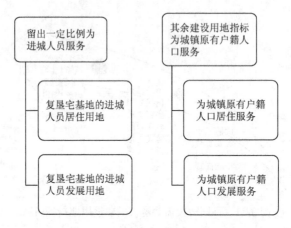

图 3-13　理想的城乡统筹利用模式

（2）城票是解决进城居民建设用地指标配置的制度设计。城票是指为复垦宅基地的进城居民预留的建设用地指标。城票来自进城村民复垦宅基地带给城镇的新增建设用地指标。这部分建设用地指标主要用于城镇已有户籍人口的居住和发展用地，很少考虑复垦宅基地的进城人员的需求。大多是在复垦者的乡村附近，集中安置建房（图 3-14）。

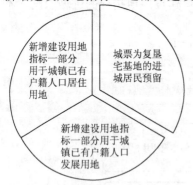

图 3-14　城票是为复垦宅基地的进城居民预留的建设用地指标

（3）集中安置复垦宅基地的村民。为了复垦宅基地，一般在复垦乡村附近集中安置建房。这是建设用地指标城镇化起步阶段的措施。不足之处是安置地附近就业机会少，城镇化的一个特征是就业区域与居住区域的重合。集中居住并没有实现就业区域与居住区域的最大限度的重合，安置地的居民，没有分享城镇化的好处。离开复垦的宅基地，还在乡村附近徘徊，这主要是为了建设用地指标城镇化的地票制度，不是实现理想城镇化的制度设计。

集中安置复垦宅基地的村民可能降低其分享城镇化利益的机会。假定有两个人口和宅基地面积相等的村组 A，B，在第一阶段，试点宅基地复垦的 A 村，复垦了全部宅基地，复垦面积为 C，最后全体村民被安置在附近的聚居地 M，安置占

地面积为 D，产生地票额度为 E，$E = C - D$。地票交易价格为每亩 F 元。第一阶段 A 村复垦地票总收益 $G = E \times F = (C - D) \times F$。第一阶段，$B$ 村没有试点地票制度，因此没有复垦宅基地。第二阶段，经济发展和城镇化水平都大幅提升，这时地票价格高，地票交易价格为每亩 H 元。此时地票制度也普及到 B 村，B 村复垦面积为 C，最后全体村民被安置。因为城镇化发展进入新阶段，B 村安置区域 N 比 A 村被安置的区域 M 城镇化水平更高。B 村安置占地面积为 J，产生地票额度为 K，$K = C - J$。复垦地票总收益 $L = K \times H = (C - J) \times H$。同时，$A$ 村被安置的聚居地 M，也与 B 村一样，参与新一轮的复垦，被安置到与 B 村一样的城镇化水平更高的区域 N，这时，A 村安置占地面积为 J，产生地票额度为 O，$O = D - J$。第二阶段 A 村复垦地票总收益 $P = O \times H = (D - J) \times H$。两个阶段 A 村复垦地票总收益 Q 为

$$Q = G + P = E \times F + O \times H = (C - D) \times F + (D - J) \times H$$

两个村组的地票收益差距 R 为

$$R = L - Q = (C - J) \times H - (C - D) \times F - (D - J) \times H$$
$$= (C - D) \times H - (C - D) \times F = (C - D) \times (H - F)$$

在村组的宅基地总面积一定的背景下，安置在复垦村组附近的聚居地面积越小，损失越大。地票价格增长越快，损失越大。现有的地票制度下，没有预留更发达的城镇建设用地指标，复垦宅基地的村民被安置在附近的收益更小。也可以一次将 B 村安置区域 N 直接定位为建设用地指标落地的城镇，一步到位，符合城票的制度设计。只有城票额度的预留，才会使复垦宅基地的进城居民的损失最小。

3. 权票是解决乡村未来建设用地指标配置的制度设计

为了弥补目前地票制度存在的不足，权票制度设计很有价值。权票资金可以弥补乡村城镇化将要支付的过高成本。权票是指因地票制度在发展权领域的使用而产生的建设用地指标。

第四节　边远地区乡村建设用地利用效率提升到城郊建设用地水平

一、建设用地参与土地城市化进程

1. 地票制度试点与推进时期

地票制度是一种土地资源配置的制度设计。边远地区建设用地的效能发挥

可望通过地票制度的引领来实现。土地资源配置需要所有土地资源的参与。参与的土地资源越多，地票制度的辐射效应领域越广，这一制度的效能发挥越明显。边远地区建设用地价格低，城镇化对其建设用地的利用很不充分，越是发达区域，土地利用效率越高。如何将建设用地的价值链做传导，是土地制度设计的目标。乡村建设用地通过地票交易平台，供给地票交易指标。获得交易资金后，继续深入开发乡村建设用地。地票制度推进边远建设用地参与建设用地统筹。尽可能将本区域内所有城乡建设用地都纳入地票制度交易范围，即使是最偏远地区，也会提升乡村建设用地的利用效率。城乡建设用地资源统筹的思路如图 3-15 所示。

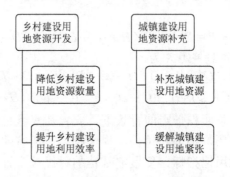

图 3-15　城乡建设用地资源统筹的思路

2. 地票普及时期

后推进区域有大量的乡村闲置建设用地资源可用。即使闲置建设用地资源用完，还可以通过大量宅基地的高效利用来实现地票的持续供应。先试点区域宅基地用完后如何寻找新的土地来源。地票制度试点区域，宅基地用完后，可以继续扩大地票制度探索的力度。把利用率相对较低的乡村建设用地集中利用，节省出来的乡村建设用地资源转变为城镇建设用地指标，持续提高乡村建设用地的利用水平。

二、乡村建设用地利用效率提升到城镇水准

1. 城乡建设用地价值差异

城镇建设用地的利用效率较高。土地在城镇建设用地的市场价值远高于乡村，要把乡村建设用地转变为城镇建设用地，乡村建设用地利用效率尚待提升。转变城乡建设用地指标的过程，就是提升乡村建设用地价值的过程。

2. 乡村建设用地通过参与土地城镇化进程提升土地价值

在条块分割的城乡建设用地市场，虽然同属土地资源，并且都属于建设用地，但城乡建设用地资源的统筹并不十分顺畅。

激励制度设计是乡村建设用地资源进入城镇建设用地市场的关键。乡村建设用地进入城镇用地市场的制度设计正在形成之中，激励制度设计尚待深化，地票制度已经在城乡建设用地之间建立桥梁。地票能够交易的城乡范围有限制，可以融通的城乡区域有限。但地票这种制度思路有助于解决把乡村建设用地指标转变为城镇建设用地指标的问题，利用地票制度思路激励乡村建设用地转变为城镇建设用地指标，潜藏着契机。

3. 提升城乡建设用地价值的最终目标

乡村建设用地利用效率不高，城镇建设用地紧张不合理，把乡村建设用地中的部分指标转移到城镇建设用地市场，可以解决城镇建设用地紧张问题。乡村建设用地价格逼近城镇建设用地，最理想的境界是城镇建设用地价值等于乡村建设用地价值，利用目前地票制度的思路把乡村建设用地价值提升到城镇建设用地价值水平，最终把乡村建设用地的潜在价值逼出来。数量巨大的乡村建设用地潜藏的价值将得到发挥，也缓解城镇建设用地资源紧张的问题。

三、实现城乡建设用地的同等价格

1. 城镇建设用地价格较高与乡村建设用地价格较低同时存在

跟价格双轨制时期的一些情况类似，现在的土地市场存在两类产品：城镇建设用地资源和乡村建设用地资源。这两种资源的价格不一致。打通两个互不交流的市场，让价格不一样的产品在一个相互融通的市场相互交流，资源配置才是有效率的。

2. 城乡建设用地市场上建设用地资源的交易及其制度限制

（1）城镇建设用地市场上的供地者及其制度制约。来自两个市场的两类建设用地资源分别受到制约。城镇建设用地市场上供地者是城郊居民，在一个充分的交易市场上，只要没有制度约束，城郊居民卖地给用地者的交易就可以简化为：只要价格足够高，城郊居民会把土地卖给用地者，土地卖出的数量十分巨大。但在耕地资源有限的情况下，这样的简单交易是不存在的。城郊居民不能无约束地出卖自己的耕地，土地红线很有必要；导致城镇建设用地市场上交易价格很高，交易额度有限。

（2）乡村建设用地市场上土地资源的充足供应受到交易市场的制约。乡村建设用地市场的土地供应量大。建设用地的价格很低，把乡村建设用地复垦为耕地，减少的价值较低。乡村建设用地进入整体交易市场的动力不足，主要制约因素是没有很强的激励，制度制约主要是地票的普及。没有地票制度试点的地方，要探索能否创新虚拟地票制度平台，利用地票制度的思路，建立合乎地票理念的运作方式，来解决这一问题。

四、纯地票制度下乡村交易市场卖地考虑

1. 乡村建设用地利用效率提升的边界

（1）乡村建设用地收益。乡村建设用地占用面积较大。典型的是宅基地，一般家庭宅基地在 200m² 左右，这样的独院宅基地，占用较多建设用地，是目前乡村和城镇之间建设用地置换的主要源泉。宅基地占用较大面积，是一种历史传承，有其历史原因。占有独院住宅，是城乡居民的共同心态。城镇别墅的热销和被禁止，也反映了占有独立空间的心态。宅基地的收益是居住者占有独立的空间，活动余地较大，可以在自己的广阔居住空间内自由活动，满足居住者对自由活动空间的追求，也是居住者身份品位的象征，有较高的心理价值和实际价值。

（2）乡村居民对居住空间和经济收益的比较与选择。几百平方米的宅基地可以满足独立空间的需求。把它转变为地票额度交易，可以获取一定的经济收益。乡村居民需要在下面两种决策中进行选择：愿意保留宅基地，享受独立空间；还是愿意减少居住空间，获取经济收益。这决定了乡村建设用地自愿还是被动进入地票交易市场。

（3）乡村建设用地复垦的成本和收益。乡村建设用地利用低效可以得到持续的改善，直到乡村建设用地利用效率与城镇建设用地利用效率一致。假定复垦一亩耕地的成本是 a，一亩地票的交易收益是 b，新垦一亩耕地，拿来种植的收益是 c，乡村居民享受独立宅院，一家一户占用一院宅基地，占用一亩建设用地的收益是 d。

只要 $a+d<b+c$，则地票制度可以持续下去，直到 $d+a=b+c$，将乡村建设用地全部复垦为耕地。

2. 乡村建设用地效率提升的地票制度制约因素

（1）地票制度的低成本。地票制度交易是有成本的。交易成本不仅包括制度平台建设、维护成本，还包括参与者获取信息、获得支持所需要的成本。农民如果能将一亩闲置建设用地开垦出来，拿到地票市场交易，效率就高。如果不去地票市场交易，会制约更多闲置建设用地被发现。有乡村闲置建设用地信息的人，必须都可以进入地票交易市场。如果不是每一个掌握乡村闲置建设用地信息的人

都能进入地票交易市场，则制度是低效的。如果不能发现所有的资源配置低效的信息，那么低效的乡村建设用地资源配置就不可避免。

（2）乡村居民不掌握地票制度交易需要的资源和能力。目前很多闲置乡村建设用地的开垦，都由一些组织来进行。这些组织必须具备相当的资源与能力，这些资源与能力是进入地票制度市场必需的，也是一般乡村居民很难掌握的。这些组织可以发现一些信息，但是所发现的信息不完全，真正掌握信息的是乡村居民，但是乡村居民不具备进入地票制度交易市场的资源与能力。

（3）乡村居民被动进入地票制度交易。部分乡村居民是地票交易市场的被动交易者。交易的主动性是交易效率的保障。没有主动性的地票额度交易，违背交易方的利益，交易制度最终不能很好地配置资源。

3. 地票收益是一个重要因素

（1）地票交易价格对乡村建设用地资源的配置。当复垦一亩耕地的成本 a 不变，占用一亩建设用地的收益 d 不变，拿来种地的种植收益 c 不变时，从理论上来看，要确保 $a+d<b+c$，并使其一直成立，地票制度才会持续发挥作用，直到 $d+a=b+c$，将乡村闲置建设用地全部复垦为耕地。为了保证不等式 $a+d<b+c$ 一直成立，并避免不等式演变为等式 $d+a=b+c$，最好让地票交易额一直维系在一个数值，确保不等式成立。可以将乡村闲置建设用地通过地票制度全部转移为城镇建设用地指标。

（2）地票交易价格面临的挑战。实践中，复垦一亩耕地的成本 a、占用一亩建设用地的收益 d 和拿来种地的种植收益 c 都是在变动的。其中复垦一亩耕地的成本 a 在增加，虽然增幅不很高。粮价涨，但变化不迅速，拿来种地的种植收益 c 增长也不是很快。这两个指标分列不等式两侧，其增长幅度都比较稳健，增幅假定相互均衡，最终可以近似看作抵消增长部分。关键要看占用一亩建设用地的收益 d。从理论上来看，占用一亩建设用地的收益 d 取决于两个要素：一个是空间本身的效用；另一个是建设用地资源的成本。独院的空间本身有很多价值，可以养花种草，可以自由活动。并且随着经济的发展和社会的进步，空间的利用效率越来越高，空间的价值越来越得以显现。建设用地资源的成本与日俱增。城乡一体的进程正在加速，在乡村居住的交通障碍正在化解。乡村独院的价值越发凸显。占用一亩建设用地的收益 d 增幅较快，必须提升地票的交易价格，来应对不等式左边快速增长的挑战，维系不等式的成立。否则，不等式 $a+d<b+c$ 很快就会演变为等式 $d+a=b+c$，停止将乡村闲置建设用地全部复垦为耕地的进程。

（3）闲置乡村建设用地含义辨析。在地票制度下，根据公式 $a+d<b+c$，将乡村建设用地指标转变为城镇建设用地指标是提升乡村建设用地利用效率的过程。开始时地票制度着眼于乡村闲置的建设用地，等到乡村闲置建设用地开发完

毕，就开发乡村低效建设用地，乡村低效利用的建设用地开发结束后，地票制度还有价值。这时，乡村建设用地的利用效率还是低于城镇建设用地的利用效率。只要地票交易的成本足够低，制度建设足够完善。源源不断的乡村建设用地指标还是会在地票交易价格的吸引下，进入城镇建设用地市场。

4. 城郊居民卖地的交易考虑

假定 e 为城镇市场土地交易价格，$f = e - b$ 是除掉地票资金后真实的交易价格。地票交易资金是购买指标额度的资金付出，地票交易资金付给乡村垦荒者，f 付给城郊卖地居民。

城郊居民卖地决策。城郊居民所卖土地，一部分属于乡村建设用地，乡村建设用地的价值为 d_2。只要卖地收益高于建设用地价值 d_2，加上失去耕地后的生活安置费用 g_1，即 $d_2 + g_1 < f$，卖地就是划算的。城郊居民所卖土地，只有一部分属于耕地。耕地的一亩收益为 c_2，城郊耕地收益稍高于乡村，即 $c_1 < c_2$。只要卖地收益高于耕地价值 c_2，加上失去耕地后的生活安置费用 g_2，即 $c_2 + g_2 < f$，卖地就是划算的。城乡之间总是存在经济发展的差距，表现在建设用地的利用效率上，乡村总是较低。城镇有 30 多层的高楼，充分利用建设用地，偏远乡村这么高楼层的建筑尚未出现。只要地票制度足够完善，总会在乡村与城镇的建设用地之间建立桥梁，源源不断地通过乡村建设用地的集约利用，把节约出来的乡村建设用地指标转换成城镇建设用地指标，为未来进城的四亿人口提供居住条件和就业空间。

第四章　土地资源占补平衡与新型城镇化建设

第一节　带着地票指标进城的新型城镇化

一、进城人口在城镇定居

1. 忽视人口城市化的失误

此前的城镇化的特征是人口城镇化赶不上土地城镇化。这个时期存在严重的本位思想：城镇是城镇户籍人口的城镇，城镇化是城镇户籍人口主导的城镇化。城镇化只考虑户籍人口的住宅和发展用地，没有必要考虑户籍人口以外人口的城镇化，甚至城镇没有责任和义务为非户籍人口做出任何制度安排。如果要有制度安排，也是基于户籍人口利益的考虑。双赢很少被纳入考虑，更多决策是单方面的考虑。只实现户籍人口利益最大化，进城人员基本没有权重。

2. 没有给进城人口留足建设用地额度

此前的城镇化是以城镇户籍人口利益为出发点的，在建设用地指标十分紧张的情况下，很难为解决进城人员的建设用地额度做出努力，很少考虑宅基地复垦者的利益。

二、地票制度乡村建设用地指标进城

1. 借鉴地票制度将乡村居民通过制度设计转移进城镇

（1）人与建设用地指标挂钩制度。进城人口与建设用地指标挂钩制度下，在建设用地扩大的同时，需要乡村居民进城，带来相应的建设用地指标，使建设用地的结构得到治理。利用效率相对较低的乡村建设用地比例逐步下降，利用效率较高的城镇建设用地比例逐步上升。成熟的城镇化需要90%的城镇化比例，如果单位占用城镇土地面积不变，新增建设用地等于目前城镇建设用地面积总量。无论从规模还是建设用地进城的速度看，未来的新型城镇化的战略实施，其规模都是前所未有的。伴随着建设用地进城的是居民进城。居民进城示意图的结构与土

地进城示意图大致相似。需要加以考虑的是如何将其挂钩,让土地进城与居民进城的同步化和均衡化有切实的制度保障。具体如图4-1和图4-2所示。

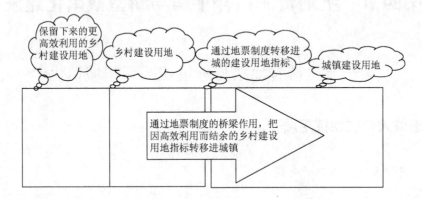

图 4-1　地票制度把结余建设用地指标转移进城

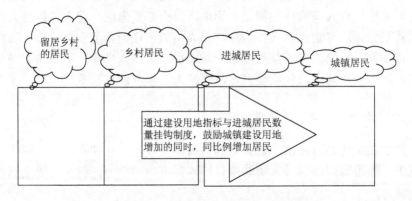

图 4-2　土地与居民进城挂钩制度促进居民进城

(2)挂钩制度与占补平衡。地票创新制度解决土地进城与居民进城的配套问题。假定未来进城的乡村建设用地全部进入地票交易市场,地票额度作为未来新型城镇化的主要建设用地来源,肩负着进城居民安置定居的使命。作为城镇建设用地主要来源的地票,不仅是占补平衡下建设用地资源的重新利用,更是促进居民进城的动力。地票所承载的将不仅局限于建设用地指标,还必须承担进城居民定居问题。

2. 四亿人口进城需要制度创新

(1)地票解决进城居民定居的必要性。如果未来乡村闲置建设用地的开发都由地票制度来承担,就会出现这样的趋势:通过地票形式,把乡村建设用地资源不断地转变为城镇建设用地指标。并且随着城镇化发展的日益深入,建设用地指

标的缺口越来越大。一些并非闲置的乡村建设用地资源，越来越多地被以地票交
易的方式复垦为耕地，逼迫乡村居民离开乡村。地票的深入发展带来一个严峻的
问题：在经济力量的推动下，乡村建设用地指标有向城镇转移的强大动力和压力。
目前定居在乡下的居民，自觉不自觉地将会受到强大压力，进而放弃宅基地。放
弃宅基地的乡村居民，其进城问题如何解决？很多地方没有将进城定居农户的住
房问题与地票制度所提供的建设用地指标结合起来。地票新增额度不是主要为进
城定居农户服务，甚至很少拿地票额度为进城定居居民服务，这影响地票制度的
健康成长。地票是从乡村居民的宅基地复垦中获得的耕地新增额度，为城镇建设
服务，但却很少为进城居民的建设用地服务。

（2）地票解决进城居民定居的可行性。地票可以在清理障碍的过程中做出成绩。
障碍是进一步扩大地票制度时存在的宅基地主人的安置问题，解决好宅基地主人的
安置问题后，地票制度迅猛发展，逐步成为建设用地指标的主要来源（图4-3）。

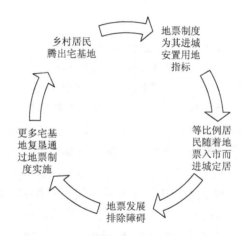

图 4-3　地票制度解决土地和居民进城的良性循环

3. 地票解决进城居民的定居问题

（1）地票的功能转型。地票是为解决城镇
建设用地指标紧张问题设计的。在继续保留这
一基本功能的前提下，要将帮助进城居民定居
作为重要功能。地票制度将不仅是一种土地资
源配置工具，更成为人口资源的配置工具，带
有深刻的为新型城镇化战略服务的色彩。地票
的诸多功能如图 4-4 所示。

（2）地票新功能的运用。整理乡村建设用

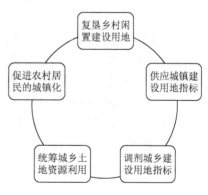

图 4-4　地票的诸多功能

地资源时，很少关注乡村居民进城的效应，很少关注地票本身的社会效应。以往的城镇化关注建设用地指标，忽视了居民进城对社会发展的意义。通过地票制度创新，将地票指标中的一定份额作为进城定居的建设用地指标，可以很好地解决不同步问题。

三、地票额度中拿出一定比例作为进城安置的建设用地指标

1. 市场与计划相结合

地票额度中至少要拿出一定比例，用在进城定居人员的住房及其配套设施建设上。作为制度规定，可很好地实现地票制度带动土地与人口同时进城的效应。这部分地票不能随意作为他用，必须如实地使用在进城人员的住房建设上。

2. 预留地票额度

（1）每增加一个进城人员所需的地票指标比例配置。指标比例应该按照地票的新增比例计算。假定未来主要的建设用地指标都来自地票，新型城镇化战略实现后，城镇化实际比例 A 比目前城镇化的实际比例 B 翻番，即 $A=2B$。未来城镇化比例相当于目前的实质水平的两倍时，假设需要新增建设用地指标 C 都来自地票市场，需要的地票额度为 D，$C=D$。假定城镇化过程中每一个人进城所占建设用地额度一致，则新增建设用地指标 C 和需要的地票额度 D，这两个指标相当于目前的城镇建设用地 E，$C=D=E$。根据目前全国人口 F 计算出目前实际城镇人口 G，$G=F×B$，目前每个城镇人口所需城镇建设用地面积 H，$H=E/G$，假定未来进城人口的土地利用率与目前相当，每一个乡村居民进城所需城镇建设用地 J 与目前每个城镇人口所需城镇建设用地面积 H 相当，$J=H$，地票额度 D 实际上解决的进城人口 K 等于目前实质城镇人口 G，$K=G$，每亩地票必须解决的进城人口数量为 L，$L=K/D$，每个进城人口需要留出 M 亩地票，以作为安置所用地，$M=D/K$，这是每安置一个进城人员所需要的地票额度，这个指标要通过全部地票额度的一定比例体现出来。全部地票从其开始交易，都要按照一定比例，提取一部分作为进城人员安置使用，不能全部用在已有城镇人员的居住和生产用地。

（2）每亩地票留出安置进城人员的比例。要计算未来可以提供的地票额度与其中必须用来安置进城人员的地票额度的比例。假定未来一共产生的地票额度为 N，用于新进城人员安置需要新增的建设用地指标 C 等于为此需要的地票额度 D。全部地票额度中至少要抽取一定比例 P 作为进城人员安置用：$P=C/N=D/N$。为了避免进入地票市场交易的每一亩地票都被用作已有进城人员的生活和生产用地，没有给未来与现在进城人员安置留足额度，就必须在从开始交易地票时，就按照

每交易一亩地票必须留出 P 亩地票额度，专门用于进城人员安置，不能挪作他用，更不许减少留置比例。未来地票额度中要有部分用于进城人口安置如图 4-5 所示。

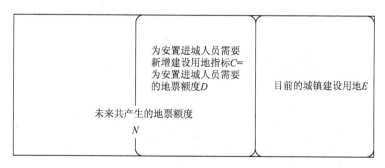

图 4-5   未来地票额度中要有部分用于进城人口安置

安置进城人员需要的新增建设用地指标 C 即满足相应需求的地票额度 D，是在未来产生的地票额度 N 交易时，按比例留下的。每一笔地票交易，无论是否涉及宅基地拆迁，都必须严格执行。否则地票额度基本用完时，还没有留足所需安置用地 D，土地城镇化与人口城镇化同步就落不到实处。

（3）预留指标管理。留出的这一比例用于安置地票额度，要严格按照地票交易规定交易。可以加大对这部分地票额度的管理，鼓励相关开发商积极从事安置房建设。具体激励机制要按照法律规定，参考相关安置办法实施。为了提高安置土地的利用效率，刺激相关开发主体的积极性。可以采用配额方式，对于竞拍预留地票的开发商，根据一定比例配额一定比例地票，采取较为优惠的价格或者其他激励方法。

3. 形成良性循环

（1）每笔地票交易都安置好居民。为了扭转原有的不重视人口城镇化的状态，充分利用制度的效力，预留定居人口的地票额度。无论这一笔地票来源是否是从宅基地拆迁获得的都不重要，即使并非宅基地拆迁所得，都要为进城人口定居留出一定比例的地票额度，这也是发展权的保障。

（2）时间差要处理好。地票要成为新型城镇化战略的主要供地制度，需要处理好时间差问题。时间差问题是实践中存在的循环造成的时间占用。从第一批乡村建设用地开始复垦，到检验合格进入地票交易市场打包出售，竞拍成功后，在建设用地市场拿地，拿到地后留出一定比例来给进城居民建设住宅及基础设施，有了进城居民的住宅与基础设施，才会吸引第一批进城居民购房定居，他们离开自己的宅基地，宅基地的效用逐步减弱，慢慢废弃，可以继续复垦这些进城居民的宅基地。如此循环，进入下一轮地票产生的流程。一次宅基地复垦到下一次宅基地复垦之间需要几年时间，即使大量宅基地最终被复垦，宅基地主人最终会住进地票额度所建设的城镇住宅中去。第一次复垦到第二次复垦之间的环节如图 4-6 所示。

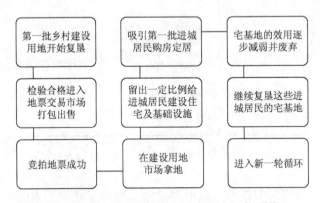

图 4-6　第一次复垦到第二次复垦之间的环节

四、不完全的城镇化与进城人口占地问题

1. 不完全的城镇化与超量建设用地指标消耗

按照新型城镇化战略思路，没有同步解决人口进城定居，只有土地城镇化是不完全的城镇化。不完全的城镇化给现在的新型战略造成很大的影响。首先是实质城镇化与名义城镇化的差距，其次是土地利用效率很低，按照 52% 的名义城镇化比例来计算人均城镇建设用地面积，和按照 35% 的实质城镇化比例来计算，人均城镇建设用地差距很大。假定目前城镇化的实际比例为 B，目前城镇化的名义比例为 S，城镇建设用地为 E，全国人口为 F，城镇户籍人口为 G，城镇常住人口为 Q，每个城镇户籍人口所占用城镇建设用地面积为 H，每个城镇常住人口所占用城镇建设用地面积为 R，每个城镇户籍人口所占用城镇建设用地面积与目前每个城镇常住人口所占用城镇建设用地面积的比值为 T：$B=35\%$，$S=52\%$，$G=F\times B$，$Q=F\times S$；$H=E/G=E/(F\times B)=2.86\times(E/F)$；$R=E/Q=E/(F\times S)=1.92\times(E/F)$；$T=H/R=[2.86\times(E/F)][1.92\times(E/F)]=1.49$。

相对于数量众多的常住人口，城镇化占地过多，人均占地面积超出中国土地所能支撑的额度。目前每个城镇户籍人口所占用城镇建设用地面积与目前每个城镇常住人口所占用城镇建设用地面积的比值为 1.49，前者高出后者接近一半。

2. 不完全的城镇化伴生的建设用地配置方式的低效

不完全的城镇化是原有市民本位的城镇化。新型城镇化战略城镇原有人口本位与城镇新老市民本位的不同，原来的城镇化是原有的城镇市民本位，新型城镇化战略为这一战略转型提供良好的机遇和空间。不完全的城镇化主要是现有城镇人口与少量进城人口的城镇化。不完全的城镇化是原有市民本位的城镇化，户籍人口城镇化增长速度十分缓慢，土地利用效率不高，这是发展中国家必经的阶段。

3. 不完全城镇化给地票制度带来压力

（1）不完全城镇化的逻辑悖论。名义地票额度概念是专为新型城镇化战略提出的。在地票制度中，根据先补后占的原则，只有现有乡村建设用地复垦之后，才会有地票额度产生，不允许出现先占后补的现象。先使用地票额度，再补偿耕地，是不允许的。名义地票则不同，主要是为解决本末倒置的问题而出现的概念。本来是先有进城人员被安置，才会腾出故乡的宅基地；现在的地票制度，则是先腾出宅基地，再有地票额度出现，拿出一定比例给进城人员建住宅。这种逻辑矛盾放在新型城镇化战略实施以前，可能问题并不大。因此此前的城镇化一直都是土地与人口不同步的城镇化，是一种伪城镇化，典型的标志是人口不参与或者很少参与城镇化。城镇化主要是城镇已有居民与少量进城人员的城镇化，是一种不完全的城镇化。

（2）地票制度深入发展带来的阻碍。新型城镇化战略是从解决进城人员的住宅用地入手，开始良性循环。可是，原有城镇化并未给进城人员的住宅建设提供用地途径，城镇特别是大城市为户籍居民的住宅和经济发展提供土地都来不及，没有工夫为非户籍乡下居民提供住宅用地。转换思路就要进行大幅度改革，小改进不能解决问题。要关注地票制度的逻辑顺序，将先补后占修改为先占后补，以名义地票名义，允许先解决进城人员的用地额度，帮助其定居，腾出宅基地，然后复垦宅基地。

第二节　根据城市发展潜力制定土地资源占补指标交易额度

一、城市生长潜质分析

1. 城市生长潜质

（1）城市生长潜质的研究背景。城市不可以无限扩大占地面积。城市是有生命的，不同城市生命力的巅峰状态差异很大。不同城市巅峰状态的人口与占地面积不同，城市规模是否需要加以规定，标准如何确定，需要分析城市生长的潜质。

城市生长的潜质与地票制度的实施范围有很大关系。

（2）城市生长潜质的内涵。城市生长潜质是一个特定的城市最终能够达到的巅峰状态与目前发展状态之间的差距，包括人口潜质、土地面积潜质、经济总量潜质等。人口潜质可以用巅峰状态的总人口与目前人口的差值表示，土地面积潜质可以用巅峰状态下的最大占地面积跟目前的占地面积的差值表示，经济总量的潜质可以用巅峰状态与现有的经济总量的差距表示。

（3）巅峰状态的内涵。巅峰状态是该城市历史和未来所能达到的最高发展状态。一个城市好似一个生命体，具有生长的阶段性，最顶峰时期的状态就是巅峰状态。巅峰状态不止一个，出现两个巅峰状态。A、B 两点的高度一致，这两个状态都是该城市的巅峰状态。

（4）城市生长潜质评判。目前没有一个城市建设用地是自由成长机制，城市的成长不是自由的。如果自由成长，则是城市按照自身的生命规律去运作。回顾历史，回望现在该城市的状态，绘出一个城市建设用地发展图，就可以找到巅峰状态。

2. 城市生长性

（1）不是每个城市都会长大。是否应该对一些大城市的建设用地加以限制？如果不应该，就不能以发展权为由，限制地票制度在大城市建设用地方面的范围拓展。不是每个城市都会长成上海，如果上海推广地票制度，就不能限制地票交易的范围。不是所有城市都能长大，要尊重能够长大的城市的生长潜质，不去抑制能够最终长大的城市，不去勉强最终不能长大的城市，不能用计划经济的思路去对待城市的生长，要给真正能够长大的城市足够的建设用地指标，不要将珍贵的建设用地指标浪费在不能长大的城市上。

（2）每个城市都有自己的生命历程。城市不仅会生长，还会衰落。城市的生命历程完全具备"生、老、病、死"四个阶段。不能对所有城市的建设用地指标搞平均主义，忽视一些有潜质的城镇的用地需求，要允许城镇的建设用地动态变化。城市的生命历程一定会有用地指标的增加与减少阶段，允许建设用地的动态变化，一直不变的建设用地存量并不能满足城镇生长的需要。

3. 允许城市的盛衰自由

要考虑城市最终的用地需求，要看到城市的增长阶段，也要看到城市必然会有衰落阶段。最科学的态度是市场机制，允许城市生长，允许城市衰落。对于有巨大潜质的城市，不要拿土地指标去抑制它的生长。也没有必要去违背规律，挽救不可避免的衰落的城市。要建立建设用地动态变化机制，对于衰落的城市要建立建设用地退出机制，确保多余建设用地转变为耕地。

二、开放地票统筹范围

1. 城市生长潜质对地票覆盖范围的启示

允许生长快速的城镇超常发展。不是每个城市都能成长为特大城市，不要人为抑制特大城市的建设用地指标。对生长快速的城镇的建设用地指标实行开放式管理。上海学者对建设用地指标的计划控制十分关注，这与这个城市的发展速度有关。考虑发展潜力巨大的城市完全可以在土地指标上实施开放式管理，开放式管理需要引入市场机制。只要设定特大城市可以统筹的区域范围，城乡建设用地资源充分交易，不加限制，最大限度地帮助这些城市成长。

2. 地票统筹范围是有限制的

成都、重庆的地票是在本区域内进行占补平衡下的城乡建设用地指标交易。成都、重庆试点地票的区域，按照规定只能在规定的辖区内进行城乡建设用地资源交易。不仅不能超出辖区，而且不一定完全覆盖本辖区，假定重庆试点地票，只允许在重庆市区与几个县区之间进行城乡建设用地资源交易，那么交易不仅局限于重庆之内，而且没有完全覆盖重庆市的所有辖区，不允许进行交易的县区不在此列。

3. 生长快速的城镇的建设用地指标

假定上海试点地票制度，根据上海的发展目标，即使上海所有辖区之内都可以进行城乡建设用地指标交易，上海的所有城镇用地指标可以跟上海的所有乡村建设用地指标相互交易，可能都无法满足建设用地指标。解决建设用地指标有两种办法：一是在地票制度之外按照目前的审批制度，将上海的辖区范围内的耕地审批为建设用地；二是在地票制度之内，扩展地票交易的覆盖范围。允许上海的城镇建设用地指标跟上海附近的省市的乡村建设用地资源交易，解决上海扩展的建设用地指标问题。

4. 两种解决办法效果不同

这两种办法最终要落地都需要占用上海市区附近的耕地，但是指标来源不同，产生的效应不一样。第一种办法占用耕地，并没有促进乡村建设用地资源开发，没有提升其领域效率。第二种办法，虽然也在上海市区附近占用耕地，但是在上海辖区之外，减少乡村建设用地面积，等量增加耕地面积。就全国来看，耕地面积没有减少，好于第一种制度。

三、扩展地票统筹的范围挑战

1. 对生长快速的城镇开放地票统筹范围

地票制度的突破需要制度设计者拓宽思路，进行制度变迁。城乡统筹多半属于辖区内的城乡统筹，辖区之外的城乡统筹确实少见。一个城市要跨区域进行城乡统筹难度大，但上海辖区很小，腹地面积不够发展潜质巨大的城市，有跨区域统筹城乡建设用地资源的优势，上海对附近省份的经济具有带动和辐射作用。凡是跟上海经济互动比较频繁的省市的部分辖区，都可以纳入与上海进行城乡建设用地资源交易的范畴。

2. 统筹邻近区域城乡建设用地对相邻地区的影响

上海的城镇建设用地需求很大。仅在上海辖区内进行城乡建设用地指标交易很难满足，为了不影响经济发展，可以让上海参与邻近省份的地票市场交易，从其他省份购买一定额度的地票指标。这等于扩大了上海地票交易的范围，在上海与邻近省份之间统筹城乡建设用地指标。

（1）与相邻地区争夺地票额度。如果邻近省份不允许上海购买它们的地票，在其本省内部没有外部企业分享地票指标，无疑可以给本省投放的建设用地指标更多。一旦开放限制，上海企业的雄厚经济实力，可以在邻近省份地票交易市场获取相当的地票交易额度。经济发展水平的差异，加剧上海与邻近省份地票指标之争。

（2）发展权问题。地票本身就存在发展权问题。地票是乡村牺牲自己未来的土地利用和经济发展权益，出售建设用地指标的制度安排。地票统筹范围越开放，存在的发展权问题越严峻。上海以优势的经济地位，从附近省份获取地票额度，挤压其他地区未来获取建设用地额度的空间，给其未来建设用地指标的获取增加难度。

3. 统筹邻近区域城乡建设用地的优势

可以拉动邻近省份的经济。跨省统筹建设用地很有价值。上海作为区域经济发展中心对附近省份的经济发展具有拉动作用，是附近省份经济发展的龙头。可以解决邻近省份的就业。随着地票指标的统筹，邻近省份的建设用地额度进入特大城市，邻近省份的大量人员同步进入该地区就业。

四、解决发展权悖论需要对不同潜质的城市制定不同的地票统筹区域

1. 地票制度忽视了城镇的不同潜质

（1）上海能统筹的乡村建设用地少于西安。按照目前地票制度的安排，城乡

建设用地的范围很窄，只能在有限的区域内融通。上海区域内，城乡全区域之间进行城乡建设用地指标交易，允许上海的乡村地区闲置建设用地指标置换成城镇建设用地指标，上海的乡村地区狭小，闲置的建设用地资源不多，不能像一些不发达地区，那里的城市发展水平比上海低，建设用地需求不如上海紧迫，但是那些地区的乡村面积很大，乡村建设用地中闲置资源较多，地票制度运作的余地很大。

（2）政策倾斜能解决目前地票制度存在的不公平。地票制度如果只是从发展权的角度出发，可能会扼杀像上海这样的大城市的发展机遇，除非有政策的倾斜。地票制度本身是一种相对公平的制度设计，除非对现有制度加以改进，在现有制度下将其原封不动在上海和西安推广，明显是西安受益较多。

2. 地票制度创新是纠正不公平的唯一渠道

（1）城镇化发展潜质大的城市城乡统筹面积更大。制定有科学依据的政策，对上海这样发展潜质大的城市，要给更多可以置换地票的乡村面积，从更广的乡村获得其闲置的乡村建设用地资源，为其城镇化提供更多的建设用地资源。

东部地区经济发展较快，很多城市发展潜力大于西部地区。东部地区城市稠密，每个城镇所辖乡村面积较小，东部地区的乡村地区也比西部地区发展快，可以利用的闲置乡村建设用地比例更低。东部地区城镇较小的辖区内乡村建设用地本来不多，闲置比例更低。地票制度对东部经济发达地区的价值低于西部不发达地区，这是地票制度首先在西部地区试点的原因之一。

（2）解决城镇化发展潜质大的城市的地票额度问题。通过东部地区与西部地区挂钩的方式，增加城镇化发展潜质大的城镇的乡村腹地面积，为其提供更多的可以利用的闲置建设用地资源。上海地区城镇化发展潜质较大，所辖乡村建设用地面积闲置部分很少，地票指标来源有限。而西安地票指标来源充足，可以通过制度设计，允许上海与西安建立挂钩关系，把西安辖区内一定比例的闲置乡村建设用地指标通过制度设计让渡给上海，帮助上海更好地建设国际大都市。这是对上海建设的支持，也是为国家金融中心建设出力，更会促进西安乡村建设用地资源的高效利用。

（3）东部地区与西部地区挂钩的制度保障。制度设计要考虑两个问题：一是不能影响西安建设用地指标，要在西安建设用地资源宽裕的情况下交流指标；二是地票指标让渡需要支付补贴，补偿西安地区为上海城市建设作出的贡献，以此来补偿西安所牺牲的一定比例的发展权。

（4）建立地票额度交易市场。如果西安没有多余地票，可以在全国范围内寻求合作对象。例如，在更不发达的城市寻求合作，建立地票额度交易市场。地票交易市场是一线交易市场，交易者是垦荒者和购买地票的开发商。地票额度交易市场是二线交易市场，是一线交易市场的后台交易市场。交易双方是东部地区特定城市与西部地区某一城市，例如，上海与西安的地票额度交易。西安将 30 万亩闲置乡村建设用地开发成耕地，有了 30 万亩地票额度。西安只能消化掉一部分，上海可以将其中一部分购买过来，要设计好购买机制。经济发展潜力大的城市的地票额度如图 4-7 所示。

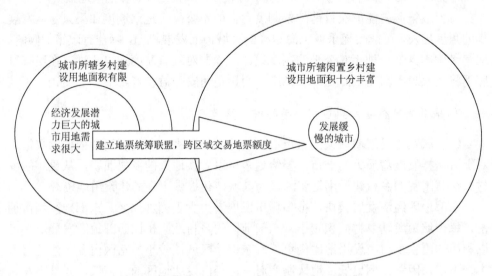

图 4-7　经济发展潜力大的城市的地票额度

五、制定城市发展潜质与统筹城乡面积对等的制度

1. 扩大发展潜质好的城市的地票交易范围

（1）从乡村闲置建设用地资源丰富地区获取地票。通过制度设计，把那些资源禀赋完全不同的城市联系起来，建立地票交易联盟，互通有无，共同开发。一些城市经济发展潜力大，城市发展空间大，对建设用地指标需求大，但是指标有限，不能满足需求。该区域作为地票试点，辖区面积过小，闲置乡村建设用地资源不丰富，地票交易的空间有限，城市所能获取的地票额度不足。而另一些城市刚好相反，城市经济发展潜力不足，城市发展空间较小，对建设用地指标需求不大。该区域作为地票试点，辖区面积很大，闲置乡村建设用地资源丰富，地票交易空间大，城市所能获取的地票额度超出需要。如果能够从后者获取地票额度出售给前者，双方都会获益。前者获取指标，后者获取资金补偿。

（2）建立地票额度交易的跨地区联盟。在两种城市之间建立地票交易的跨区域联盟。两个城市从行政区划上看，完全不相隶属，经济交往存在很大制约，跨区域的地票联盟可以在两个城市地票交易中心的合作努力下，引入对方的企业或复垦者，进行地票额度交易。

2. 地票跨区域交易要解决好发展权问题

（1）发展权补偿设计。不发达城市向发达城市出售地票额度，实际上是出售自己未来的发展权益。交易中，设计补偿发展权的制度框架，将发展权量化，用资金来体现，可以弥补扩大交易范围对不发达城市发展权造成的缺失。

（2）在交易价格中体现补偿。交易价格是市场制定的。发展权的补偿，可以用发展权益补偿价格来量化。根据不发达城市未来发展城市化所需建设用地额度的价格，比照现有地票交易价格计算差价，就是发展权益补偿价格。把发展权益补偿价格纳入地票交易之中，在地票交易价格之外，征收发展权益补偿价格。

第三节　建设用地指标交易与地票制度的覆盖面

一、城市发展潜力与新型城镇化建设

1. 城镇化的主要载体是有生长潜质的城镇

新型城镇化战略必须建立在真正有潜质的城镇的基础上。并不是每一个城镇都会在新型城镇化战略中具有相同的重要性，只有那些具有发展潜质的城市才有。具有发展潜质的城市如果没有建设用地指标的限制，自由生长，最后能够长成相当规模的城市。根据城市发展潜质确定未来城镇化发展战略。城镇化发展战略制定经过严格的程序，但是在预测未来城市发展的趋势方面理论性超过了实践性。一个城市的未来发展态势只有未来的实践可以确定。

2. 发现城市的发展潜质

（1）计划经济的建用地供应模式很难发现城市的发展潜质。根据预测和理论所制定的城市发展规划，在计划经济思维下，城镇的发展不是自由的，受到建设用地指标的严格限制，很难真正发现一个城镇的发展潜质。真正有潜质的城市和没有潜质的城市一起争取建设用地指标，看不清楚到底哪些城市是真正有潜质的城市，哪些城市只是虚假的繁荣。

（2）市场自由竞争的建设用地供应模式才会发现城市的发展潜质。城市发展的挑战和计划经济时代的公有制企业类似。没有推向市场之前，财政拨款是按照计划来分配的，看不到企业之间竞争优势的差异。很可能重点支持的企业，一旦推向市场，没有竞争力。要知道是否重点支持了没有竞争力的企业，将其推向市场，城市建设用地指标审批是资源配置效率最低的方式之一，审批制也让主管部门十分困惑，受到诸多因素制约，很难平衡各方关系。土地审批并不适应新型城镇化建设战略的需要，亟需建立市场化的建设用地指标分配体系。

二、建设用地指标供应模式

1. 计划经济的建设用地供应模式

（1）区域建设用地指标采用计划经济体制分配。一个城市能够获得多少建设用地指标，如果采用分配额度的方式，就是计划经济模式。考虑城市发展趋势很难精确预测，这种分配不科学。限制大城市、扶植小城市的思路并不正确，是计划经济思路。假定完全采用市场经济的建设用地额度配置方式，全国所有城镇能成长为多大规模是有极限的，扶持长不大的城镇是一种灾难，抑制可以成长的城市也是一种灾难，用计划经济的思维去建设城镇化问题很大。

（2）地票制度可以中和计划经济思维的影响。计划经济模式在建设用地指标配置中根深蒂固，要打破阻止真正有潜质的城镇超常发展的思想禁锢十分困难。为消除这一影响，可从地票入手，地票交易具有指标供应和获取的市场特征，是建设用地资源配置制度市场化配置中距离市场最近的。

2. 市场交易建设用地指标的制度最有效率

（1）市场应该配置建设用地指标。土地指标的流动不可阻止。城市之间的建设用地指标分配，应该进入市场，让本来珍贵的建设用地资源得到配置。目前招拍挂只是一个区域对已有建设用地指标的市场配置，这个区域的现有建设用地指标是上级分配的，分配制度还没有完全改变，只是小范围的招拍挂，资源配置还有问题。

（2）市场配置建设用地指标才有效。要放开思路，将全国建设用地指标在全国实施自由流动、自由交易。流动和交易都采用竞争方式，市场运作，价高者得，真正有潜质的城市才会花代价去获取更多建设用地指标。

三、建设用地指标的成本

1. 计划配置方式的演进

（1）计划配置方式下建设用地指标没有成本。建设用地指标主要是上级分配，因为无需成本，对没有发展潜质的城市来说会浪费很多建设用地指标，也不利于有发展潜质的城市。有发展潜质的城市，需要更多建设用地指标，却没有交易平台，阻碍经济发展。

（2）建设用地指标合理配置。要提高建设用地指标的利用效率，就要实施市场交易方式，各个城市不是从上级部门分配到不同额度，而是根据不同城市经济发展和城市成长潜质来竞争，通过交易来获取建设用地指标。经济发展潜质比较大的城市，土地的价值更高，愿意出更高的价格竞拍获取更多的建设用地指标。没有发展潜质的城市，土地的价值较低，花费更高的价格竞拍获取更多的建设用地指标并不合适。有发展潜质的城市，通过支付成本的方式，公平获取更多的建设用地指标，解决经济发展和城镇化的燃眉之急。没有发展潜质的城市，根据自己的实际需求，也通过支付成本的方式，公平获取适量的建设用地指标，避免盲目追求超越自身经济发展水平的过度城镇化，避免了土地资源的浪费。

（3）双轨制的建设用地指标配置演变为一元化。目前地票作为建设用地指标是要成本的。与持有地票额度才能进入指标交易市场竞拍的建设用地主体获取的建设用地指标相比，审批的建设用地指标没有成本。按照双轨制的发展规律向一元化演进是大势所趋，建设用地指标不能永远实行既不公平也不高效的双轨制。以前是审批制和计划体制，部分地区试点地票制度以后，在计划体制中开始渗入市场交易的成分。相信未来一定会实现市场交易全覆盖，审批制最终退出建设用地指标配置领域。建设用地指标交易演进的过程如图4-8所示。

2. 发展潜力大的城市建设用地紧张与空城并存

（1）发展潜力很大的城市建设用地极端紧张。双轨制下的建设用地指标，影响土地资源的合理利用。没有成本的建设用地指标影响土地资源的利用，审批制对城市发展的制约和扭曲严重。大量很有发展潜力的城市建设用地指标极度匮乏，一些并无发展潜质的城镇大量获取建设用地指标，建设的空城浪费了珍贵的建设用地指标。

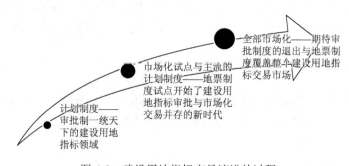

图4-8　建设用地指标交易演进的过程

（2）空城形成的原因是建设用地指标太便宜。本来不适宜建设为大城市的地区获得建设用地指标的成本很低，自然会大兴土木。建设用地指标的计划经济模式要对目前盲目的城市建设负责，如果全国的建设用地指标是市场交易，自然会在全国范围合理地配置资源。现在建设用地指标作为最珍贵的资源之一，不能进入全国交易市场进行合理配置，才产生了许多城镇化发展的扭曲现象：不发达地区盲目建设空城，发达地区建设用地指标稀缺，这严重影响了新型城镇化战略的健康实施。

3. 建设用地指标的配置应该市场化

（1）从没有价格到有价格。没有价格的建设用地指标不等于没有成本。一个城市从上级分配到的建设用地指标如果太少，耽误新型城镇化建设，损失不是指标交易所花费的资金所能弥补的。没有发展潜力的城镇，按照计划，所获得的过量建设用地指标，造成土地资源的严重浪费。

（2）从隐性价格到公开价格。主要依靠分配来配置建设用地指标，需要指标的城市争取指标。公关愈演愈烈，隐性价格很高。公平性、透明性和合法性受到质疑，在不影响相关部门利益的情况下，公开竞拍城市建设用地指标，公平性、透明性和合法性都得到了解决。竞拍资金仍然归指标分配的上级机构使用。

（3）从额度计划配置到市场交易势在必行。分配建设用地指标的部门压力很大。以往工业领域的计划经济模式对不同工厂的资源配置十分低效，建设用地指标分配部门压力大。事关新型城镇化建设的质量和发展，稍有不慎，全盘皆输。不走市场配置之路，别无出路。

（4）不能争取到的可以购买。计划模式的最大不足是资源花费的无效率。争取建设用地指标，不仅花费成本，而且不一定能够满足本地城市发展建设用地指标。只要本地区经济发展水平足够高，城市发展潜力大，支付能力强，竞拍一定会实现愿望。本地区经济发展水平不够高，城市发展没有潜力或者潜力不足，支付能力很低或者没有支付能力，竞拍获取建设用地指标的动力低。根据本地实际，走务实的城镇化发展之路，在目前利用效率较低的建设用地上集约发展。

4. 建设用地指标交易的好处

竞拍的结果是建设用地指标价格不菲。全国有很多亟需得到建设用地且很有发展潜质的城市和地区，面对相对有限的建设用地指标，一定会尽全力竞拍，建设用地指标定会价格不菲。

提高建设用地指标价格会抑制没有发展潜质城市的盲目用地冲动。拿地成本提高，不再是没有任何成本地获取建设用地指标。一些盲目造空城的地区，将会自动放弃购买建设用地指标的打算，抑制造城冲动。建设用地指标有了成本之后对国家有利，指标必须交易才能获得，国家可以获取一定的收益。建设用地指标是有成本的,可以相互交易。有了交易平台,城市发展潜质巨大区域可以购买指标解决难题,城市发展潜质不大区域可以出售多余指标获利,国家可以获取指标交易资金。

四、计划经济模式经营城市化操作不当

城市规模与规划的关系值得探索。城市有无生长空间不是规划出来的,是城市本身具有成长为经济蓬勃发展的区域中心的潜质。规划者可能看到这一潜质,但是也许因为建设用地指标配置不当,阻碍其成长为应该成为的经济中心。城市讲究规划,即使是一个有潜质的城市,没有超前的规划也是不行的。但不能把规划置于趋势之上,要在市场决定的趋势之下采用规划的计划方式(图4-9)。

城市发展的区域规划要合理。不能抑制有发展潜质的大城市,按照计划经济模式经营城市往往是有潜质的城市受制于建设用地指标不足。

不能对没有发展潜质的城镇揠苗助长。因为指标分配的平衡心理,一些建设用地资源利用低效的城市,往往会得到超出经济发展需要的建设用地指标。揠苗助长,成为空城现象的主要因素。

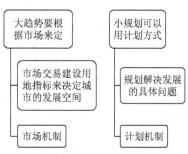

图 4-9 城市发展要在市场机制下采用计划方式

五、建设用地指标交易和资源流动一致

1. 资源流动的市场化与人员流动市场化的趋势

人员流动的市场化机制。早期农民工不能自由流动,现在能够自由流动的进城人员与不能自由流动的建设用地指标相互冲突,吸引大量进城人口的城市难以获取足够建设用地指标。

资源流动的市场化机制。资源流动在全国范围内已经市场化,有发展潜质的城市集聚更多的资源。但是,资源集聚的布局与建设用地额度的布局和未来发展趋势并不一致。我们呼唤建设用地指标的完全市场化配置。

2. 建设用地指标市场化符合趋势

(1)建设用地是人员定居的载体。全国范围内已经实现人力资源的充分自由

配置。人力资源的分布反映不同区域经济发展的水平差异，作为载体的建设用地的额度配置，仍然沿用计划经济模式是不够的，亟需改革这一资源配置制度。

（2）建设用地与资源流动相互契合。除了人力资源和土地资源，几乎所有的资源都可以在全国统一的市场自由流动。现代物流加剧了这一自由流动的趋势，资源的分布同样反映了不同区域经济发展的水平差异。作为载体的建设用地额度的资源配置是计划经济模式，很难契合人力资源和其他资源的自由流动与自然分布。

（3）建设用地指标市场化配置契合资源的自由流动。以人为本要以人员的集聚布局来配置而不是分配建设用地指标。分配是静态的，配置是动态的，分配是人为的，配置是市场的，分配低效，配置高效。未来以人为本，建设新型城镇化，必须提升建设用地指标的配置水平，向市场化迈进。促进建设用地指标流动的市场化机制如图 4-10 所示。

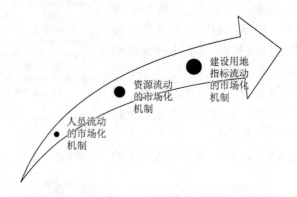

图 4-10　促进建设用地指标流动的市场化机制

3. 建立建设用地指标的市场交易制度

（1）城市之间采用市场竞争的方式获取建设用地指标。全国各个省份获取建设用地指标，不能继续沿用分配指标的计划方式。把所有建设用地指标纳入全国统一的交易市场竞拍，价高者得。一次性建立全国统一的市场如果有难度，可以从建设全国统一的地票交易市场入手，地票在全国范围内交易，最有发展潜质的城市愿意出价获取更多建设用地指标，一些没有发展前景的城市自然会抑制自己的用地冲动。

（2）逐步减少指标分配的比例。地票试点区域以外，审批建设用地指标是唯一的制度设计。地票试点区域，地票所占份额低，一蹴而就并不是最好的解决方式，可以在地票试点区域逐步降低审批指标额度。

六、建立全国统一的建设用地指标的市场交易机制

1. 建立全国统一的建设用地指标交易市场

发现城市生长潜质的最好的办法是建立建设用地指标的市场交易机制。在现有制度创新中选择最接近目标的制度试点，审批制度是计划经济思路。改革要选择具有市场特征的制度，制度试点必须具有市场交易的特征，试点制度必须属于计划指标之外的探索。地票制度在建设用地指标交易机制中发挥作用，地票制度的普及和推广条件已经成熟，地票制度效果较好。

2. 地票制度普及的区域视野

扩大试点区域。目前只有西南地区的成都重庆试点，可以在条件接近的西北地区进一步推广，如选择西安高陵等有条件的地区。在西南和西北试点取得经验后向中部地区推进，选择条件成熟的地区试点。最后向东部地区扩展，继续进行试点。西部地区、中部地区和东部地区试点取得经验后可以在全国普及地票制度。地票制度推进的区域和比例路径如图 4-11 所示。

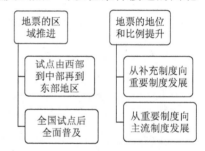

图 4-11　地票制度推进的区域和比例路径

3. 地票制度逐步成为主流

目前在成都重庆，地票都是作为补充制度出现的。地票制度在全国普及以前主要还是作为补充制度出现。地票制度在全国普及后，可以根据发展态势，逐步降低审批制的名额。随着审批制逐步降低指标比例，地票制度逐步成为重要的供地制度。随着地票制度比例提升，审批制的停止，地票制度成为主流供地和唯一供地的制度。实现建设用地指标市场化交易，地票交易指标成为建设用地的唯一来源。

七、地票成为唯一供地平台

1. 实现建设用地与耕地的自由流动

如果建立地票在全国的自由流动机制，一些衰落的城市会复垦建设用地，出卖地票额度，实现建设用地与耕地的自由流动。衰落城市的多余建设用地指标复垦为耕地，可以获取资金。

2. 地票统筹城乡建设用地覆盖范围的突破

（1）地票统筹扩大到区域内所有辖区。地票统筹的范围问题亟待解决。目前的地票试点，城乡建设用地资源统筹范围有限制，不是所有范围之内的城乡建设用地资源都可以在地票市场自由交易。一个城市不仅要允许市区与郊区的城乡建设用地指标交易，也要允许市区与城市所管辖的边远县城进行城乡建设用地指标交易，为建立全国统一的建设用地指标交易市场打好基础。辖区内地票交易市场统筹如图 4-12 所示。

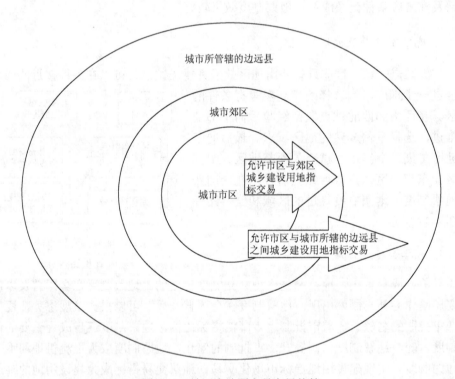

图 4-12　辖区内地票交易市场统筹

（2）扩大区域之间地票统筹范围。一个城市行政区划内实现城乡建设用地指标自由交易之后，要把交易范围继续扩大，就涉及两个城市区划的分割问题，要打破两个城市之间的行政区划的阻隔，必须要有省级部门的统筹作保证。城市之间城乡建设用地资源统筹如图 4-13 所示。

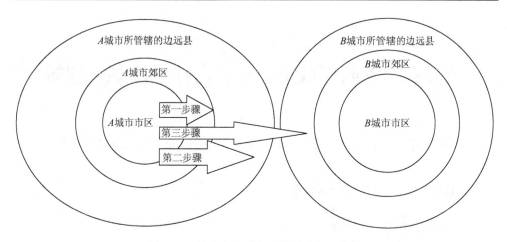

图 4-13　城市之间城乡建设用地资源统筹

（3）建立省级统筹的地票市场。省级行政单位内部，所有城市之间的城乡建设用地指标交易都能够畅通无阻，则有望建立省级统筹的地票市场。

（4）建立全国统一的地票统筹市场。打通每个省之间的阻隔，允许一个省从另一个省购买地票额度，一旦迈出实质性一步，就有望建立全国统一的地票统筹市场，真正实现建设用地指标的自由交易。

第五章　不同领域土地资源占补平衡制度创新

第一节　土地资源占补平衡与土地流转和规模经营

一、目前土地制度的变革困境

1. 土地集中的动力不足

土地集中的思路无论从农民种地的收益提升潜力还是从城市化加速后未来土地蓝图布局看，都不失其重要性，不仅城市化成为未来农民的主要出路之一，而且城市化成为造富的基地和财富急剧集聚的载体，如果不将内需扩大背景下农村耕地和建设用地放到城乡新统筹的背景下看，就会失去改进农村土地制度的动力，也不会突破目前的制约，帮助农民顺利进城。

（1）城乡新统筹。城市化建立在农民自己进城的基础上，长期以来限制农民进城甚至禁止农民进城，发展到限制取消，鼓励农民进城，这都离不开以农民自主因素为主的内部动力，此前的农民进城，多是农民个体的自愿行为，是农民在自愿基础上基于自身利益进行选择的结果，这一选择是个体行为，是个体对利益考虑的结果，排除了来自外部的推力作用。农民城市化是包括政府在内的外部力量没有参与的个体行为，经济结构转型压力增大和主要依靠内需的经济结构调整迫在眉睫，使长期为学界热议的城市化发生质的变化。在保障农民进城意愿的基础上，大幅度提升农民进城的物质保障。

（2）城市化动力的变化。金融危机后的世界市场的变化和中国面临的以出口为主的经济发展战略的压力剧增，目前已基本形成共识，要在具有巨大潜力的城镇化方面解决内需不足问题，以提振内需化解出口不足对经济下行的巨大压力。政府可在促进城市化的动力机制上做出巨大改进和战略调整，将原有农民自身追求城市化的战略，转变为主要由政府推动的适应农民需求的城市化。

（3）基于农民利益的激励机制。农民本质上不排斥城市化。只要其比较利益上升，进城资金充足，生活得到改进。作为推动力的政府，在这一机制中扮演的角色就是通过制度平台建设，将农民从市场交易中获取的资源转变为进城定居的主要资金来源，作为未来定居城市拉动消费的基础。在此基础上，政府解放思想，改变利益分配格局，由基本上属于索取性的土地战略向回归本体的普惠式土地战略演进。只要农民的居住条件能够得到基本保障，进城定居的资金问题顺利解决，基本符合意愿的农民城市化会对内需扩展作出新贡献。

2. 农地内部的制度改进激励机制有限

土地内部的调整主要是分合集聚的过程。这一过程涉及农民内部的土地面积调整和所有权关系调整，不同层次的权益交易产生土地集中或者规模经营的条件，产生较大的土地集约化耕作效应。土地流转的主要动力在于农民的城市化，没有农民的城市化，农村留居了过多农民的土地流转是不彻底的土地流转，最终即使实现了土地向一部分种粮大户的集聚，农民留在农村，二三产业不发达，不能解决发展问题。农民在农村留有居留地，土地流转即使发生，成果不巩固。在条件具备的背景下，要实现真正意义上的土地流转和城市化。

3. 农地调整的细节型改进与城市化的连结不足

1）农村土地制度改进的分类

土地制度总体上包括农地内部的制度改进、建设用地制度改进和耕地向建设用地转变的制度改进三部分。三类土地中，不同类型的土地关系到不同的战略，产生不同的利益。耕地制度变革目前主要基于土地流转及其带来的效率提升，为进一步的城市化后土地规模种植奠定了基础。土地流转必须建立在粮食安全得到保障的基础上，高效农业和规模化种植以不降低总产量为基础展开。建设用地在农村的出路在于节省土地资源，压缩闲置建设用地面积，为粮食安全下的有限土地资源的更高效利用奠定基础。耕地内部的制度变迁不能产生农民进城所需要的巨额资金，只有在农村建设用地复垦为耕地的基础上，置换出来的耕地向城市建设用地过渡的过程，才会产生巨额价值增量，成为农民进城的主要资金来源。

2）土地流转动力分析

推进土地流转的关键是农民。这一关键环节取决于两类群体的几个条件。

（1）不愿种地者。不愿种地者必须满足两个条件才可以实现不种地的梦想：一个条件是比较成本和收益，种地与其他收入相比较，边际净收益较低，从事非农产业可以获取更高收益。具备这一条件，并不能满足耕地者放弃耕地的条件，耕地者放弃耕地，使其进入流转环节，还需满足另一个条件：不愿种地的人可以不种地，不愿意种地的人不将耕地作为最后依靠，耕地自动进入流转才不会产生阻滞。条件的满足以城市化最具代表，久居农村而不依靠耕地生存的现象存在，毕竟不是主流。进城定居是满足这一条件的最普遍的现象，进城定居后，基本上可以实现不愿种地者可以不种地的条件。

（2）愿意种地者。到城市化水平较高阶段，按城市化比例70%计算，原有种地者大约有4亿人留在农村从事耕种，更具有比较优势。如果愿意种地者留在农村只能从事较少面积耕地的耕作，势必不能满足生活所需，还需要有进城打工的收入作为补助，这又引发了新的条件：要使这一群体安心农耕，就需要足额的耕地面积来实现规模经营，如果进城定居者能够实现土地价值，大量耕地留下来实现规模经营。

4. 流出农村才能拉动土地流动

（1）主导群体是流出农村的群体。流出农村的群体是较早进入城市定居的人群，这一人群的耕地，成为未来流转耕地的主要来源，一旦这一群体能够在城市定居，不需要将以往视作最后保障的耕地作为依赖，就会主动将农村的住宅放弃，从而带动农村建设用地转变为耕地的进程。根据地票市场的功能，将这一部分耕地所表征的土地资源占补指标额度转变为未来城市建设用地指标，解决城市的建设用地问题。这部分进城居民的耕地，最终进入农村耕地流转市场，成为土地集中的来源。城市建设用地的需求保障过程，农村土地的流转过程，从一个主体的两种影响出发，它们之间内在相关。只要城市化进程需要建设用地，占补平衡制度就会产生对农村宅基地的需求，对农村宅基地的复垦需求，促进流出农村的群体进城定居的进程，这一进程反过来促进耕地的集中化，定居城市的农民，一旦顺利转变为城市居民，将会逐步退换耕地，将耕地流转给他人，促进城市化背景下的耕地规模经营。城市化导致耕地的规模经营和流转进程，并且拉动土地流转的进程。城市化和农村耕地流转的必然关系是城市化导致农民不依赖耕地，耕地积聚到务农大户手中，城市化需要大量建设用地，这从农村建设用地集中利用产生的指标中解决，拉动农民的城市化过程。

原有的城市化与土地流转的关系是：人的城市化—放弃耕地—进城者的耕地自然流转到种粮者手中—耕地实现流转和规模经营。现在产生新循环，在整个环节前加上城市化加速发展带来的土地需求增速这一环节。地票制度和占补平衡制度产生对农民进城的推力，获取农村建设用地。人的城市化不再是缓慢进展的农村土地流转的最大动力，土地城市化成为农村耕地流转的强大动力。人的城市化不能产生强大的推进耕地流转的动力，人的城市化本身没有强大动力，并且受到诸多因素的阻滞，不能带来巨大的经济价值，不能顺利融入城市化的链条之中。人的城市化不能找到其附加值大的环节，难以解决其对城市化的巨大贡献，人的城市化本身步履维艰，难以产生很大推力，难以推进农村土地流转的进程，是目前土地流转研究众多、实践层面难有巨大突破的症结之一。如何在城市化中找到人的城市化的更佳位置，为其注入巨大推力，在占补平衡的要求下取得突破。在土地城市化背景下，城市土地指标的巨大需求作为原始动力蕴含巨大力量，有望在占补平衡和地票制度下，推动农民的宅基地复垦为耕地的进程，将农民转变为市民，其原有耕地逐步进入流转市场。新的城市化与土地流转的关系：城市化的建设用地资源需求—促进宅基地复垦—促使农民进城—放弃耕地—进城者的耕地流转到种粮者手中—耕地实现流转和规模经营。这个新的循环环节具有活力和潜在能量，是目前及以后数十年经济发展的主要动力来源，对土地流转有促进作用。将土地流转从农村土地制度变迁中拔出来，放置到更加广阔的环境中去，具有比一般意义上的土地流转更加广阔的前景。

（2）主导群体的流出动力在于加强资金补益。宅基地复垦转变为土地资源占补指标后，在解决城市建设用地需求的过程中如何真正实现农民放弃宅基地，有一个大问题需要解决。宅基地的腾出，意味着农民将永远离开农村，其身份必然转变为市民。而这一重大转变，是需要巨大资金支撑的，没有相当数额的定居资金支撑，没有配套设施和制度接洽，是难以实现这一转变的。如果土地资源占补平衡可以解决资金问题，则环节畅通，无需担心利益促进机制的顺利实现。一旦资金不足，这一环节的解决将会困难重重。土地资源占补指标的交易资金，目前在部分地区达到数十万元，并有提高的趋势，实行管控是对制度的保护和对制度变迁可持续发展的考虑，对于需要解决的定居资金问题，会产生极大的抑制。

（3）资金补益主要来自农村建设用地—耕地—城市建设用地的转换。流转土地的规模化前景，主要取决于宅基地等农村建设用地转变用途的顺畅实现程度。若这一复垦过程得到土地资源占补指标交易市场制度的支持，将会发现土地资源占补指标的价值，促进进城资金解决，为土地流转的良好互动服务。

（4）城市建设用地需求迫切需要解决农民进城问题。将土地资源城市化作为枢纽，自然会产生土地资源占补指标市场的交易，只要配套措施跟得上，对压低土地资源占补指标的因素加以剔除，可望在市场化交易中解决农民进城的资金制约问题。

（5）城市建设用地需求促进农村耕地流转。巨大的城市建设用地需求，产生对农民进城的热忱和关注，而这一关注又为耕地的主体减少埋下了伏笔，自然促进了土地流转的过程，土地流转长期未解的一些机制性矛盾也将得到解决。

（6）城市化用地效益促进农村土地流转效率提升。宅基地通过复垦和土地资源占补指标交易等环节转变为城市建设用地，是对土地资源潜力的发掘，发掘过程本身伴随土地效益的提升。而作为这一制度副产品的农村土地流转，也从规模化经营向专业化方向发展，并逐步增加效益，进一步促进技术创新，保障粮食安全。

二、规模经营需要激励机制设计

1. 规模经营提高了生产率

目前进入城镇化新阶段。城镇化比例将提升到 65%～80%，乡村生活的居民人数将下降，规模化经营将成为主要经营方式。规模经营在统一使用良种、农药、农业机械等方面有优势，可以确保农业生产的较高生产率。城镇化与规模经营之间是相互促进的关系，城镇化比例高，留在乡村的劳动力少，规模经营推进顺利，解放了很多生产力，城镇化自然更为顺畅。

2. 规模经营推动的制约因素

激励不足。虽然规模经营在一些地区推广较好，在全国范围内广泛普及尚有难度。激励不足时，很多小农户宁愿自己耕种，也不愿意将耕地交出来，参与规模经营。制度设计不完善，来自政策资金扶持的规模经营，主要是对规模经营户的激励。没有激励小农户主动参与规模经营的制度会制约规模经营的发展。

3. 规模经营推进的激励来源

规模经营将成为主要经营模式。目前主要是依靠政府的推进来逐步展开规模经营推广，政策推进具有优点，也有激励不足的缺点。政策资金数量虽多，要大面积推广规模经营，则显得不足。政策手段还需要市场机制相协调，政策资金需要来自市场交易的资金补充。制度设计推动规模经营推广，如果能够设计一套足够推动小农户交出耕地的激励制度，则愿意交给规模经营的耕地越来越多。通过政策资金补偿，将大片耕地规模经营，会解决目前规模经营不畅的问题。

三、土地资源占补指标奖励规模经营

1. 规模经营诸多环节的激励分析

规模经营大户有来自政府的政策资金扶持。激励因素主要针对规模经营大户，政府鼓励规模经营的政策资金扶持主要是针对家庭农场主，政策资金只要利用得当，产生的效应会很好。

交出耕地的小农户的激励不足。对小农户一定的规模经营激励是必要的，特别是在一些地区，小农户介于可以交出耕地供规模经营使用，也可以自己继续耕作的状态之间，他们交出自己的耕地供规模经营大户耕作的激励尚待加强。

村组集体组织耕地规模经营的激励不足。村组集体是规模经营的中介组织，他们负责收集村民交来的耕地，将其连片发包给家庭农场主，是这一模式中的关键环节。如果村组集体没有充足的激励，没有激励从事规模经营的推进组织的工作，在推进过程中，自己寻找利益，损害发包工作的公平合理。这会影响规模经营的顺利实施。规模经营的三个环节如图 5-1 所示。

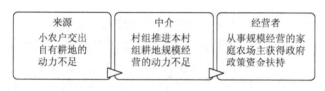

图 5-1　规模经营的三个环节

2. 土地资源占补指标对规模经营的激励

（1）对小农户的经济激励。土地资源占补平衡如果能够引入到规模经营中，将规模经营所带来的产量提升，转化为耕地面积的结余，结余耕地进入土地资源占补指标交易市场，所获得土地资源占补指标交易资金，可以激励小农户拿出自己的耕地参与村组组织的规模经营。

（2）对村组的经济激励。将土地资源占补指标交易资金拿出一部分激励小农户，抽取一定比例激励村组，村组更有积极性去组织小农户耕地参与规模经营。

第二节　种票制度解决粮食安全背景下的留种权

一、种票制度设计的背景

1. 留种比例较高粮食产量品质亟待提高

目前除了一些因技术原因不能留种的粮食作物，小麦、棉花等作物都可在一次购买种业公司所育品种的基础上留种，甚至多年使用所留品种。除了农民自己留种，还可在村民间互相交换品种，选留稳产高产的品种来年下种，这都可归入留种范畴。部分地区留种达到30%，部分地区部分作物高于这一比例。留种原因很多，经济原因是其一。农业种子市场的开放，导致进入市场的经营者繁多，农民难以买到优质且价格合理的品种，在不能确定市场种子可靠性的条件下，宁肯在村里选择品质不错的种子，互相交换留种使用，确保不会受到大的损害。目前的问题得到学界和政府重视，通过长期治理，有望逐步改善种子企业市场经营现状，确保质量合格价格合理的种子流入市场，既不坑害农民也有利于种子企业销售量增加，经济收益用于新品种研发，在市场需求推动下，与科研院所和相关高校创新合作，开发新品种。

2. 留种权面临知识产权严峻挑战

留种问题由来已久，农业种植和品种选育明确分工以前，农民选育种子与耕作实践合二为一，农民既是自己所种品种的选育者，也是耕作者。随着现代育种产业的兴起，留种比例逐步下降。转基因专利持有者已研制出终止子技术，这一技术引发世界特别是发展中国家的巨大争议。部分国家通过法律条款保护本国农民留种，短期看，保护了因经济原因留种的农民利益；长远看，不利于粮食安全。首先，目前发展中国家国内种子企业主要在国内市场销售种子，留种权保护条款不利于国内种子企业，降低销售收入和利润，没有更多积累从事种子技术开发，特别缺乏转基因品种开发所需的大量研究经费，无法确保有足够动力与国内具备转基因育种研究优势的科研院所和农业大学合作，进行技术创新，站稳市场，立足本国，并逐步走出国门，适应国际种业巨头渗透国内市场后的挑战，确保种子安全与粮食安全。留种权是为保护农民特别是经济困难农民的切身利益，使其不会因成本高而降低种田积极性，确保粮食生产。目前国际上种业巨头竞争力大，占有国际种业市场的主要份额，做大做强国内转基因育种企业和研究团队，从种子源头上不落入国外种业巨头控制。留种权对国内种业的影响不亚于对国际种业巨头的影响，留种权必然降低转基因种子需求量，影响种业包括国内种业的市场销售和研发资金积累，挫伤校企合作转基因育种技术创新积极性，使国内种业竞争力下降，威胁种子安全，影响粮食安全。争议留种权的保留有无必要及应限制或拓展到多大范畴，都有必要讨论。目前发达国家与发展中国家因不同农业背景而对留种权的法律规定大不相同，搁置理论探讨，从实践上促进留种比例下降，降低因留种比例居高不下给转基因育种研究带来的不利因素，客观上降低留种权讨论的必要性。采取措施后如果留种比例主动下降，并接近目前发达国家极低水平，也就不存在留种权之争。育种销售市场混乱导致留种比例较高，在国际留种权争议尖锐的背景下可借鉴发达国家种子市场管理做法，整顿、完善和保护购种农民利益，保障种子有效需求增加后育种企业利益。提升转基因育种产量、适应不同地区气候土壤。

二、种票制度设计思路

经济水平限制留种权，可通过种票制度设计来激励农民放弃留种，恢复转基因品种的有效市场需求。

1. 普查全国农田目前平均产量和总产量

以保护粮食安全为核心，全面普查全国每一地块的面积、产量，求得每一具体地块的总产量。新的条件确保产量不低于目前总产量并略有上升，例如，某一地块甲的面积 M_{11}=1000hm^2，留种比例较高，每年每公顷的平均产量 C_{11}=6000kg/hm^2，计算得每年总产量 Z_{11}=M_{11}×C_{11}=1000hm^2×6000kg/hm^2= 6 000 000kg。

2. 计算相关数据

（1）计算全部采用非留种耕作后的平均单产。目前留种比例较高，在设定科学合理步骤的基础上，计算达到合理留种量之后单产提升的幅度和水平。计算该地块在达到合理留种水平后的单产。假定提高购买种子下播比例后，地块甲留种比例下降到最低水平。现在每公顷单产年平均 C_{21}=7500kg，单产稳定提高，为转基因品种留种权之争铲平了道路。

（2）总产量不变需要投入的耕地面积。留种比例下降，单产提升后，该地块总产量不变所需要的实际播种面积会下降，可以不完全播种所有面积，就达到留种比例较高情况下的总产量。甲地块为了保持原有每年总产量 Z_{11}=6 000 000kg 不变，在留种比例极大降低后，单产可以达到 C_{21}=7500kg，这时每年只要播种 $M_{12}=Z_{11}/C_{21}$=6 000 000kg÷7500kg=800hm² ，其余面积即使不播种也不会影响该地块的总产量。

（3）不留种且总产量不减少结余的耕地面积。空余出来的土地符合种票制度设计用于交易的面积来源。甲地块原有耕地 1000hm²，现在降低留种比例产量提高后只需要播种 800hm² 就可以保证总产量不下降，尚有 200hm² 的空余可以进入种票市场。

（4）全国耕地红线外的余地。国家 1.2 亿 hm² 耕地底线是确保国家粮食安全的法定数字，计算出目前国家耕地面积与 Y_{11}=1.2 亿 hm² 之间的差距，空余出来的面积可以用于种票制度设计交易的指标限额高线。目前中国耕地面积约为 Y_{12}=1.35 亿 hm²，种票制度设计必须在耕地红线阈限值 $Y_{13}=Y_{12}-Y_{11}$=1.35 亿 hm²–1.2 亿 hm²= 0.15 亿 hm² 的范围内，否则会威胁粮食安全。

（5）结余的耕地面积与 1.2 亿 hm² 耕地之外耕地面积的比值。将全国各个地块留种量下降结余出不播种而不影响该地块总产量下降的面积汇总，得出全国因留种比例下降节余的不需播种又不影响全国粮食总产量下降的面积总和。数据如果超出目前耕地红线阈限值 Y_{13}，用 Y_{13} 和实际耕地超出 1.2 亿 hm² 耕地的数量的比值作系数，计算每一块土地空余面积能够折算成的种票面积数量。如果等于或低于实际耕地比 1.2 亿 hm² 多出的数量，这一数据作为可以进入土地资源占补指标交易市场的种票数据。假定全国统计和计算所有地块留种比例大幅降低，降到理想的极低比例，接近可以发掘的最大潜力，并且不至于引起留种权之争，加总全国所有地块空余出来的耕地面积总数。假定因种票制度设计空余出来的全国面积总数 Y_{21} 有三种情况：$Y_{21}>Y_{13}$，$Y_{21}=Y_{13}$，$Y_{21}<Y_{13}$，假定 $Y_{21}>Y_{13}$，需要测定在耕地红线阈限值 Y_{13} 范围内空余数值总量 X_{11}，实际可折算成种票数量的折算系数：$X_{11}=Y_{13}/Y_{21}$，假定空余数值总量 Y_{21}=0.168 亿 hm²，则折算系数 $X_{11}=Y_{13}/Y_{21}$=0.1533 亿 hm²÷0.168 亿 hm²=0.91，只有空余总值的91%

面积可以成为种票，进入土地资源占补指标市场交易而不至于突破耕地红线阈限值。

3. 交易的种票数量

用折算系数 X_{11} 乘以每一块地空余出来的面积，得到可以进入土地资源占补指标交易市场的种票数据。在系数 $X_{11}=0.91$ 的情况下，计算甲地块 $M_{13}=13.33\text{hm}^2$ 的空余面积可以进入土地资源占补指标交易市场的种票数值 $Zh_{11}=M_{13}\times X_{11}=13.33\text{hm}^2\times0.91=12.13\text{hm}^2$。

4. 种票与耕票等其他指标的统筹

除种票外还可设计出耕票、水票、肥票、绿色农药票等制度，各类票据制度市场需统筹兼顾合理分配，以不突破耕地红线阈限值 0.15 亿 hm^2 为底线，合理确定各类票据制度的分配比例和总体指标。计算过程只考虑 1.2 亿 hm^2 耕地底线，未考虑其他票据设计也要占据耕地红线阈限值 0.15 亿 hm^2 份额，如果为了治理抛荒撂荒而设计了耕票制度以及水票、肥票、绿色农药票等制度，种票制度设计中可以用来计算系数的实际面积多出 1.2 亿 hm^2，必须在种票和耕票及水票、肥票、绿色农药票等之间统筹兼顾合理分配，根据各自获得的份额来计算各自的基数，得出各自的系数，计算各自的种票或者耕票数额。例如，在降低抛荒撂荒的压力下，如果为了从动力机制设计上降低撂荒抛荒比例，而设计出耕票制度，在耕地红线阈限值 0.15 亿 hm^2 范围内，对于降低撂荒抛荒者进行耕票激励，这涉及在耕地红线阈限值 0.15 亿 hm^2 范围内，耕票及水票、肥票、绿色农药票等总量占耕地红线阈限值 0.15 亿 hm^2 的划分比例为 X_{21}、种票总量占耕地红线阈限值 0.15 亿 hm^2 的划分比例为 X_{22}，根据对粮食安全的重要性统筹分配种票总量占耕地红线阈限值划分比例，假定依据的重要性不同，按照划分比例 $X_{21}=30\%$，$X_{22}=70\%$ 确定耕票、水票、肥票、绿色农药票等和种票占耕地红线阈限值 0.15 亿 hm^2 指标。种票制度设计空余出来的全国面积总数中真正能用于交易的种票总量 Y_{21} 低于总耕地红线阈限值 Y_{13}，$Y_{21}=Y_{13}\times X_{22}=0.15$ 亿 $\text{hm}^2\times70\%=0.105$ 亿 hm^2。各地块种票数目都按照分配比例确定后的计算数据计算，甲地块可作为种票进入市场交易的面积减少，在种票与耕票等其他指标统筹下，最终可以进入土地资源占补指标交易市场的种票数值 $Zh_{21}=Zh_{11}\times X_{22}=M_{13}\times X_{11}\times X_{22}=200\times0.91\times70\%=127.4\text{hm}^2$。种票制度设计下，该地块因最大化降低留种比例，不易引起留种权之争，可有 127.4hm^2 指标成为种票，进入土地资源占补指标交易市场交易，获得交易收益，促使留种比例的持续下降和留种权之争的消失。

三、种票制度设计目标

1. 最大化降低留种比例

为不剥夺部分农民的留种权，实践上最大化降低留种面积，对留种农民给予种票激励，在不损伤留种的法律权利的情况下，有效避免留种权之争引发的巨大经济损失与严重后果，不给国内研究和校企合作留下隐患，确保粮食品种安全。

2. 制度设计目的

种票制度设计不是从法律上否定或者缩减农民的留种权，也不是拓展留种权的适用范围，提出一种与经济回报挂钩的制度设计，将因经济原因不得已留种的农民解放出来，使其获得回报，有资金选择自己想要的品种进行非留种耕作，提高作物品质和产量。进入土地资源占补指标交易后，种票每公顷可以交易数百万元，全国部分地区留种比例不低，留种降低单产和收成，恢复非留种耕作后，在与耕票及水票、肥票、绿色农药票等平分耕地红线阈限值 0.15 亿 hm^2 之后，尚可节省出大量种票，获得大量交易收益，极大促进因经济原因而留种农民的购种积极性，避免留种权之争产生的知识产权争议，不至于影响产学研合作转基因育种技术创新和引起国际知识产权争端，确保种子安全与粮食安全。

四、保障措施和最终效果

1. 保障措施

建立土地资源占补指标市场。进入土地资源占补指标交易市场交易的种票需要在一个交易平台进行交易，土地资源占补指标交易平台建设比较完整，已取得一定交易经验，并获得较好交易利益。

种票进入土地资源占补指标市场交易。土地资源占补指标交易市场的专业化亟待加强，建立专门服务种票的土地资源占补指标交易市场，把土地资源占补指标业务推进到种票领域。

交易所得在农民、育种企业和研发机构及政府之间合理分配。交易资金是激励各方的主要因素，一般的土地资源占补指标交易忽视了农民的利益，这种利益不对等造成使用良种的粮农激励不足，从根本上阻碍了种票制度的推行。

2. 最终效果

确保粮食品种优质高产。种票激励下，良种进一步推广普及，为粮食安全奠定了基础，确保粮食总量和质量稳步提升。为满足人民群众更高层次的粮食需求，种票可以在不减少全国粮食产量的基础上，通过良种培育和大面积普及推广来提高粮食作物品质。

确保粮食安全。粮食安全需要耕地红线保护，需要激励劳动力的种粮积极性，要从育种源头确保国家粮食安全，高质量的良种，确保粮食生产的健康发展。

免除留种权争议中农民的风险。降低留种比例直至杜绝留种，免除留种权争议，确保农民合法种粮，兼顾了种粮者利益、国家粮食安全和保护知识产权三方面的健康发展。强化国内育种企业市场化地位竞争优势，种票的强大物质激励可以保障国内育种企业从市场获得更多资金支持，有利于培养民族种业的国际竞争力。

第三节　肥票制度试析

一、肥力水平成为制约粮食安全的重要因素之一

1. 提高土壤肥力有助于粮食安全保障

高产田的土壤肥力提升具有很大潜力。土壤肥力研究取得很大进展，配方施肥、有机施肥、生态施肥的效果显著，对于提升高产田的产量具有很大作用。

中低产田的土壤肥力提升具有战略意义。中低产田改造成为未来粮食安全保障的主要来源之一，中国中低产田主要包括瘠薄型、干旱缺水型、坡耕地型、渍涝水田型、渍涝旱地型、盐碱型、风沙型和其他几类。其中瘠薄型比例最大，占中、低产田总面积的27%，各区域均有分布。土壤污染性、土壤缺素型等其他类型共占12%[60]，中低产田改造中瘠薄型土地所占面积最大。

2. 提高土壤肥力的制约因素分析

科技因素制约。国家在中低产田的肥力提高研究方面投入很大，取得了较好成效。目前最主要的问题在于科技推广，如何将现有较高水平的肥力提升科技配方广泛推广到高中产田，使实验室的科技成果最大化发挥效益，成为关键环节。

经济因素制约。在没有外部激励的条件下，不愿冒险的农户忽视科技配方，农户在外部激励因素不强的背景下不愿尝试新的配方，导致增产潜力没有得到发掘。中低产田改造，需要经济因素推进，施肥配方需要在经济利益的激发下获得资金，全面提升瘠薄耕地的土壤肥力。

3. 经济制约因素的解决途径

国家奖励支持。国家对于耕地肥力改良的主要经济扶持偏重于科技研发和推广，对于补偿农户的肥力提升，也有许多支持政策，例如，统一提供肥料，低价或者免费提供少量化肥等。

农户自己出资。高产田农户对于新的施肥配方不敢冒险尝试，在粮食增产收益远远低于打工收益的背景下，不愿意在肥力提升上花费较多精力。中低产田的农户由于经济发展水平制约，在肥力改造需要较大投资的条件下，觉得将有限资金用于比较收益不高的耕地投入不划算，出资积极性不高。

制度化解决。国家继续大量投资的财政扶持潜力有限。农户出于不同利益比较，不愿意将收入投入比较利益不高的耕地肥力改造，在国家与农户之外，探索推广科技配方的制度，提升肥力。

二、肥票制度思路

1. 土地资源占补指标的思路

土地资源占补指标就是在土地占补平衡背景下，为了保护 1.2 亿 hm^2 耕地红线而建立的土地交易制度。在建设用地紧缺的背景下，新开垦的土地可以进入土地资源占补指标交易市场，建设者通过拍卖获得土地指标，支付土地资源占补指标补偿资金，补偿新开垦土地者的开垦耕地成本。在总量不变的背景下，建设者获得新的建设用地指标，开垦者在不变更土地所有权的背景下，获得土地资源占补指标收益，总体利益未曾减少。

2. 肥票制度实施思路

土地资源占补平衡对肥票制度建设的启迪。如果能够建立类似地票市场的肥票交易市场，鼓励农户加大肥力配方改革力度，在先期采用科学配方施肥技术并大量投资的基础上提升产量，产量提升相当于新开垦山大量耕地，在留出储备耕地的基础上，将节约出的新的耕地面积按照一定比例折算，折算要考虑新占土地产量与原有配方施肥耕地产量之间的差异，新节约出的耕地面积进入肥票市场，农户不完全变更自己的耕地所有权，就可以获得肥票拍卖资金，补偿配方施肥投入，资金进入中低产田，将会提升现有耕地的产量和潜力开发水平，在不触及 1.2 亿 hm^2 耕地红线的基础上，推广了配方施肥土壤肥力改造技术。

3. 肥票的具体计算方法

（1）肥票交易的底线。在 1.2 亿 hm^2 粮食耕地红线的基础上，肥票总体数额必须保障不突破这一框架，如果突破这一框架，必须在折算比例的基础上计算肥票。

（2）肥票的计算公式。假定某地耕地面积为 S_1，在肥力提升之前的单产为 Fg_1，肥力提升之后的单产为 Fg_2；该耕地肥力提升前的总产量 $G_1=Fg_1 \times S_1$，提升后的总产量 $G_2=Fg_2 \times S_1$。测定该耕地单产提升的稳定性之后，计算肥力提升后的总产量结余：$G_3=G_2-G_1=Fg_2S_1-Fg_1 \times S_1=(Fg_2-Fg_1)S_1$。其中还要留出国家在新增粮食生产能力规划中给本地区该地块的增产能力潜力 Q_1，剩余部分产量结余总值 $G_4=G_3-Q_1$。剩余部分产量结余总值 G_4 能够兑换多少数额的肥票，主要看肥票交易时在哪块地域落地，在哪个区域的耕地上占用这一肥票指标。如果总产量结余在较高的平均单产的地区落地，能兑换的肥票数额就较低，如果总产量结余在较低的平均单产的地区落地，兑换的肥票数额就较高；假定落地地区的平均耕地单产是 Fg_3，剩余部分产量结余总值 G_4 能够兑换的肥票数额 $F_1=G_4/Fg_3$。这初步决定具体区域落地的肥票数量：$F_1=G_4/Fg_3=(G_3-Q_1)/Fg_3=(G_2-G_1-Q_1)/Fg_3=(Fg_2S_1-Fg_1S_1-Q_1)/Fg_3=[(Fg_2-Fg_1)S_1-Q_1]/Fg_3=[(Fg_2-Fg_1)S_1] / Fg_3-Q_1/Fg_3=S_1[(Fg_2-Fg_1)/Fg_3] -Q_1/Fg_3$。肥票的数额与实施肥力提升计划的原有耕地面积 S_1 正相关，与肥力提升计划实施后原有耕地单产的提升幅度（Fg_2-Fg_1）正相关，与肥票落地区域平均单产 Fg_3 负相关，与国家在新增粮食生产能力规划中给本地区该地块的增产潜力 Q_1 和肥票落地区域平均单产 Fg_3 的比值 Q_1/Fg_3 负相关。

4. 政策启示

为充分发挥肥票效益，必须扩展肥票试点的耕地面积，使耕地采用配方施肥，客观上促进配方施肥技术的推广和实施。配方施肥技术效果必须落到实处，切实提升单产，单产提升幅度越大，肥票指标数额越高；落地区域耕地单产平均水平越低，落地区域耕地单产越低，肥票效用及指标数额越高。把肥票落地区域选择在单产较低的耕地区域，肥票制度极大地促进了配方施肥技术的推广，保护建设用地不占用高产耕地。

三、肥票制度的具体操作路径

1. 机构设计

成立肥力提升技术专家小组。国家在土壤肥力技术提升方面组织了攻关研究，针对高产田、中低产田的不同，进行不同的路线设计，针对不同地区的土壤现状提供适合当地土壤肥力提升的科研配方。确保制度设计的技术支撑落到实处，将国家多年来的科技研究成果落到实处，在促进农户改良土壤肥力条件的良好机遇下，把实事做好。

成立机构检测验收肥力提升幅度。肥力提升幅度的检测需要设立相关专家组，通过抽样调查和普查，掌握特定田块的肥力提升幅度及其稳定性，确保资料的真实，确保粮食安全建立在可靠的数据调查基础上。

建立肥票交易中心。仿效地票市场交易中心建设，在高产田、中低产田改造区域选择条件比较成熟的区域，开展试点，确定原有对比基数，开展卓有成效的肥力改造推广，在试点成功的基础上，逐步稳健推广。

2. 主要流程

确认肥力提升稳定性。稳定性提升就是耕地的产量随着土壤肥力改造科技推广计划的有效实施，农民已经基本掌握了技术要领，并且在相关激励因素的促进下，长期保持产量的稳步提升，至少3～5年不会减低单产，并且逐步形成产量提升的稳态结构。进入肥票市场进行交易后，原有耕地的单产不会下降，不会损害粮食安全。

计算肥票数额。数额计算和确定是关系到国家粮食安全的重大技术推广稳定性的科学认定工作，既具有高度的政策性与权威性，也具有严格的科学性和技术性，需要组织具有公信力的权威机构的认定与确颁，严格禁止舞弊行为，防止对国家粮食安全造成威胁。肥票制度的推行，要求计算严格、科学、公正，如果这一环节出现问题，将会造成严重后果，损及国家利益。

新增粮食生产能力潜力确定。总产量结余不能全部进入肥票交易市场交易，国家在2009～2020年粮食增产计划中提出不同区域的增产目标反映在《全国新增1000亿斤粮食生产能力规划（2009～2020年）》[61]中。必须留出国家在新增粮食生产能力规划中给本地区该地域的增产潜力，剩余部分才可以进入肥票交易市场交易。

肥票交易主体资格确认和交易过程管理。需要确定肥票交易市场的范围，哪些区域内的肥票可以用于建设用地指标的转移，基本上确定建设主体的资格认定和落地区域的范围。交易过程要把好肥票的测量鉴定计算等关键环节，交易过程的公平公开公正竞拍，以及肥票的收益补偿和资金分配及时准确。

3. 主要保障措施

交易规程设计。肥票制度设计不同学科领域，需要土壤学、城市建设规划、耕地保护等领域专家合力参与，制度设计比地票交易稍微复杂，在没有试点之前，需要严密设计规程制度，确保万无一失，不使国家粮食安全受损。

建立肥票交易试点，试点的经验教训及时总结修正，吸取经验教训完善后稳步推广。一是要确保农户获得最大份额的资金收益，以补偿施肥改良中的成本投入，并抽取一定比例的肥力提升科技攻关与推广科研基金，以补偿科研经费的不足。二是抽取少量的管理经费，用于肥票制度的维护与推进。

四、利益主体的利益损益

鼓励全面推广施肥技术，提高产量后，结余出来的土地资源占补指标用于交易，利益分配极大地刺激了高产田、中低产田的肥力提升，将耕地资源的潜力发挥出来，深度发掘使各利益方的总体利益提升。如果实施得当，将会极大推动土壤改良和耕地肥力水平，为确保国家粮食战略作出贡献，也促进了城乡和谐发展中的建设用地瓶颈化解。

政府要求保障粮食安全。在确保 1.2 亿 hm^2 粮食耕地红线的基础上，国家粮食得到了保障，并且有力地确保新增粮食生产能力的实现。在城市建设用地紧张的背景下，开发耕地潜力，全面推广生态、绿色、适用、低碳施肥配方。

政府要求保障城市化进程中的土地资源。肥票保障了新型城镇化战略所需的建设用地指标，促进了城镇的健康发展。

农户收益较大，获得较高的肥票资金补偿，消解了肥力改进成本，大范围地增加了田间基本建设和土壤改良力度。

土地瓶颈得到了化解，城市建设得到了用地保障。虽然付出肥票的交易成本，但是收益更大，突破了用地指标的难题。

第四节　管票制度试析

一、管理对耕地产量潜力的发掘

1. 管理是否有效提升产量

管理的投入会促进耕地面积的扩大和耕地质量的提升，也会促进粮食单产和总产提升，提高粮食质量。管理是耕地质量提升的关键，耕地的质量维护，需要耕作者的精心负责，在粮食比较收益较低的背景下，粗放式的耕作比较常见，耕地质量难以保障，土壤质量下降，未来粮食安全的载体受到威胁。

管理是诸多现代要素结合的关键点。管理关系到耕地的质量，投入到耕地上的诸多要素都需要管护者精细的管理。没有管理者的精细劳作，水利向节水灌溉发展，肥料向配方施肥发展，农药向绿色无公害农药发展，节约化经营，机械化规模生产都无从谈起。这些需要管护技术的推进和普及，不仅需要劳动者时间上的分配，更需要素质的提升与实践能力的提升，如果没有这些管护，要素的最大价值难以发挥。

管理者的素质和劳动力投入关系粮食产量与质量提升。粮食安全面临的威胁越来越严峻，一方面是进口粮食数量日增；另一方面是激励机制缺失下的粮食种植者的劳动投入和素质水平难以适应严峻的粮食安全挑战。探索激励机制，并将其转化为耕作者主动积极的管护行为十分必要。

2. 制约管理投入的因素

管理者的素质与耕地的管理维护相关。低素质的劳动力主要从事耕作事业，原因在于这一产业的弱质化和相对低收益，短期内难以提升这一产业平均收益的背景下，如何提升这些耕作者素质，使其产生自我素质提升的巨大激励，并具有提升自我素质的经济支撑，这值得探索。

管理者的比较收入。管护者的收入较高，压制了资深人力资源用于管护耕地的动力，这一比较收益差异大，难以产生动力、管护好涉及粮食安全和国计民生的耕地，产生的抛荒或者季节性抛荒在很多地区比较普遍，这是比较收入下劳动力完全退出管护的极端情况。

管理者的时间分配。管护者把本应投入耕地的很多劳力投入比较效益较高的其他社会实践，虽然没有发生抛荒的现象，粗放式经营降低了产量，降低了粮食安全的保障系数，威胁粮食安全。

3. 管理投入下降的危害

很多要素难以发挥效用。激励因素难以对管护产生效益，难以避免减少管护劳动量或者完全不进行管护的现象，难以确保粮食单产，即使有良种、节水灌溉、配方施肥等要素，终因管护这一要素缺失，使其难以发挥效应。

影响粮食安全。假定这一现象所产生的效应普及全国会对粮食增产潜力造成浪费，甚至难以保证良田的应有粮食产量。面对日益严峻的粮食危机，从微观层面整治这一现象十分紧迫。

二、管理激励制度试析

1. 管票制度设计思路

目前能够产生较好经济效应的是土地资源的高效利用。土地资源在城市化进程中充分利用，产生的溢出效应惠及管护者，将极大地促进管护者的经济条件改善，为其加强自身素质，提升单产，保障粮食产量奠定基础，也会促进其更多投入管护之中。

（1）设置管票交易子市场。土地资源占补指标交易制度试点中建立主要用于激励管护水平提升后的耕作者的子市场。管护者的水平和劳动量，产生要素集聚效应，将土地资源占补指标子市场的参与要素凝结起来，发挥了协同效应，产生了放大效应。在探索建立诸多土地资源占补指标交易子市场的背景下，不能忽视管票市场的建设。

（2）管票交易资金的收集使用。借鉴地票交易市场平台建设，专门设置地票交易的管护子市场。管护子市场主要解决土地资源占补指标额度交易。土地资源占补指标额度来自管护者的素质提升和管护者的劳动投入明显增加。统计总结某一地区特定农户的单产平均水平，将其历年来的平均总产量统计出来，给出比较合理的总产指标。一旦管护者的素质提升和劳动量加大产生单产的稳定提升，就可以在其总产稳定不下降的背景下，将单产提升而节约出来的耕地面积置换为进入土地资源占补指标交易市场交易的管护土地资源占补指标额度，这一额度主要用于补偿劳动者素质提升和劳动量投入的管票。

2. 管票收益的用途

管票作为土地资源占补指标性质的有价证券可以在管票市场交易，增加城市化进程中日益紧张的建设用地指标，获得作为土地资源占补指标的较高收益，这笔资金主要是提高管护者本身的素质和劳动量的，除了管理费用，主要用于劳动者自身的资助和补偿。

（1）作为管护者素质提升的资金和激励。没有管票激励，管护者素质提升需要自己投资，时间付出与经济损失都需要管护者承担。在所获不高的背景下，难有动力。管护者素质提升对相关要素的综合协调放大，土地资源占补平衡提供的平台实现其应有价值，会更加注重自身整合耕地产量提升的主导要素，通过学习，最终实现素质提升。

（2）管护者投入更多劳动时间的激励。提高素质后的管护者，能否有动力将自己的时间分配更多用于耕地管护，为了解决劳动者的比较收益选择的理性化与粮食安全之间不协调的矛盾，需要有一定的补偿来支付这部分时间的投入。

（3）作为粮食种植效率提升的激励。从国家粮食战略的高度，管护者的积极性调动制度，实际上是将其利益与国家粮食安全利益统一起来，实现最终效果上的一致，以农民的实际收益换取国家粮食安全的基本保障。

三、管票的悖论和问题

1. 区分管票与其他地票子市场的标准

土地资源占补平衡的诸多子市场中，要素投入产生的土地资源占补指标额度来源多样，作用效应复杂。如何将水票额度、肥票额度、推票额度与管护产生的管票额度区分，需要对比试验，逐步解析不同额度的地票子种类的效用。稳定提升单产，兑换成土地资源占补指标，在产量占补平衡，先补后占的思路下处理。

2. 管票存在的问题

为了激励种田者而在提高单产的背景下降低现有面积保有量，在粮食种植面积尚未突破 1.2 亿 hm^2 耕地红线背景下并不明显，在未来耕地面积保有量低于 1.2 亿 hm^2 之后，将会极端尖锐，成为单产与耕地面积之间的两难悖论。管票作为一种一次性的制度激励，如何实现可持续发展，只要管护质量和水平不断提升，劳动量逐步增加，作为阶段性成果，在投入管护能力与质量接近粮食增产潜力后，将不具有激励的持续性。这时不是继续增加素质和劳动力投入，而是如何维持已有素质与量的可持续，监督机制就很有必要。

第五节　推票制度试析

一、农业推广的现状与问题

1. 农业推广的现状

农业推广是农业的适用技术推广。作为弱势产业，农业的发展主要依靠技术和政策，在政策的激励下，发挥技术的益农效应，将会为城乡新统筹的发展奠定基础，也为未来规模经营奠定基础。在政策的促进下，农业技术推广的意义逐步显现，特别是在劳动力投入降低的背景下，主要依靠农业技术促进未来农业发展成为主要趋势。农业技术推广在农业发展方面发挥重要作用，为粮食安全作出重大贡献，是目前劳动力流动的主要依托，也是未来城乡统筹发展的主要支柱。将农业最新适用技术推广到更大规模的耕地中去，成为未来粮食安全保障的着力点。

2. 农业推广存在的问题

（1）拨款有限制约推广积极性。农业技术推广在取得进展的同时，面临着资金制约的问题。将一些重大技术送到田间地头的主要制约因素是资金，在国家支持有限的背景下，经费主要用于人头费，能够用于项目支持的毕竟有限，甚至在很多情况下真正具有惠农效益的政策因为条件不具备而难以推进，造成目前的农技推广不能有效地解决农业规模化经营和确保粮食安全的问题。

（2）资金的多元化成为农业推广的主要疏通管道。资金来源多元化是农技部门和资源发挥惠农促农效益的关键环节。充分发挥惠农效益，要在目前农业耕地使用效益较低，农业技术推广部门资金缺乏的相互结合相互支撑方面寻求出路，将耕地利用效益较低和农机推广资金不足结合起来统筹考虑，解决农技推广不力的问题。

二、农业推广的激励机制制约

1. 积极性发挥必须建立有效激励机制

激励机制主要解决资金补偿问题。现有耕地的增产潜力通过农机推广发挥出来，在不减少粮食总产的基础上将多余的增产潜力转化为用于建设用地的土地资源占补指标，将这一主要农机推广产生的土地资源占补指标额度使用到农技推广中去，有益于激励机制的建设，有利于提高农技部门援助农业技术推广的积极性。

资金补偿必须具有合法制度平台。合法的制度平台，必须建立在目前制度建设的基础上，以最大限度地保障粮食安全和最大限度地支持城市建设用地额度增加为目标，以城乡统筹下的劳动力减少后规模经营基础上的农技推广为核心，将多种资源充分发掘，找到资源利用的有效途径。

2. 激励机制必须确保粮食安全

资金来源以确保粮食产量为前提。城乡统筹必须建立在粮食安全的基础上，粮食安全的保障是目前推票制度建设的制度背景，粮食产量提升基础上的质量保证、质量标准是农技推广的结果和标志，在产量保障基础上，农技推广所能够推进的规模化农业的绿色低碳效果是确保农技推广重大项目实施的标志与旨归。

3. 激励机制必须确保绿色低碳

产量基础上的绿色技术和农艺推广。保证现有粮食产量不减少，在农技投入的基础上，确保粮食单产提升，将单产提升节约出来的耕地面积主要用于土地资源占补指标交易，节省一部分耕地，深度开发现有耕地资源。必须有益于绿色农机和农艺的推广，为农机农艺的绿色化奠定基础。

产量不减少基础上的环保和低排放。环保与低排放是推票制度对农技参与的要求，农技本身的高技术含量与生态环保基础，为单产提升基础上总产不减少和环保低碳奠定基础，这也是地票类制度创新中农业技术推广土地资源占补指标的独特之处。

4. 激励机制必须有益耕地经营规模发展

规模经营是耕地发展的目标之一，推票制度解决农机推广的资金来源，客观上解决了城市建设用地的紧张，为城市化的进一步推进奠定了基础，也为未来劳动力减少后耕地的集约经营奠定了基础。这要求农机推广必须成为农技推广的应有内涵之一，也成为农技项目推进的主要路径之一。规模经营的农艺推广，耕地的规模化经营可以使很多农艺付诸实施，在推广中，以项目经营方式，加大规模化耕地经营的农艺推广力度，是推票制度实践的要义之一。

三、农业推广的激励制度建设

1. 建立推票制度的思路

产量不减少的农技推广。推票是在农业技术推广要素的参与下，通过绿色农业技术和农艺推进单产提升，将富裕的耕地纳入通常意义上的土地资源占补指标额度，作为交易指标，并在城乡建设用地市场，作为土地资源占补指标来源进行交易，所得交易资金补偿农业技术推广项目和要素投入。这一闭合制度创新，是地票类创新的一个衍生制度，是主要以发挥农业技术推广要素与现有耕地绿色增产潜力的泛土地资源占补平衡的探索。

确保产量基础上的剩余耕地指标转化。有望在农业技术推广要素参与下，提升现有耕地的单产，确保将一部分耕地作为土地资源占补指标来源，剩余耕地总产不低于原有面积耕地总产量，将节约出来的用于土地资源占补指标来源的耕地面积继续耕种，而将其所反映的土地资源占补指标投入城市土地资源占补指标交易平台，用于城市建设用地的指标来源。这些土地资源占补指标，是未来回馈农业技术推广要素投入的主要资金来源。

建立推票交易市场。在目前土地资源占补指标交易制度试点的基础上，在现有土地资源占补指标交易中心设置用于推票交易的细分市场，主要交易农业技术推广产生的土地资源占补指标额度。推票交易所得主要用于农技推广，推票设计要注意资金用途，农业技术推广产生的推票收益，将主要用于农业技术推广参与要素的回馈，包括采用农业技术的农民、农业技术推广机构和人员的技术参与以及其他要素。

2. 推票的数额调控

总量不超越现有耕地与 1.2 亿 hm^2 耕地的差额。推票制度必须遵循耕地红线的指标设置，在不突破现有耕地面积与 1.2 亿 hm^2 耕地红线的差额这一数量指标的基础上进行制度改进，确保耕地红线的顶层设计，为粮食安全的保证服务。要平衡土地资源占补平衡中诸多类别创新型票据的指针分配比例，以不超越现有耕地面积与 1.2 亿 hm² 耕地红线的差额这一数量指标，综合考虑各种地票创新类票据额度对于粮食安全、分类目标的重要性来解决比例分配。

3. 推票资金的分配

采用农业技术的农户获得一定比例。作为采用农业技术的主体，农民是需要考虑的主要对象之一，分配的比例较大。农业技术人员作为农业技术的主要载体和农业技术推广的主要动力，在将农业技术融会贯通到农业实践中去的过程中扮演最关键的角色，农业技术人员及其项目团队的利益分配应该占据相当比例。作为推票制度平台的建设者，政府对于推票交易市场的建设和维护，管理与服务，起到不可或缺的作用，应该适度考虑其所应支取的管理费用的比例。

4. 推票交易市场建设的利益分析

利益得到保障。农技推广提升单产，在总产不变基础上结余出来的耕地，进入土地资源占补指标市场交易，产生了诸多利益方的损益过程。总体来看，诸多利益方的获益明显，没有明显受损的利益方，耕地单产的提升，有益于精耕细作；总产量的不减少，确保粮食安全；农民推进农业技术，获取农业技术推广产生的绿色效益和推票分配利益；农技人员在激励制度下，不仅使其农业技术专长得到了发挥，而且提升了经济收益，使其充分获得多劳多得的制度激励。在新农艺和新技术推广下，在确保粮食安全条件下，消费者获取更加绿色低碳的粮食产品，利益明显提升。城市作为建设用地指标的实际享用者，可以解决用地指标紧张，并为接纳更多农民进城定居建立生活安居基地，为新的农技推广奠定了动力基础。

粮食总产不减少。在农业技术推广的参与下，获得粮食质量的提升，为绿色农业奠定基础。推票制度的核心就在于粮食安全的保障，这是此制度可行性的基础。

第六节　沼票制度

一、土地资源占补平衡筹集沼气建设资金思路

1. 沼气与产量的关系成为制度建设的纽带

土地资源占补平衡中，恪守耕地产量不减少，方能在产票制度下探索提高耕地利用效益的问题。沼气在农村推广取得成效，但推广仍然受到一些因素制约。沼气推进主要问题在于资金筹措，沼气所需资金并不多，作为具有科技先进性的

综合探索，沼气资金筹集难度与其推进速度成反比。具有明显优势的沼气技术，不能很快在农村推开，与其资金筹集难度有关。

大幅降低资金筹集难度。为了解决沼气推广的资金瓶颈，国家在先进示范区域，采用多种方式资助农民推广沼气技术，取得很大效益，产生了较强示范效应。依靠国家资金资助，可以解决推广问题中的示范作用，但难以迅速解决全国所有适宜建设沼气的农户的需求问题，打破主要依靠政府资助的思路，进行相应的制度创新，以制度创新来解决沼气建设资金问题。制度创新的思路是主要依靠制度创新带来的普惠资金来源，扩展资金来源渠道。

2. 沼肥可以产生土地资源占补指标额度

土地资源占补指标与沼气融合的思路。沼气和地票有较大差异，属于两个领域。目前耕地产出效率和沼气普及率较低，促使在资源利用上，将这两项先进制度交融在一起，在解决耕地产量的背景下，解决沼气技术推广的资金。

地票与沼气结合的契合点。沼气废液肥田使耕地产量有所提升，耕地效率提高，耕地土壤得到改进，耕地生产力得到提升。在单位产量稳步提升的条件下，只要确保粮食总产量不降低，可以节约部分耕地面积融入土地资源占补指标交易市场，以其交易所获资金作为沼气建设资金的来源。

3. 启动资金

土地资源占补指标交易的特殊市场。在探索的诸多地票类制度设计中，沼气产生的土地资源占补指标比较特殊。沼气的废液产生的肥田价值效用不容易显现，沼液的数量有限，虽然可以作为有机肥改善耕地土壤结构，提高粮食质量，奠定可持续发展的农业基础，但其难以快速显著提升粮食产量。沼气参与土地资源占补平衡建设，需要做出特殊的改进。

沼气土地资源占补指标的特殊保护。沼气有节能价值，既方便了广大农户的居家生活，更暗合了低碳绿色节能社会的理念，为广大农户的节能生活奠定技术基础，值得在农村大力推进。与土地资源占补平衡的其他制度相比，沼气生产的沼液肥田效应并不完全体现在增产效应上，增产效应与其他地票细分制度相比不很明显，有必要建立特殊的地票交易子市场，严格区分沼气建设节约的耕地面积与其他制度建设所节约土地资源占补指标，才会确保这一具有多样价值的沼气技术因为增产效应不显著而在推进中不受影响。

二、沼票制度建设的实践

为推进沼气技术普及而建立的沼票制度，首先要进行启动资金投入，其次要进行土地资源占补平衡的沼票子市场建设，实施中要严格区分沼票效应与化学肥料的增产效应，将沼票推进建立在科学合理的基础上。最终要将沼票收益纳入专项资金管理，循环投放，连锁经营，最大限度地实现沼气技术的推广。

1. 启动资金投入

建设沼气设施。在稳定提升耕地生产力的基础上进行增产测产。

启动资金必须足额。只有具有相当数额的启动资金，建设足够数量的农家沼气设施，产生足额土地资源占补指标额度，获得交易资金，用于初期的启动资金补偿或者帮助新的农户建设沼气设施。

启动资金来源和最终管理。启动资金来源可以是银行贷款，也可以是专项资金。启动资金最终是在一个区域闭合的背景下结余下来，作为对最初投入的补偿。

2. 土地资源占补平衡的沼票子市场建设

沼气效应的多元性和价值的重要性。子制度本身极大地提升了单产，具有土地资源占补平衡切入的契机，适合以单产提升或者粮食总产量潜力发掘作为土地资源占补平衡设计的切入口。沼气的主要价值是节能、方便、适用，但是沼气的资金建设筹措比较困难，使这一具有极高价值的适用技术难以尽快全面推广，不得已借助沼气的增产与土地资源占补平衡建立联系，在土地制度创新背景下解决沼气推广的资金来源问题。鉴于沼气本身的其他价值的重要性，在其增产效应并不明显的背景下应该单独设立具有一定独立价值的子市场。

单独子市场的设计。沼票市场的设计，要区分耕地增产的原因，明确沼票的实在科学意义。不能区分单产提升的原因，就难以建立沼票的地位，其制度设计也会失去价值。

3. 沼票收益纳入专项资金管理

沼票资金必须连续使用。加强最初启动资金的使用，做好后续沼票交易资金的管理，将其快速高效投入后续的沼气建设中，加强资金使用管理科学性。启动资金的科学使用，后续在建沼气规模的扩展，使资金越来越聚集。连续投入的速度决定沼气建设普及速度，加强资金合理科学高效的使用。

4. 在广泛区域推广沼气技术

区域的闭合性。区域的闭合性是指沼气制度实施是在多大范围的区域闭合实施的，只有在闭合区域，才会将资金的使用合理规划，做好步骤安排、规模设计、次序排列、技术推广的配套等全方位服务。没有闭合的开放区域的资金管理必须借鉴闭合区域。

区域的连片推进。一个区域的推进之后开始另一个区域的沼气推广及沼票制度建设，向全国土地资源占补平衡试点区域全面推进。

三、存在问题

增产不显著，沼票交易资金不足，难以承担沼气建设的资金需求，对沼气推进资金筹措产生致命的影响。耕地单产的提升因素很难区分，需要专门的对比实验才能区分，且制度推进难度大。

沼气是技术性较强的建设工程，沼票是制度建设的创新，将技术与制度创新结合起来，需要多部门配合。增产不显著或者不增产等产生的问题，都使沼气和土地资源占补指标这两个相距较远的范畴产生制度融合不畅的问题，需要在实践中探索改进。没有土地资源占补平衡试点的区域，不具备沼票推进的制度平台基础，也不能快速推进这一制度创新。

第七节　风沙治理的土地资源占补平衡创新

一、沙票制度的背景

1. 沙漠治理的要求

遏制沙漠推进是紧迫任务。在耕地资源有限的中国，采取技术与制度相结合的措施，巩固沙漠治理成果，有利于草地等资源的建设，是对有限耕地资源的较好利用。沙漠治理技术取得很大进展，全国范围的治沙实践进展较大。沙漠治理的制度设计，如果将制度设计与技术进步结合起来，将技术进步所能提供的改造沙漠的能力与制度激励相结合，将会极大地发挥沙漠治理的内在积极性，将治沙作为更具激励效应的事业，从而大幅度地推进沙漠治理进程。

2. 沙漠治理制度探索的基础

地票、林票、草票制度的综合探索。在耕地占补平衡基础上，目前部分省市探索土地资源占补平衡，遵循占补平衡，先补后占，总量控制的思路。将耕地、林地、草地保护建立在严格的制度约束之下，形成严格的制度创新体系。

沙票探索是对地票、林票、草票制度的进一步深化。沙漠草票制度，是地票、林票、草票制度联合体在沙漠地区应用的一个特殊部分。可以在治理沙漠的过程中，根据治理沙漠的技术条件不同，逐步获得以草固沙、灌木林固沙的成果，增加了草地与林地总量，沙漠治理为草票制度与林票制度的推进注入活力，进入草票市场和林票市场的沙漠治理用地获得交易资金，支撑治沙工程。

二、沙票制度的建立

1. 沙票制度的实现途径

种草治沙。如果沙漠治理是种草治沙，最先能够进入的制度平台就是草票交易平台。将新获得的草地面积，作为草票交易中心可以提供的新垦草地面积，在交易中竞拍获得交易资金，主要支撑草地治沙的前期成本支出。

林地治沙。治理沙漠与栽植灌木林等一起推进，稳定现有植林成果。根据长势情况，可以进入林票交易中心交易，获得资金，补偿在林木治沙中的前期投入。

2. 沙漠治理土地在三种制度间的流转

立地条件的成熟。草地和灌木的立地条件要求不高，林地较高。土地在何种制度中交易，取决于这一块土地适宜种植何种植物。根据不同市场的博弈，形成不同的价格。沙漠治理的土地开垦为熟地后，到底要进哪类市场，要看交易价格的水平。进入交易价格较高的市场，获得较高的回报，以补偿沙漠治理的成本支出。

要考虑相关规定。制度交易有区域限制，进入哪一级市场交易，这一级市场建有哪几个制度市场，地票市场、林票市场和草票市场是否完备。

流转路径。必须先退后进，先退出前一种交易市场，再进入后一种制度市场办理。沙漠治理，先种草，新垦草地根据草票交易，获得交易资金，补偿治沙种草的成本，等条件成熟后，将现有草地改为种植林地时，按照规则，先退出草票交易市场，在草票交易中心竞拍其他主体新垦草地的草票，竞拍成功向其支付交易资金，补偿其他主体新垦草地的支出成本；在草票市场交付资金后，再按规定进入林票交易市场拍卖，拍卖获得交易资金，以补偿退出草票交易市场时的支付。按照规定完成沙漠治理所得土地的交易流转流程。

3. 沙票与草票的有机结合

沙票是把沙漠治理与草原总量保护结合起来的制度，目前治沙成果最显著的是种草治沙，治沙土地主要用于草地建设，将草票与沙票结合很有必要。重视沙漠治理的制度保障、科技研发和利益推进，建立沙票制度，将主要来源于沙漠治理的草票交易所得资金用于沙漠的可持续治理，激励民众和研究团队治理沙漠。治理沙漠的最终成果体现为草地的增加，通过城市化建设用地—林地、林票制度—草地、草票制度延伸到沙票制度，获得源源不断的治理沙漠的资金支持，确保治理效果与草地保护的融合。

三、利益分配

1. 沙票交易分配

沙票是沙漠治理在地票交易、林票交易、草票交易中获得治沙资金的交易制度设计，目的是获取资金，用于可持续的沙漠治理，将目前由国家包办的治沙投入来源多元化，激励机制制度化，将土地价值在沙漠治理中放大，使其具有将技术研发和治理实践有机结合的效用，最大限度地促进治沙积极性的开发。

治沙开地者获取主要份额。交易资金分配要体现谁治理谁受益的原则。为激励主体更多地参与治沙实践，规定种植草地治理沙漠的主体应该获取主要收益，并要求沙票交易作为土地资源占补指标交易的单独类别，单独处理，确保款项及时到账，将关系到沙漠治理的土地资金回报都用在最有用的沙漠治理上来，促进沙漠治理可持续发展。在以后探索林票交易和草票交易，建立这两类交易中心以后，也要严格将沙漠治理获得土地的资金交易作为单独处理的账户，命名为沙票交易类。不许挪用截留资金，确保沙漠治理不受影响。

沙漠治理研究者占据一定份额。沙漠治理离不开广大实践者与沙漠治理者，沙漠治理的土地收益抽取一定比例用于沙漠治理研究推广费用，将技术开发研究的积极性充分调动起来。

提取管理费用。沙漠治理效应重大，沙票单独管理，费用比例单独确定，原则上要低于土地资源占补指标交易的管理费用抽取比例，允许抽取少量管理费用于制度建设。

2. 利益方的损益

治沙实践者的利益得到强化，主要资金用于可持续的沙漠治理，其利益最大化的同时，沙漠治理的功效得到放大。科研攻关者作为沙漠治理的主要参与者，积极性得到激发，沙漠治理步入科研主导的良性循环。城市建设主体与沙漠之间通过严密的耕地红线和耕地保护制度、林地红线与林地保护制度、草地红线和草地保护制度紧密联系在一起，只有制度的严密设计与不断完善，才会把城市建设者的用地需求合理转化为沙漠治理者的积极动力，确保城市建设用地的可靠保障。草地管理部门在沙漠治理中保障了草地资源不被侵蚀，维护了生态屏障，从整体上精细化治理土地资源。

3. 沙漠边缘地带城市化的必要性

（1）资源开发的需要。沙漠地区是能源建设的主要区域之一。要确保资源性区域特别是沙漠地区资源富集区域的城市发展，满足当地居民的需求和长期驻扎沙漠地区、永久开发资源能源的精神消费需求，使其在物质获得满足的同时享受到精神生活的满足，将城市生活的繁荣兴盛带给为资源能源开发作出努力的沙漠居民，为这些长期驻扎沙漠，建设能源资源基地，支撑社会发展的人有安宁舒适的生活，获得不亚于非沙漠地区的城市生活享受，保障资源能源开发的可持续性。

（2）边疆安全的需要。边疆需要人口资源的和谐比例，在资源能源要地，需要人口与资源的合适比例。目前的边疆地区，特别是沙漠地区，人口密度较小，一些沙漠资源能源富集区域人烟稀少，这对于国家的能源资源安全战略是不利的。为了确保人口与资源的合适匹配，需要在资源能源富集区域，特别是人口稀少的沙漠地区，在资源能源开发可持续较长时期，可以利用的水资源能负载且不加重环境负担的背景下，建设比较繁荣兴盛的城市以及城市带，符合国家能源资源开发可持续发展需要。

（3）城市化均衡发展的需要。边疆地区特别是沙漠区域城市分布稀少，在人口资源分布的影响下，城市化发展看起来合乎人口分布规律，实际上与资源能源分布的结构是有差距的。

（4）国际沙漠城市化发展的借鉴。对中国这样土地资源十分有限的国家，充分利用沙漠区域建设城市或者城市带，将资源能源开发与沙漠地区的荒废土地资源利用结合起来，既有利于资源能源开发的可持续发展，也有利于城市布局现状的改善，对于边疆地区稳定和资源能源安全都有裨益。

四、建设沙漠城市的土地解决对策

1. 绿洲建设的土地资源占补指标交易市场建设

建立沙漠地区城市化发展的绿洲土地资源占补平衡制度（简称绿票）。在沙漠区建设城市，面临城市必需的耕地开垦费用问题，如何募集相当数额的资金，来开垦绿洲，支撑沙漠城市的生活服务，使沙漠城市建设在绿洲所营造的良性互动资源环境协调发展的背景下。地票制度成为筹资建设绿洲的资金来源之一。在建设主要用于绿洲土地资源占补指标交易的绿票市场之后，新垦绿洲所增加的耕地面积，将会用于绿洲地票市场的竞拍交易，获得数额可观的资金，将主要用于城市绿洲开垦的资金来源之一。

2. 城市建设用地不受指标限制

城市建设用地指标的紧缺成为发展城市化的主要制约因素，沙漠城市建设与平原非沙漠地区建设城市不同，不会遇到城市建设用地指标的障碍。沙漠城市建设的最大优势，在于不会占用耕地，普通城市建设的瓶颈是占用耕地问题，这在沙漠城市建设中不存在。

五、沙漠城市建设的制度创新

1. 文化特区的创立

沙漠缺乏物质支撑需要在文化上得到补偿。沙漠城市最大的吸引力在制度创新所带来的沙漠城市的文化优势和资源优势的结合。将沙漠城市的建设与目前的文化体制建设的探索凝结起来，在不同的沙漠区域推行适应当地特色且能够吸引外地游客的文化产业，将独具特色、具有制度创新的文化发展与相对贫乏的文化沙漠建设结合起来。沙漠建设文化可以补偿物质缺失，假定在适度开垦绿洲的基础上将一片荒漠建成文化开放、文化产业制度创新最有特色的区域，这一缺陷将变为优势。在文化沙漠开展文化产业制度创新，建立文化特区，将方兴未艾的文化制度创新试点在沙漠城市展开，形成经验，再向全国推广。

2. 因地制宜建设特色城市

根据不同沙漠区域的特色，建设当地聚居者及国内外游客喜闻乐见的文化产业，将不同的沙漠城市打造成不可替代的文化创新城市。重点发展沙漠旅游城市，沙漠旅游是时尚热点之一，为了使沙漠旅游的飞速发展有依托，广泛建立适应沙漠旅游的城镇，开拓空间，挖掘潜力，将沙漠旅游的项目，如沙漠飙车、沙漠探险、沙漠寻根、沙漠远足等，建立在有布局的旅游网点之上。适度发展文物保护城市，如对于早已湮没于沙漠之中的楼兰古城，借鉴丰都等地的体验旅游，将楼兰古城建设成为寻绎楼兰文化痕迹、启迪人类活动及自然气候变迁对沙漠化推进影响的当代反思的环保旅游之城。

第八节　河票制度试析

河道治理要在借鉴地票和耕票制度的基础上，将激励机制引入河道治理。在借鉴耕票制度的基础上，改变目前的河流废弃土地被无序占用为耕地甚至占用为商业用地的现象，可以将激励机制所带来的资金补偿用于河道加固、维修工程的使用，也可以改变目前河道无序占用危及河流安全的现状。通过制度设计实现治理的规范化、长效化。

一、河道治理的问题

1. 中小河流干旱问题严重

北方河流干旱缺水很普遍，如黄河支流渭河，目前在关中很多河段，枯水严重。目前，渭河的水流较小，长期处于水量不丰的状态，关中地区为了防止渭河泛滥所修建的护河堤，与现有水流相距甚远。渭河的河道变窄，在关中很多区域类似小渠道，成为一条干旱的仅有较小径流存在的河流。

2. 河道开垦普遍

渭河大面积的闲置，成为渭河两岸民众开垦的对象。把握了水流量规律的当地民众，在耕地资源有限的背景下，将渭河河道开垦作为增加收入的门路之一。

渭河河道面积较大，绝大部分常年处于干旱状态。当地民众大面积种植庄稼，将相当面积的闲置河道作为耕地，水肥条件好，收益好。在城市化建设及新农村建设蓬勃发展的格局中，河道砂石成为物美价廉的建筑材料。大面积河道长期不干涸，砂石厂遍布渭河河道，开采砂石成为当地民众主要的致富途径之一。不规范地利用河道现象比较普遍，目前耕地开垦和河道开采砂石的现象，造成一些严重后果。在激励动力不足的背景下，河道管理部门因为制度的缺失和资金的有限，难以顾及全面治理的大局，导致制度创新的需求提升。

3. 经济占用河道现象普遍

流经城市的河流两岸，开发水利经济是普遍现象，在水利旅游、娱乐和商业开发比较普及的城市，占用河道为商业用地，开发临水河道的商业价值，开发河道土地资源的潜力，促进经济发展。

4. 无序占用河道问题

制度缺失使河流的行水安全难以保障。河流开发利用，有利于经济发展，但是河流本身对人民生命安全的威胁和潜在的隐患尚未得到重视，造成繁荣经济掩盖下的制度缺失。全面治理河道，还河流本色，需要制度建设。管理无序，在河流治理让位于经济发展的背景下，缺乏制度权衡的河流治理，成为零星的、没有动力激励的行为。几十年一遇的洪水一旦发生，受到制约的河道和不能满足大流量径流通行的河道，将成为经济发展不能承受之重。

二、河票制度创新与对策

探索有制度保障的河道治理制度创新思路，将经济发展潜力的发掘与河流的安全保障结合起来，完成河流治理与经济潜力发掘并重的制度平台建设，以激励机制完成两全其美的河道治理，势在必行。

1. 河票制度创新

（1）河票制度思路。分析河流变迁的规律和未来发展趋势，在科学分析的基础上，将河流的短期枯水与长期枯水区分开来，规划河道的占地面积，在征求各领域专家意见的基础上，做出未来河道占地面积的具体规划。再将规划面积与现有河道面积对比，求出其间的差距，就是未来可供整理的河道面积。将可供整理的河道面积纳入河票交易市场，获得资金主要用于河道的修治和维护。

（2）河流变迁的历史资料搜集与分析。目前处于枯水期的河流，在历史上随着气候的变迁和河源地区的降水量丰歉而有不同的发展轨迹，有的河流逐年减少水量，有的河流具有长时段的枯水与丰沛的变迁规律，史料对于预测未来水道的变迁，很有借鉴价值。

（3）预测未来水流量的变迁趋势。在借鉴历史资料的基础上，结合目前的气候条件与降雨量现状，加入对于未来气候和降雨量的分析资料，利用预测模型找到未来河流变迁的趋势与规律，为未来河道治理的范围变迁奠定基础。

（4）找到河流治理的余地。只有科学预测未来河流的径流量变迁幅度，才可以使干涸导致的大片河道面积闲置和砂石开采的现象得到改善。

2. 执行对策

（1）制定河道未来长期占用的范围幅度规划。规划建立在科学研究分析的基础上，必须能够应对未来所有可能发生的大径流量的通行安全。只有确保河流的安全行水，所有存在的河道治理潜力才值得开发，没有安全保证的河道治理不是战略上的高明之举。

（2）将规划结余面积纳入土地资源占补指标交易市场。在规划结余面积存在的干旱河流区域，可以通过商业化用地安排和不临城镇区域的农业土地资源开发两种制度将土地资源的潜力发掘出来。

一是不面临城镇的河道资源开发。耕地开垦可以获得的土地资源占补指标交易收益，在建立耕地开垦的土地资源占补指标交易市场的区域，将河道原有土地纳入开垦新增耕地之后，等于变相增加了该区域的耕地总面积，在占补平衡、总量控制、先增后减的制度设计下，允许将新开垦的河道规划结余面积开垦为优质的耕地，增加土地资源占补指标市场交易的储备土地面积，储备面积成为新增土地资源占补指标市场的交易对象，增加了该区域土地资源占补指标交易市场的土地供给，向该区域城市建设提供了更多储备资源，支持了当地的城市化建设，为其提供了更多土地资源。其中可以获得的土地资源占补指标交易资金，用于制度变迁后重新规划河道治理，修治堤防。为了与普通的土地资源占补指标交易市场区别，将主要用于河流修治所建立的土地资源占补指标交易市场称为河票交易市场，将其间所交易流通的土地指标称为河票。

耕地开垦本身的种植业收益或发包收益。在河道管理部门统一科学规划下，耕地本身的耕作，可以产生一定的种植业收益，也会获得一定的发包收益。将自发开垦转变为有计划有规范的耕作，实际上使管理部门获得统一的收益，将资金主要用于河道新的治理修缮，也为管理部门加强对河道管理提供激励。

二是面临城镇的河道资源开发。面临城镇的河道开发主要用于工商业用途，在目前的占道经营中，很多地理位置优越的河道被侵蚀占用，改变为商业工业用地，对此一味强制拆迁，效果不明显。为了将利益促动造成的违法占用改变为激励机制下的合法有需占用，需要河道管理部门在科学规划下，将河道规划为利用有余地的区域建设工商业经营点的面积，用于公开拍卖。竞拍的收益，主要用于河道治理与修缮，使商业利益巨大的区域治理有更多的资金保证。

第九节　三产融合下的微城镇化政票制度试析

一、政票概念内涵

1. 乡镇合并实践取得丰富成果

乡镇合并是机构改革的成就。行政改革在农村地区取得一定进展，特别是作为阶段性成果的乡镇机构改革和乡镇合并，产生了预期的效果，提高了效率，精简了办事人员，对促进农村各项事业的健康顺利发展起到了良好作用。

乡镇合并导致行政中心的合并组合。行政中心的合并和迁移，势必产生很多废弃的行政中心，一个县合并的乡镇数个，一个市达到数十个，一个省域达到数百个，全国存在成千上万个废弃镇级行政区域。

2. 乡镇合并后实现土地资源整合

（1）废弃行政区域的土地利用现状。废弃行政区域的土地，受到行政中心迁移的影响。行政中心作为聚集工商企事业单位的龙头作用不复存在，特别是在中西部地区，镇级区域的经济发展缺乏内生动力，很多建设用地主要依靠行政单位及其附属机构所产生的经济需求来拉动，行政中心缺失后的经济发展缺乏动力，造成持久的经济发展乏力，建设用地荒废，导致土地资源的大量浪费。城市建设用地的紧张趋势尚未缓解，难以将废弃镇级聚落的建设用地有效地转变为较有价值的城市建设用地指标。

（2）废弃行政区域的建设用地治理。将全国数千甚至上万个撤销乡镇级建制的乡村聚落的建设用地资源充分利用，是目前实践的重大课题。将废弃乡镇的建设用地资源合理利用，并筹集资金，是加大农村社会事业发展的主要资金来源。

二、政票制度思路

1. 乡镇合并节省土地资源的精细利用

（1）土地转变用途。借助土地资源占补平衡平台，将现有废弃乡镇的建设用地纳入土地资源占补指标交易市场，将筹集资金主要用于解决废弃乡镇行政中心迁移导致的经济增长乏力问题，加大区域社会事业投资，加大经济发展资金扶持，促进废弃乡镇经济发展的恢复和增长。

（2）政票难度在于复垦的不便利。与宅基地相比，乡镇上的建设用地与耕地具有一段距离，与紧连耕地的农村宅基地相比，乡镇所在地的建设用地，一般处于居民住户之中，与复垦所必需的连片要求尚有一段距离。如何解决这一问题，关系到政票制度实施的可操作性。

2. 宅基地复垦的微城镇化过渡环节解决复垦问题

将撤并乡镇的建设用地作为村组居民定居的建设用地，将处于村组的宅基地复垦为耕地，这一置换过程可以解决耕地与建设用地的区域间隔问题，为废弃乡镇的闲置建设用地进入土地资源占补指标交易市场打好基础。

1）微城镇化的含义

（1）微城镇化的内涵。普通意义上的城市化既有向县城及其以上聚居点定居的过程，也包括向乡镇聚居点定居的过程。城市化不仅是大中城市的城市化，也包括乡村居民乡镇定居的城镇化。将乡镇聚居点的城镇化命名为微城镇化进程，即广义城市化背景下乡村居民向乡镇所在地迁移定居的过程。这是不发达地区城镇化的起点和重要基础，是目前中西部地区广大农民进城的重要载体。微城镇化的起点较低，适应西部地区城市化发展的低起点和慢速度，是符合城市成长规律的一条路径。

（2）微城镇化的价值。没有乡村居民向以商业为特色的乡镇的聚集，就不会有农村居民从主要依赖第一产业到向第二第三产业过渡的开端，也不会有目前合乎规律的乡村居民的稳健的城市化进程。没有发育比较完善的微城镇化的基础和载体，就不会有超出微城镇化基础之上的县域定居的大规模趋势及城市的定居规模化。将村民的聚集意愿向微城镇化基础及其之上引导鼓励，是合乎实际水平和条件的路径选择。

（3）微城镇化的土地载体。乡镇的聚居面积低于村组的聚居面积，其间的土地置换和资源的高效利用，都可以借鉴地票制度的实现。

（4）微城镇化的助力。对于乡镇建设用地资源的开发，如何使其顺利进入土地资源占补指标交易市场，必须考虑其复垦问题。与村庄的宅基地相比，乡镇原所在地与耕地有相当距离，正好可以利用这一差距，实现乡村居民宅基地与乡镇所在地的建设用地置换。在微城镇化进程中，乡村宅基地复垦，村民进入镇上的废弃建设用地，开拓出的新垦耕地面积作为土地资源占补指标交易，解决了政票实施中的复垦问题，方便了村民微城镇化的进程。

2）微城镇化的环节

村组居民进入乡镇所在地。村组居民离开村组之后，产生宅基地废弃问题，村组居民在乡镇所在地定居，宅基地复垦成为趋势。乡镇所在地土地利用效率提高，减少居住面积，节约了建设用地。

结余建设用地进入土地资源占补指标交易市场。村组居民进入乡镇所在地之后，所需公共建设用地面积降低，释放出来一部分公共建设用地指标，集体建设用地复垦的过程中产生土地资源占补指标额度，进入交易市场，获得较大价值，实现对进入乡镇定居居民的补偿，以及对建设用地共有者的补偿。

耕地耕作的便利性。在乡镇所在地定居，不愿意放弃耕地的居民仍然可以保持对耕地的所有权，可以继续耕作。

村民进县城定居的分化。微城镇化基础之上的较高收入的居民，在县城买房，是对微城镇化的升级，为狭义上的城市化奠定基础。

3. 政票资金对废弃乡镇区域发展的资金扶持

政票交易资金主要用于解决撤并乡镇经济发展动力不足的问题，资助企业创业，资助社会事业发展，将有限资金充分发挥作用。

三、乡镇合并产生土地资源占补指标交易实践

1. 土地所有权的明晰

（1）地票试点地区首先开始实践。撤并乡镇后，很多地区经济下滑，在试点

地票的区域，鉴于土地资源占补指标交易可以产生较高的价值，在有土地资源占补指标交易制度试点区域，对撤并乡镇废弃建设用地的政票制度试点进行改革，有动力机制进行激励。

（2）权益明晰。实施政票制度后，鉴于其较高收益，很多主体对建设用地产生的土地资源占补指标收益产生纠纷。按照行政制度改革前的土地所属关系，属于国家的上缴国家建立基金，用于发展当地社会事业和经济；属于集体的，归集体所有。其他属性的分门别类，各得其所。

2. 政票交易的细分市场平台建设

有地票试点区域，地票试点地区的制度平台比较完备，需要在地票交易制度中建立细分市场，做好政票交易及资金使用。没有试点地票交易制度的地区，要明晰建设用地权属。制度平台一旦成熟，便进入实施阶段。

四、政票制度实施要点

1. 政票对微城镇化的促进

（1）政票与微城镇化互为因果。土地与耕地不连片，乡镇建设闲置土地的土地资源占补平衡建设需要微城镇化作为跳板来解决。微城镇化环节的存在，使得村组居民进入乡镇所在地定居有了更多建设用地资源，政票的实施为微城镇化奠定基础并提供动力。

（2）政票与微城镇化互动过程中的利益分配。闲置乡镇建设用地可以卖给进镇定居居民，获取一次性收益，这是目前普遍的做法。进镇居民将原有宅基地复垦后获得土地资源占补指标交易资金，土地资源占补指标交易资金远远高于进镇居住所支付的建设用地价格。

闲置乡镇建设用地主体获取利益模式。闲置乡镇建设用地可以转让给进镇定居居民，放弃可以获取的转让费用，获取进镇居民原有宅基地复垦后应得土地资源占补指标交易资金。

2. 做好资金收益的使用

建设用地土地资源占补指标交易资金，可以建立当地经济发展创业基金，建立社会发展基金，为行政中心迁移后相对缺乏动力的经济发展和社会事业发展注入活力。

第十节　教育土地资源占补平衡试析

一、教育土地资源占补平衡的特点

1. 供应地不同

与地票交易不同，教育土地资源占补指标交易的土地来源是各地撤点并校留下的大量土地。小学最多，遍布全国乡村；初中较多，遍布村镇；高中较少，遍布县镇。不同土地的所属者是不同的，撤点并校土地有三种权属者。除了乡镇中心小学，村办小学土地大多属于村组，土地复垦后的权益者和土地资源占补指标交易所得的权属人应为村组。散居在非县城所在地的初级中学，原有土地多属于乡镇。

2. 购买方不同

地票交易市场，购买土地资源占补指标的单位或者个人来源丰富，较少为了新建校舍而购买土地资源占补指标。新建学校的土地审批多从计划土地指标中解决，农民工子女学校的土地指标从计划建设土地指标中解决。相比用于商业开发，政府不能够优先解决学校建设用地指标，导致城市化背景下进城农民工子女就学校舍严重不足。对于促进城市新建农民工子女学校，降低建校土地资源占补指标支出成本具有一定意义。在有限解决新建学校土地指标竞拍后，有富余土地指标的，可向社会公开竞拍，获得较高收益。

3. 耕地质量不同

相对于目前地票市场的耕地复垦，校舍所在地复垦后的耕地土地多属于优质土地，确保新增和占用耕地质量相当，不因征地降低耕地整体质量。提升土地资源占补指标交易耕地质量，维护粮食安全。

4. 耕地数量不同

闲置校舍是最主要的土地资源来源。国家土地控制越来越严格，大面积的闲置土地已经很少，校舍闲置土地资源总量大。目前乡村小学撤并的占绝对多数，甚至每个乡镇撤并仅剩一所小学，土地存量巨大，来源有保证。

5. 耕地交易价格不同

限制购买方资格，优先保障新建学校土地指标交易完成后，再向社会购买者开放，新建学校购买土地资源占补指标的均衡价格不会太高。多余指标卖给社会上的开发单位，可以获得较高收益，用于教育基金的建立和教育事业发展。

6. 耕地交易所得用途不同

一般土地资源占补指标交易市场，学校土地资源占补指标交易所得数额巨大，管理好基金，根据三种权属设立基金，用于开发相应层级的教育。村组土地资源占补指标交易基金主要用于本村组学生进城后在城市学校就学的生活费补助和本村组学生进入集中就学的各级学校后交通较远、寄宿所增加开支条件下的生活补贴。乡镇土地资源占补指标交易基金主要用于本乡镇保留学校的基础设施建设和设备设施改善。县及国家土地资源占补指标交易基金主要用于本县保留学校的基础设施建设和设备设施改善及师资培训。

二、教育土地资源占补平衡设计的框架

1. 建立省级教育土地资源占补指标交易中心

做好制度建设。在成都重庆土地资源占补指标交易取得经验的基础上稳步推广，在各省建立土地资源占补指标市场的基础上由省级教育部门会同土地、财政部门探索建立教育土地资源占补指标交易市场。土地资源占补指标交易市场是新鲜事物，教育土地资源占补平衡是新鲜的理论探索，在地票实践经验丰富的成都重庆率先试点推广教育土地资源占补平衡，取得经验，再稳妥推广。

2. 按供地层级建立收益基金会

建立村组、乡镇、县及国家三级土地资源占补指标交易基金会，具体负责闲置校舍的地上部分的变现处理、土地复垦验收、进入土地资源占补指标市场交易所得和管理耕地的每年出租收益，确保基金运作规范，支出合理，长期保值。

规定购地方资格，教育部门优先，多余指标可卖给开发单位，获得较高收益。基金管理层次划分，三种基金会权属关系不同，利益各异，要处理好村组、乡镇、县以及国家基金会之间的关系，互利互助，共同探索，合理利用基金。规范基金使用用途，信息技术的发展日新月异，基金的主要资助方向向各级学校的信息化教育师资倾斜。目前学生大量减少，教师水平提升有时间保障，利用基金资助全体教师轮训一定年限，获得教育技术和专业能力的提升。资源转移下的资产保值能确保资源不流失，保障资产升值，确保土地资源占补指标收益，充分利用资源，把多余资源配置给随着劳动力流动的进城学生。

第六章 土地资源占补平衡与发展权

第一节 发展权归属研究

允许不同辖区之间地票自由交易是地票制度的内在特质的拓展。地票设计是不发达的乡村与相对发达的城镇之间交换建设用地的制度。发展权问题只是地票制度本身特质的反映，解决地票制度带来的发展权问题，要从新型城镇化战略入手，从统筹城乡发展的制度分析入手。

一、地票制度的本质是发展权交易

1. 地票是发展权的交易制度

（1）地票是城乡建设用地指标的交易制度（图6-1）。地票以耕地复垦为手段，以占补平衡和耕地红线为规则，以地票交易市场为交易平台，把地票交易资金作为城乡建设用地指标的价差。乡村建设用地指标减少，城镇建设用地指标增加，地票交易资金部分补偿了其中的损失。可以把地票交易资金看作城乡建设用地指标的交易价格，即乡村建设用地的闲置资本在城镇建设用地市场的交易价格。发展权的提出让我们重新思考交易双方是否考虑所有的要素，如果没有考虑所有要素，那么需要继续考虑哪些要素？

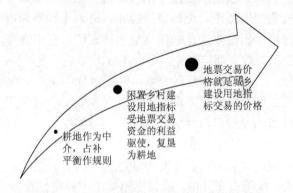

耕地作为中介，占补平衡作规则

闲置乡村建设用地指标受地票交易资金的利益驱使，复垦为耕地

地票交易价格就是城乡建设用地指标交易的价格

图6-1 地票是城乡建设用地指标的交易制度

（2）地票是乡村向城镇出售发展权的制度。发展权问题提出后，地票价格的

内涵有了新变化。乡村出售的建设用地指标，不足以补偿未来乡村发展到一定阶段后，在需要获取建设用地指标时所需要花费的指标成本，可能在未来乡村发展时，不存在充裕的建设用地指标供应。现在乡村便宜出售自己的建设用地指标，将来指标涨价，即使当时还有建设用地指标，将会支付比现有地票价格高得多的价格去购买指标，发展城镇化，极端的情况是等到乡村要发展城镇化的时候没有建设用地指标。地票价格太低，存在竭泽而渔的倾向。低价卖出不可再生的建设用地指标，制约乡村未来发展。地票价格遭遇的发展权问题是目前最关注的发展权问题在地票制度上的反映。

（3）地票是不发达区域向发达地区出售发展权的制度。如果逐步推广地票制度，将一个城市行政区划内的所有城乡建设用地纳入相互交易的范围，这是第一种情况。其中只存在本城市内部城乡之间的不公平问题，即城镇影响乡村未来的发展权，这是目前最关心的也是最常见的问题，是浅层次的问题。如果对地票制度进行局部突破，会出现新的发展权问题。将两个经济发展水平不同的城市行政区划以内的所有城乡建设用地纳入相互交易的范围，允许经济发展水平更高的城市的市区建设用地市场，从经济发展水平较低的城市的边远乡村购买建设用地指标，进行地票交易，减少经济发展水平较低的城市的地票额度，等量增加经济发展水平更高的城市的市区建设用地指标。取多补少可能影响经济发展水平较低城市的未来乡村建设用地指标供应，经济发达城市影响不发达城市的未来发展权是第二种情况。允许全国范围内的所有城乡之间地票资源自由交易，有可能出现全国范围内的经济发达省区影响不发达省区的未来发展权，这是第三种情况（图6-2）。

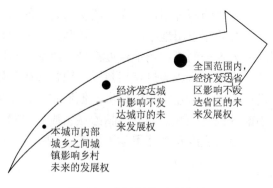

图 6-2 发展权的三种情况

2. 公平交易是发展权交易的核心要素

（1）目前公平。就目前的利益分配来看，地票制度是公平的。乡村闲置的建设用地利用效率很低，没有多少经济价值。如果借助耕地总量平衡的制度，将其转变为城镇建设用地指标，自然可以获取一笔收益。

（2）长远公平。考虑建设用地指标的不可再生的性质，逐步减少的建设用地指标，会随着乡村地区城镇化逐步开展越来越稀缺。未来乡村地区城镇化一个很大的制约因素就是稀缺的建设用地资源，乡村必须支付更高的成本获取稀少的建设用地指标。

3. 解决发展权问题的思路是减缓地票制度的实施

（1）短期利益与长期的损失。地票制度的实施带来未来发展权的损失。对乡村来说，存在短期利益与长期利益的问题。如果要追求短期利益，就有可能损失未来的发展权。在没有解决好发展权问题的情况下，地票制度推广地区越大，发展权问题越严重。地票推广速度越快，乡村短期利益越大，对未来长期利益影响越大。

（2）短期损失与长期利益。为了发展权，乡村居民最可能会采取的应对措施是降低地票交易量，减缓地票推行速度和普及范围。

二、地票的三种不同用途

1. 地票的三种用途

（1）地票的用途。地票留在乡村有助于实现发展权，可以按照地票交易前后两个维度对地票交易进行分析。

（2）进城人员带来地票的两种用途。在地票交易之后的用途中，如果宅基地复垦的地票未来成为主要的建设用地指标来源，甚至在未来建设用地指标审批制退出之后，地票制度成为唯一的建设用地额度来源。进城人员腾出宅基地，宅基地复垦作为地票额度，进城人员成为进城后建设用地指标的使用者和城镇建设用地指标的出产者。进城人员带来建设用地额度，他们本身在城镇的生活和发展只占用自己带来的一小部分比例，其余部分奉献给城镇原有户籍人口居住和建设用地。进城人员所带来的地票额度及其使用范围如图6-3所示。

2. 留在乡村的地票

（1）地票可否留在乡村。地票按照交易前后分为两大类。地票一旦进城，或多或少会出现发展权争议，这些本来需要复垦的乡村建设用地不复垦是否更好，本来想要复垦的乡村建设用地，最终因为发展权争议没有复垦可能存在，等于即将产生的地票没有产生，重新留在乡村。

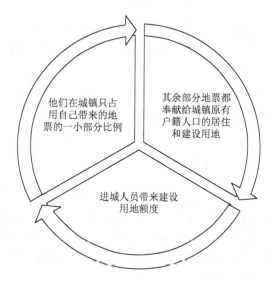

图 6-3　进城人员所带来的地票额度及其使用范围

（2）留在乡村的地票保护谁的利益。留在乡村的地票没有把本来应该加以利用的闲置建设用地加以利用，从发展权的角度看，对乡村区域经济发展的未来建设地指标供应是有好处的，有利于留在乡村的居民的利益。

（3）地票留在乡村的影响。地票如果留在乡村，可能影响进城者的利益。首先，复垦宅基地的收益归宅基地所有者，如果进城人员没有复垦宅基地，这笔收益自然无法得到。其次，进城者无论能否获得居住和发展用地，没有宅基地复垦，没有地票额度的产生，城镇化发展更为艰难，会对进城者更加不利。地票额度的三种可能的利用方式如图 6-4 所示。

3. 地票交易后的用途

（1）地票交易后用于进城人员的部分。进城人员的居住和发展的建设用地很少被考虑，特别是在此前四十年的经济发展中，城镇建设用地指标主要甚至完全用于城镇户籍人口的态势根深蒂固。

（2）地票交易后用于城镇原有户籍人口的部分。假定地票总量为 a_0，分为两个部分：一部分是为进城人口的居住和发展服务的土地指标 a_1，所占地票总量的比例为 m；另一部分是其余指标 a_2，所占地票总量的比例为 n，主要

图 6-4　地票额度的三种可能的利用方式

为地票落地的城镇户籍人口的居住和发展服务。比例 m、n 的关系是 $m+n=1$；用于进城人口的地票额度 a_1：$a_1=a_0\times m$；用于户籍人口的地票额度 a_2：$a_2=a_0\times n$；两种额度的关系为 $a_1+a_2=a_0$。

三、地票落地区域与复垦者进城区域的重合与差距

1. 地票进城后是否惠及宅基地复垦者

（1）集体搬迁往往被异地安置。为了获取一个村组的宅基地复垦所得地票，必须考虑搬迁安置居民的新的居住用地。从发展权角度看，被集体安置的居民往往距离原来的居住地点不远，要么是在原来居住地点附近集中安置，要么是进入最近的小镇集中居住。这两种安置方式，未来都存在发展权问题。地票进城后是否惠及宅基地复垦者如图 6-5 所示。

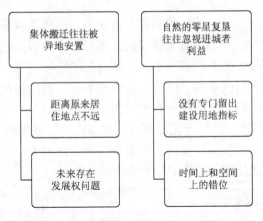

图 6-5　地票进城后是否惠及宅基地复垦者

（2）自然的零星复垦往往忽视进城者的利益。除了集体复垦宅基地，还有零星宅基地复垦的情况。一个村组一些人家逐渐离开当地，分别进入不同城镇定居，放弃的宅基地断断续续被复垦，产生地票额度，很少惠及进城者。没有专门为这些复垦宅基地的进城者留出专门的建设用地指标，他们的购房成本，与所进城市的其他居民的成本差异很少。在建设用地方面很少惠及进城者，是因为时间上的错综复杂。能够放弃宅基地的进城居民，往往已经在城镇购房，购房行为与宅基地复垦存在时间差。较晚的地票额度产出，无法弥补较早的进城购房损失。这种情况的出现，在实际操作中也有难度，与宅基地复垦者的进城区域与地票落地区域的是否重合有关。

2. 村民进城购房与地票产生的时间错位

（1）自然进城购房往往与地票落地时间错位。自然进城购房的村民，往往在宅基地复垦以前就购买住房，因此此后复垦的宅基地很难弥补他们进城购房的损失，特别是在进城者的权益很容易被忽视的背景下，这种追溯过往的行为更为少见。

（2）集体搬迁安置与地票落地的时间差影响预留地票额度的实施。即使集体搬迁安置会提前准备好新建住宅的建设用地，也会存在时间上的障碍。按照地票交易的规定，必须是复垦宅基地之后才会有地票额度，才会有地票额度中专门解决进城者的额度。建设新的安置住房在先，地票额度产生在后，往往也存在预留地票额度的障碍。

3. 集体搬迁安置区域与地票落地区域是否重合

（1）往往是集体搬迁安置区域不如地票落地区域发达。一般要集体搬迁，很少安置到大城市，最多安置到附近的小镇。也有就地集中居住，安置在乡村的。整村搬迁安置一般安置在距离原来村组不远的不发达地区，很少安置到大中城市里面的。地票是大中城市建设用地指标紧张背景下的产物，大中城市建设用地指标不足，为了弥补审批制的不足才试点地票制度。地票制度的试点区域往往是在大中城市，未来即使地票制度要进一步拓展试点区域，也首先会在大中城市试点。在更多大中城市普及后，才有望在小城镇推广。即使全国大中小城市全部普及，也是最先保证大中城市地票额度供应，其次考虑中小城镇的需求。在目前和未来的时间内，即地票普及到小城镇之前的较长时期，地票落地区域应该要比地票产生区域的村民搬迁定居的区域更加发达，即搬迁安置区域不如地票落地区域发达。

（2）搬迁安置区域需要获得发展权补偿。搬迁安置区域要发展到地票落地区域的经济发展水平需要多少建设用地是发展权的核心所在。目前，放弃宅基地的村民，从原来居住的村组搬迁到新的安置区域是一个区域发展水平的进步。从长远来看，已经搬迁到安置区域的村民未来要继续参与城镇化发展进程，把当地发展到地票落地区域的经济水平，需要大量建设用地指标。这就是发展权问题。发展权资金补偿必不可少。需要解决发展权补偿问题如图 6-6 所示。

（3）较少有集体搬迁安置区域与地票落地区域重合。集体搬迁安置区域与地票落地区域重合未必比较好，泯灭了发展权问题也未必好。在安置区域交易地票，此时地票交易价格是否能够实现？因为安置区域与复垦的村组距离不会太远，都是乡村，只是在小镇附近安置，新的安置点人口更为集中。

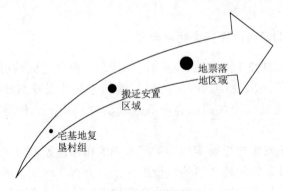

图 6-6　需要解决发展权补偿问题

根据地票的特点，这是乡村建设用地与城镇建设用地的交流。同是乡村地区，其建设用地指标的交易算不算地票，还是一个问题。此时很可能无法实现地票价格，但却并未取消发展权问题。即使集体搬迁安置区域与地票落地区域重合，无论是对拆迁村组，还是对进城村民，都存在发展权问题。当地村组的村民即使已经全部进城，但是当地未来要进入城镇化的较高阶段，需要建设用地，成本更高。当地村民进城后，只是享用部分或者完全没有享用自己带进城镇的地票额度，其余地票额度给了城镇原有户籍人口，发展权问题无法回避。

四、不同居民对地票发展速度的期望

1. 留在乡村的居民的考虑

留在乡村的居民，从自身利益考虑，希望最好保留地票额度。从长远来看，地票额度进城后，能够分配给进城人员的毕竟很少，甚至没有。为了地票落地的城镇户籍人口的居住和发展服务的部分很大，甚至占全部比例。既然进城人员从地票额度中不能获得好处，还有什么必要将地票额度落到实处呢？留在乡村的居民，减少的建设用地指标为 a_0，从自己未来的利益考虑，不支持地票交易。

对于未来不进城的人口，当地的建设用地指标是自己未来的城镇化立身之本，发展之源，因此，要关心发展权问题。不会为了短期利益损失本地区和自己未来的长期利益。选择短期损失和长期利益对他们是合算的。选择缓慢的地票交易速度，对他们是合算的。

2. 进城居民的考虑

保障进城人员在城镇的居住和发展需求。进城人员的利益，与留在乡村的居民有所不同。进城居民的利益是复杂的。要想进城就必须考虑城镇建设用地指标a_1。如果a_1=0，自己复垦宅基地的地票指标如果对自己毫无帮助，那么地票复垦的重要性大大下降。

进城居民有复垦宅基地进城的渴望。即使自己复垦宅基地的地票指标对自己进城毫无帮助，进城人员仅仅为了获取地票交易资金，也会复垦自己放弃的宅基地。假定每亩地票可以获取的交易资金为b_1，通过复垦面积a_0的宅基地，获取的地票收益b_0总量为：$b_0 = b_1 \times a_0$。这笔资金对进城人员很划算，即使进城后住房建设所需的土地额度没有解决，他们也愿意复垦宅基地。

五、地票留在乡村的利益博弈

1. 谁希望地票额度交易

（1）城镇建设用地市场的土地指标需求主体。建设用地指标的竞拍者最希望地票额度增加。即使给进城人员预留了土地指标，城镇建设用地市场还可以获取净增土地指标面积a_2。但如果没有专门为进城人员预留建设用地指标a_1，进城人员将不得不主要为原有户籍人口建设的住房市场，与户籍人口一起竞争，被迫购买价格较高的住房。进城人员为地票额度作出贡献，却不能享受自己创造的地票额度的一部分比例，地票额度的产生积极性受到影响。即使城镇建设用地市场需求强烈，主动产生复垦的强烈意愿的可能性极低。

（2）城镇政府。进城人员往往是随机进城的，很难将其安置在统一的地点。但只要制度有保障，按照一定比例m来预留进城人员的建设用地指标，对城镇政府是合算的。即使这样，他们也会获取面积为a_2的建设用地指标净增额度，政府的制度建设十分重要。在地票额度中，根据实际测算的比例m，提取一定额度a_1专门为进城人员使用，复垦的积极性将会提升。

2. 阻碍地票额度交易的因素

复垦宅基地的进城者的居住和发展用地保障。目前已经注意到土地城镇化与人口城镇化的巨大差距，正好可以利用这一契机，在地票额度中为进城者预留相应比例的额度a_1。新型城镇化战略为进城者预留额度a_1提供了大好机遇。

留在乡村的居民的利益考虑。无论是否解决进城者的建设用地额度a_1，留在乡村的居民都希望更多地票留在当地，而不是更快地进入城镇建设用地市场。

六、发展权补偿价格

1. 发展权补偿资金的计算公式

对留在乡村的居民的发展权进行补偿是关键。假定进城人员的用地指标被预留能够给乡村净减少的建设用地指标 a_3，按照每亩 c_1 的价格补偿发展权损失，那么发展权一共可以获取的资金补偿 c_0，为 $c_0 = c_1 \times a_3$。

2. 发展权补偿资金的补偿对象

这笔资金 c_0 留给谁呢？可能是进城人员，也可能是留在乡村的人员。可以留给的区域只有一个，即建设用地额度净减少的乡村。结合两个群体的居住地点考虑，还是留给留居乡村的居民比较合适。因为进城人员将会离开乡村，共享城镇的发展。而留在乡村的居民，未来需要发展城镇化的时候，在未来建设用地额度比现在更加匮乏的情况下，需要付出更多资金来获取建设用地资源。发展权资金留给他们及其所居住的乡村是合理的。

七、发展权问题亟待解决

1. 发展权转移可以挖掘内需潜力

（1）发展权转移最终实现城市化的良性发展。如果能在很多方面考虑进城者和留在乡村居民的利益，发展权的问题将得到妥善解决，发展权的公平公正合理转移可以解决目前城镇化的土地指标需求。

（2）发展权转移是内需扩大的根本出路。精致的发展权解决方案，可以保证进城人员的土地权益，补偿留乡居民的利益损失，统筹城乡经济发展，为城镇化发展和内需扩大奠定基础。

2. 发展权问题的核心是土地指标造成的新剪刀差

乡村的策略是尽可能少地输出地票额度，防止未来建设用地额度不足。如果没有对发展权的资金补偿，将会出现不发达区域支撑发达区域发展的剪刀差。为防止出现新的剪刀差，在转移人员的过程中，要进行资金补偿。

八、发展权是地区的发展权还是当地居民的发展权

1. 发展权是地区的发展权还是当地居民的发展权

发展权问题十分重要，可以分为地区的发展权与居民的发展权（图 6-7）。

地区的发展权。地区的发展权包括两个方面。乡村地区把自己的建设用地指标奉献给城镇以后，获取地票交易资金，导致留在乡村的建设用地指标减少。

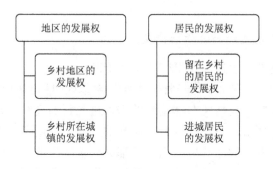

图 6-7 地区的发展权与居民的发展权

只要控制得当，乡村建设用地指标通过各种渠道，可以向两个方面输出：一是留足当地经济发展所需的建设用地指标，多余部分通过地票交易市场，奉献给城镇建设用地市场；二是留足当地建设用地指标，包括未来乡村居民通过宅基地复垦所必须聚居的小镇用地和村民所在县城的建设用地指标。如果这两部分建设用地指标留得适度，符合未来当地经济发展的需要，发展权问题不至于十分严峻（图 6-8）。

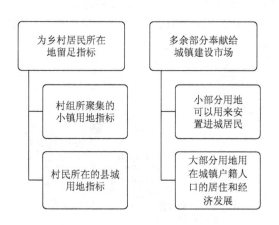

图 6-8 乡村向两个领域输出建设用地指标

县城和乡村的建设用地主要是解决当地城镇化发展需求的，随着更多的人口进城，用于安置当地居民的建设用地数量毕竟不多。区域发展权主要由留在当地的居民数量决定。留在当地的居民密度决定所需建设用地额度。

居民的发展权。居民的发展权与区域发展权并不一致。留在当地的居民，其发展权取决于留在当地的居民数量和密度。进城居民也有发展权问题，这些进城人口用自己所放弃的乡村建设用地指标，换来进城定居的权利。通常关注较多的是留在当地的居民和当地区域的发展权，很少关注进城人口的发展权。

2. 乡村建设用地指标的阶段性特点

（1）乡村对建设用地指标总量变化呈现阶段化的特点（图 6-9）。第一阶段，乡村建设用地面积增加阶段。这一阶段主要是宅基地面积的增加。一个时期以来，土地产权明晰的预期，让村民对宅基地的需求进入新的高潮。村民唯恐以后建设用地指标管制更加严格，不能获批新的宅基地，他们采用各种办法增加宅基地占地面积。如果实际占用的宅基地面积最后都成为事实上的乡村建设用地指标，并最终以各种方式被承认，则这一阶段的乡村建设用地指标实际上在逐步增加。这一阶段的实际发展与关于宅基地审批的相关规定相背离，但宅基地面积大幅增加。无论其间的处理如何进行，宅基地占用耕地成为事实，这与耕地总量还没有触及18 亿亩红线有关。一旦耕地总量跌至 18 亿亩，宅基地占用耕地的现象可望得到制止。如果实际占用的乡村建设用地成为事实，并实际上进入乡村建设用地指标，这标志着乡村建设用地指标的增加。虽然增加指标的方式存在悖论，但确实可以为未来城乡建设用地指标统筹提供更为丰富的资源。第二阶段，乡村建设用地指标稳定阶段。宅基地增幅得到控制之后，乡村建设用地指标增长的趋势基本停止。不计算城乡建设用地指标的交易额，乡村建设用地指标总量基本固定。第三阶段，未来耕地产权进一步明晰，会出现在自己耕地上建立宅基地的情况，并愈演愈烈。如果这成为趋势，则进入第一阶段新轮回。

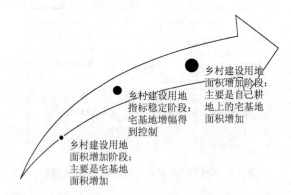

图 6-9　乡村对建设用地指标总量变化呈现阶段化的特点

（2）乡村对建设用地指标的需要呈现阶段化的特点（图 6-10）。乡村对建设用地指标的需要也有阶段性特点。第一阶段，进城人口增多，对乡村建设用地的实际需求下降。但表面需求在增长。表现为一边是宅基地面积的增加，一边是进城打工者数量稳定，对建设用地的实际需要下降。宅基地的利用效率很低。这一时期乡村对建设用地指标的利用效率下降很快。第二阶段，乡村对建设用地指标的实际需要继续下降，表面需要基本停止增长，表现为宅基地利用

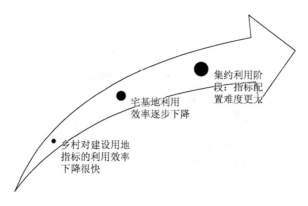

图 6-10　乡村对建设用地指标的需要呈现阶段化的特点

效率逐步下降。第三阶段是城镇化发展的新阶段。乡村人口进城的过程已经进入新阶段。通过乡村建设用地指标进城和人口进城的同步化,乡村建设用地指标已经通过地票等市场化配置手段全部配置完毕,城乡建设用地指标价格一致,城镇化普及到乡村。乡村开始对建设用地指标有较大需求。建设用地指标的城乡统筹进入新阶段。这一阶段城乡建设用地指标价格持平。因此不排除乡村从城镇获取建设用地指标的可能性。

（3）乡村建设用地指标向城镇出售利用的阶段化特点（图6-11）。第一阶段与快速发展的城镇比较,乡村以前有多余的建设用地指标可以通过地票制度出售。闲置建设用地资源可以通过复垦来实现土地利用效率的提升。乡村建设用地指标处于绝对剩余阶段,建设用地指标配置难度较小。这一阶段,城镇对乡村建设用地指标的需要增加,村民上楼这样的计划配置指标的方式在一些地区开始普及。地票这样的市场化城乡建设用地指标交易平台格外有吸引力。第一阶段,地票制度尚处于试点阶段,只是在成都重庆等城市小范围试点。乡村建设用地指标的交易平台很难普及。

第二阶段,将乡村闲置建设用地资源复垦。土地利用效率已经提升。需要复垦的主要集中在宅基地代表的正在利用的低效率建设用地上面。乡村建设用地指标已经进入相对剩余阶段。相对剩余,也只是利用效率很低,不是绝对闲置。建设用地指标配置的难度加大。

第三阶段是第二轮复垦。第一轮宅基地复垦结束后,随着新型城镇化战略的深入实施,未来满足城镇建设用地指标需求需要第二轮复垦。对目前宅基地复垦后,集中居住的居民点的建设用地进行更加集约的资源利用。进一步集中居住,复垦剩余面积作为耕地,节省出来一定额度的建设用地指标进入地票交易市场。乡村建设用地指标已经进入集约利用阶段。集约利用就是进一步提升乡村建设用地利用效率,通过统筹城乡建设用地利用效率,来挤出新的建设用地指标,指标配置难度更大。

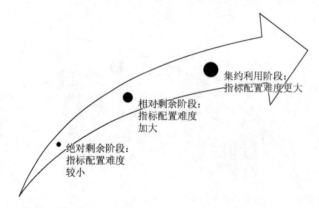

图 6-11　乡村建设用地指标向城镇出售利用的阶段化特点

九、乡村地区和当地居民的发展权

1. 乡村地区的发展权

（1）乡村地区城镇化的阶段及其对建设用地指标的需要。第一阶段，即目前及以后一个时期，新型城镇化战略主要是现有城镇的规模化。现有大中小城镇的规模增加是城镇化的主要着力点。表现为建设用地指标主要向已有的城镇集中。已有的城镇建用地指标配置的马太效应比较明显。

第二阶段是未来城镇化发展的新阶段。已有城镇继续发展，同时开启现有乡村的城镇化，这是城镇化发展的雁行效应的必然结果。按照城乡之间城镇化渐进发展的次序，已有城镇的发展，向现有的乡村渗透，城镇化从地理分布上逐步普及。更多区域开启城镇化建设，乡村城镇化成为这一阶段的亮点。

第三阶段是乡村城镇化快速发展时期。城镇化的成熟阶段，城镇人口不再明显增加。第一阶段原有乡村的城镇化一枝独秀，成为城镇化发展的主要突破口。无论是常住人口还是短期停留人口稳步增加。城镇化发展的建设用地指标需求稳步增加，从原有城镇获取建设用地指标成为解决问题的思路之一。

城镇化战略中区域均衡发展的阶段性如图 6-12 所示。

（2）乡村地区的发展权涉及区域均衡发展和城乡统筹战略。建设用地指标分配与经济发展战略相关。区域发展战略决定建设用地指标的配置。目前的区域发展战略，主要是帮助现有城镇的规模发展。将乡村建设用地指标向现有城镇集中，帮助原有城镇做大做强。统筹城乡建设用地指标应该是双向的。既有乡村建设用地指标的城镇化，也有满足未来乡村建设用地指标的制度设计，实现双向的建设用地指标配置。

目前主要促进乡村建设用地指标城镇化，以后要在新的发展阶段兼顾城乡建设用地指标的满足，最后要着力满足乡村建设用地指标需求。统筹城乡建设用地指标的阶段性如图 6-13 所示。

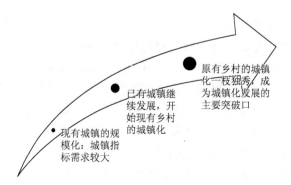

图 6-12　城镇化战略中区域均衡发展的阶段性

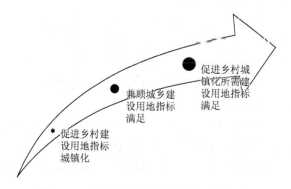

图 6-13　统筹城乡建设用地指标的阶段性

2. 进城人员的权益保障和乡村居民的发展问题

（1）统筹人口与土地的阶段性（图 6-14）。新型城镇化战略已经注意到进城人口与土地资源的统筹，提出土地指标与进城人口挂钩的思路，进城人口的建设用地指标保障会获得重视。

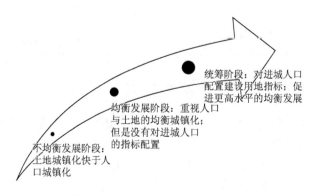

图 6-14　统筹人口与土地的阶段性

　　人口与土地的统筹，也有几个发展阶段。第一阶段，土地城镇化快于人口城镇化的不均衡发展阶段。进城人口与建设用地指标毫无关系。城镇政府要用实际措施来关注进城人员的建设用地指标配置，要有人口城镇化的制度安排。第二阶段，土地城镇化与人口城镇化的均衡发展阶段，这一阶段即将到来。目前的挂钩提法已经初见端倪。但与第三阶段相比仍然只是宏观均衡，没有微观措施关注进城人口的建设用地指标问题。城镇政府只改变了单纯重视建设用地指标的思维模式，并未对为建设用地指标作出贡献的进城人口做出实际努力，帮助他们安居乐业，特别是解决他们进城后的居住和发展用地指标。只有到了第三阶段，为进城人口的居住和发展配置建设用地指标，以回报他们复垦宅基地，为城镇建设用地指标作出的贡献，城镇化才能健康发展。

　　第三阶段即统筹阶段，通过微观的政策设计，为复垦宅基地的进城人口提供城镇建设用地指标，建设安置性住宅，帮助他们安居乐业。

　　（2）统筹人口与土地的三维视角（图 6-15）。第一个视角是土地指标城镇化。第一阶段是单维度的，只有一个视角。这也是城镇化发展的基础和必然阶段，体现了对现有城镇的重点支持。

　　第二个视角是人口城镇化。以人为本，城镇化首先是人的城镇化。最先可以考虑土地城镇化，奠定人的城镇化的物质基础，但归根结底，还是人的城镇化。第二阶段就是土地指标城镇化与人口城镇化两个视角的双维度阶段。

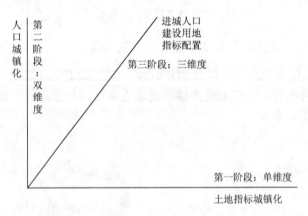

图 6-15　统筹人口与土地的三维视角

　　仅有人口城镇化的视角远远不够，人口城镇化的核心应该是普通大众的城镇化，而不是少数人的城镇化。着力解决普通大众进城的建设用地指标问题，才是统筹城乡建设用地指标的根本所在。没有为进城人口做出建设用地指标安排，就谈不上统筹人口与建设用地指标的问题。只有这样的三维视角，人口与建设用地指标的统筹才能实现。也只有这样三维的城镇化视角，才能真正地帮助人口与土地指标同步城镇化。

（3）人口城镇化的核心应该是普通大众的城镇化。人口城镇化的人口分布模式（图 6-16）有两种：一种是重点人口的城镇化模式，主要是不同区域的富裕阶层的城镇化。例如，一些不发达地区，群众一般比较贫困，进城定居的资源匮乏。但是因为开发了丰富的资源，产生了富裕阶层，富裕阶层资金雄厚，进城购房。无论是进入附近城镇，还是进入大城市，都有定居资本，他们的城镇化不依赖制度设计。第二种是基本人口的城镇化模式。假定未来新型城镇化战略实现以后，全国新增城镇人口数量为 A，目前乡村人口数量为 B，全国新增城镇人口数量 A 占乡村总人口数量 B 的比例为 C，即 $C=A/B$。现有乡村人口的比例为 C 的人口，属于基本人口。基本人口数量很大，其城镇化需要的建设用地指标需要制度设计来配置。

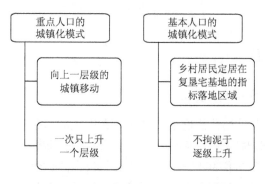

图 6-16 人口城镇化的两种人口分布模式

（4）普通大众城镇化的两种模式（图 6-17）。一种模式是渐进式发展模式，即乡村居民首先进入小镇定居，小镇居民进入县城定居，县城居民在市里购房定居，市里居民进省城购房定居；另一种模式是一步到位模式。乡村居民复垦宅基地的指标落地区域成为他们进城定居所在地。例如，复垦宅基地的地票指标落户在市里，乡村居民在市里定居。

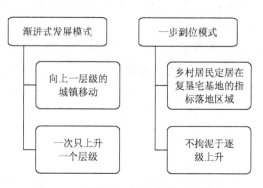

图 6-17 普通大众城镇化的两种模式

3. 乡村地区和当地居民的发展权的融合

留居村民建设用地发展权问题需要关注。通过三维视角，进城人口权益保障逐步地受到重视。乡村的建设用地指标将会通过未来几十年的城镇化过程，集中到现有城镇地区。考虑即使城镇化比例高达 90%，仍然将会有数以亿计的人口居住在乡村。数以亿计的乡村人口的未来发展，需要大量建设用地指标，他们的建设用地指标也需要解决。

第二节　权票制度补偿乡村未来城镇化需要的建设用地指标

一、权票制度内涵

1. 发展权的本质是贱卖贵买

（1）发展权的本质是补偿价格。乡村建设用地的出售基于两个条件：一是用途上的暂时闲置。暂时闲置不等于永远闲置，特别是随着新型城镇化战略的实施，乡村城镇化将会需要更多的建设用地。二是价值上的暂时零收益。正是因为暂时没有收益，因此出售给地票市场才是划算的。暂时没有收益就低价出售，以后需要建设用地指标的时候，可能要付出更高的成本。贱卖贵买损害了乡村的利益。如果在地票交易时，适当地补偿价格，就可以弥补这一问题。这是发展权的根源之一。

（2）基本不存在买不到建设用地指标的问题。发展权还有一个问题，未来等到乡村要发展经济需要建设用地时，没有建设用地指标或没有建设用地，这样的考虑是多余的。建设用地指标是人为创造的额度。只要愿意，总是有办法解决建设用地指标问题。而且乡村建设用地额度的减少是渐进的。只要城镇化没有结束，乡村建设用地的利用效率低于城市建设用地的利用效率，总可以腾出建设用地指标。这时问题不是有没有建设用地指标，而是是否买得起建设用地指标。对乡村来说，昂贵的建设用地指标需要支付很高的成本。完全实现城镇化的时候已经不需要建设用地指标了，发展权问题无从谈起。发展权问题不是有没有建设用地指标的问题，而是贱卖贵买的问题（图 6-18）。

2. 发展权问题的解决依赖权票制度创新

（1）创新的动机。为了解决困扰地票制度发展的发展权问题，必须要有制度创新。地票制度的应用范围受到限制，主要是发展权问题，当然也有制度本身的推进需要逐步渗透等因素的存在。如果因为发展权问题难以解决，而需要进行制度创新，可以借鉴地票制度，将解决发展权问题的制度命名为权票制度。所谓权票制度，就是专门为解决地票制度与发展权问题的张力而产生的制度创新体系。就是把发展权量化为货币，附加在地票交易中，承载于权证上。该权证就是这里所谓的权票，权票与地票一起交易。

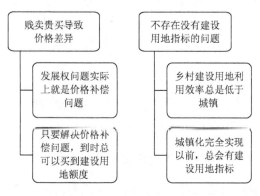

图 6-18   发展权问题的本质是贱卖贵买的问题

（2）创新的思路。在权票制度中，充分考虑地票来源地区的经济发展水平，将落后地区的地票附加不等的权票额度，以权票的资金提前补偿地票来源区域未来经济发展所可能支付的较高的土地成本。这种把发展权票据化的思想，实际上是地票制度思路的推广和泛化，是一种以地票创新为基础的制度建设。

二、权票是对地票制度的补充设计

1. 地票本身就是出售发展权的制度设计

（1）乡村建设用地指标的出售是地票制度的基础。占补平衡只是地票制度运行的框架。依托这个框架，为的是把乡村建设用地指标转变为城市建设用地指标。地票制度的本质就是乡村建设用地指标出售。

（2）复垦耕地只是乡村建设用地售出的载体。复垦耕地在地票交易中只是承担一个中介的作用，不是通过耕地红线和占补平衡的制度设计。乡村建设用地无法进入城市，转变为城市建设用地指标，城乡之间的建设用地统筹和交易就无法实现。

（3）城市廉价购买的乡村建设用地指标损害了乡村的发展权。发展权归根结底就是贱卖贵买所需要支付的巨额差价。城市地区首先进入较高程度的发展水平，在建设用地指标还不是很紧张的情况下，低价购买了建设用地指标。乡村出售的价格也很便宜。到时乡村要发展，需要建设用地指标，多支付的成本，可以预先征收，避免造成不均衡。

2. 权票是避免低价出售发展权的制度设计

（1）发展权的本质可以量化为贱卖贵买。发展权问题看起来是一个涉及很多领域的综合性的复杂的社会问题，从根本上来看，是一个经济问题。经济问题需要用经济手段来解决。经济问题解决的思路，就是弥补损失，特别是量化损失，预先征收发展权补偿需要的资金。只要这个问题解决好了，发展权问题基本就会得到补偿，步入正常发展轨道。

（2）需要理性科学核算预收的发展权补偿价格。找到了解决发展权问题的思路，下面的问题就是科学核算问题。核算发展权补偿的资金需要，是一件十分复杂的工作。要建立科学核算体系，认真核算。

3. 只有预收发展权价格才会促进地票交易的范围拓展

（1）处理好发展权问题就可以推广地票的统筹范围。地票推广统筹范围的障碍之一就是会产生更严重的发展权损害，这个问题解决了，地票不仅可以在一个地区内部所有城乡之间自由交易，而且可以打破行政区划的限制，在不同地区之间自由交易。

（2）发展权补偿促进建设用地指标利用。发展权问题使得出售地票的乡村面临未来没有地票额度和付出更高指标成本的压力，在目前指标相对比较充足的情况下，利用好现有指标十分必要。通过提高现有地票价格的方式，可以减少对现有建设用地指标的低效利用，提高利用效率，更好地用好建设用地指标。

三、权票制度设计

1. 权票的组成

权票所代表的是发展权的量化指标。发展权的本质之一就是落后地区提前将自己建设不需要的土地指标让渡给发达区域，获取一定的额度交易资金不足以补偿未来经济发展阶段需要用地时，较高的土地成本差价所带来的问题。不发达区域，目前经济发展阶段比较落后。还不至于用到所有的城乡闲置建设用地。于是，在经济发达区域建设用地紧张的压力下向发达区域出售闲置建设用地额度，而在不发达区域未来的发展中所需建设用地额度逐步增加。但是本区域和更大区域内所剩余建设用地额度越来越少，最终建设用地额度价格攀升。不发达区域未来建设用地征占必须付出更高成本。如果当初出售给发达区域的建设用地指标比较便宜，而未来需要额外支付的建设用地指标成本更贵，多支付的部分高于出售所得，则很不划算。这些不发达区域未来发展的土地权益受到挤压。假定不发达区域目前出售单位建设用地指标的价格是 h，不发达区域未来进入较发达状态时，需要购买建设用地指标所需要花费的单位成本是 i。两者之间存在差距 j。土地资源有限，建设用地指标越来越少，价格越来越高。只要经济发展没有出现巨大的波折或者衰退，地价在涨，建设用地指标价值越来越高，j 取值大于 0。归根结底，不得不考虑不发达区域付出的高昂成本和代价，以及建设用地指标匮乏带来的经济损失。这要求不发达地区走一条集约利用建设用地之路，也是一条资源约束的高附加值之路。发展权的实质如图 6-19 所示。

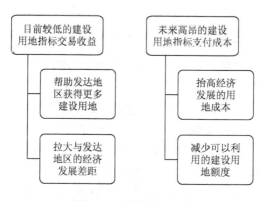

图 6-19　发展权的实质

　　权票是对未来发展权的预支。从经济角度看，发展权的表现之一是经济上的吃亏行为和建设用地资源紧张的后果。制定比较切实可行的制度平台，给不发达区域建设用地额度上市交易的机会，既可以提供更多地票额度，也可以让更多资金流入不发达区域，帮助不发达区域快速摆脱不发达状态。

　　权票的支付需要依赖地票。地票交易中出现的发展权受损害问题要在地票交易中解决，否则地票本身的健康发展就很难得到保证。设计与地票交易紧密捆绑的制度平台很有必要。

　　地票交易时附带交易权票。权票交易作为有差别的资金支付票证必须要在地票交易中与地票捆绑交易，否则难以实现地票交易的公平，也难以实现权票的顺利交易，也就难以保障地票交易不损害不发达地区的发展权。

　　2. 扩展地票交易区域的成本就是权票的成本

　　（1）地票交易区域可以逐渐扩展。目前地票交易局限在一定范围内。这样做和占补平衡制度的区域限制一样，既是制度执行中由小到大逐步推进的逻辑必然，有发展权问题的深刻考虑，也有区域经济布局等更深层次的考虑。就发展权来看，如果制度设计不完善，很难在短期内放开对地票交易区域的限制。地票交易如果没有解决发展权问题，不会轻易突破区域限制。如果将发展权问题中的经济因素设计成权票，拿权票的附加交易资金来补偿不发达区域的经济损失，可为地票交易的区域扩展打下一定的基础。只要沿着这一思路，继续探索，发展权问题很快就可以找到解决思路，打破地票制度与发展权问题的对峙局面。

（2）权票就是发展权问题的经济成本。权票是发展权问题在地票制度中的经济表现形式。权票就是用券证的方式标定发展权的金额，在交易中提前预支发展权的损失。

3. 借助权票来扩展地票交易区域的模型

（1）模型的简单说明。为了更好地说明地票制度交易的统一市场的区域扩展，我们将地票的推进形象地表示为一个从中心区域到边缘区域的模型。该模型共有三个层次，分别是最核心区域、次核心区域和边缘区域。根据经济发展水平，假定最核心区域就是最发达区域，次核心区域就是次发达区域，边缘区域就是不发达区域。假定地票制度最初在一个小范围内进行试点，然后逐步外推。假定地票制度最初是从核心区域开始试点的，然后逐步向次发达区域和不发达区域推进。推进的过程，是在权票的帮助下，以权票价格支付发展权受到的损害。

（2）假定每一个区域内部都是匀质的。即在最发达区域内部，所有区域都具有类似的发展水平，在次发达区域内部和不发达区域内部都是这样。匀质性的假定是不能成立的。但只要存在不匀质性，就会有发展权问题。要保证匀质性，实际上是很难的，因为区域内部存在不均衡。区域范围稍微大一点，就有经济发展水平的差异，就有可能因为地票交易产生发展权问题。为了解决这个矛盾，理论上我们可以将模型中的每一个发展类型和水平的区域划分得无限小。这就从理论上保证了每一个区域内部的匀质性。在模型中，核心区域是某地区的最发达区域，表示地票最先交易的地区。地票在最发达区域内自由交易，最发达区域内可以自由地占补平衡。只能在范围有限的最发达区域内实现占补平衡的地票自由交易，尚不能实现最核心区域与外边两层次区域的地票自由交易和占补平衡。采取权票补贴的方式，地票可以在最发达区域与次发达区域之间自由交易。占补平衡的实施区域进一步扩大。次发达区域与最发达区域之间，存在经济发展水平的差异。因此次发达区域的地票交易到最发达区域，普遍会产生发展权问题。次发达区域往往能够提供地票额度，购买者往往是经济较为发达、建设用地额度紧缺的最发达区域。

次发达区域以牺牲未来的建设土地额度的方式换取地票收入。期间的损失关系到次发达区域的发展权损害。

解决途径是凡在最发达区域内部进行的地票交易，因为内部匀质性的特点，可以不考虑权票和发展权。凡是在最发达区域与不发达区域之间进行的地票交易，必须考虑发展权问题，进行权票补贴。

补贴办法是：次发达区域向最发达区域贡献的每一单位的地票，除了获取地票交易价格，还要额外获取权票收益。权票收益就是对发展权损失的补偿。

假定次发达区域目前出售给最发达区域的单位地票的价格是 h_{12}，次发达区域未来进入发达状态时需要购买建设用地指标的单位成本是 i_{12}。两者之间存在的差距是 j_{12}，就是最发达区域与次发达区域在地票交易中的权票价格。可以在次发达区域与不发达区域之间进行地票交易，同样会因为两地之间存在的经济发展水平的差异，出现地票交易的发展权问题。以此类推，计算两地之间进行地票交易需要支付的权票额度。假定次发达区域目前出售给最发达区域的单位地票的价格是 h_{12}，次发达区域未来进入发达状态时，需要购买建设用地指标的单位成本是 i_{12}。两者之间存在的差距是 j_{12}，就是最发达区域与次发达区域在地票交易中的权票价格，其中 $j_{12}=i_{12}-h_{12}$。地票制度在三个区域中逐层普及如图 6-20 所示。

西安市如果要实行地票制度试点，先在市区进行。市区范围内允许建设用地指标的流转，市区边远地区的闲置建设用地开垦为耕地，可以为西安市区核心地带增加建设用地额度。地票试点的区域范围有限，这在目前的地票制度试点中是允许的。现在要在引入权票制度的框架下，把只能在西安市区范围内进行的地票制度试点进行区域突围。想要在西安市所有县区范围内进行地票制度试点，把只能在市区范围内小范围

图 6-20　地票制度在三个
区域中逐层普及

进行的地票试点推广到郊县。郊县相对于市区发展速度较慢，经济处于不发达状态。如果整合县市区和郊县的建设用地资源，就出现明显的发展权问题。郊县目前确实有很多闲置建设用地，可以开发成耕地。增加的耕地可以在市区的边缘占用等量耕地，转变为建设用地额度，加快市区的建设步伐。来自郊县的建设用地额度奉献给了市区的发展，郊县农民复垦耕地获取一定数量的地票交易资金，单位收益为 h。等到西安郊县数十年后发展到目前市区的经济阶段时，需要建设用地指标，可以留存的建设用地指标缺乏，获取成本要比现在高出很多。西安郊县在发展时，面临的不仅有经济成本提高的问题，还有建设用地存量减少带来的供不应求的问题，以及由此造成的建设成本增高的问题。这样需要购买建设用地指标所需要花费的单位成本是 i。两者之间存在的差距是 j，就是权票的价格，$j=i-h$。

权票价格就是补偿不发达地区未来需要多付出的成本的数额，权票是提前预支未来多支付的土地成本的一种制度。不以未来的发展做代价，支援西安市区的建设。在地票制度从西安市区向西安郊县推进以后，郊县出售的地票额度不仅需要支付地票价格 h，还要支付权票价格 j，这样西安郊县未来发展中需要支付的建设用地额度成本 i 就可以获得补偿。只要制度设计足够合理，权票还可以部分解决地票制度在向全陕西省推广时的发展权问题，这时的地票市场就是省内通行的制度设计。地票交易所需的权票补贴如图 6-21 所示。

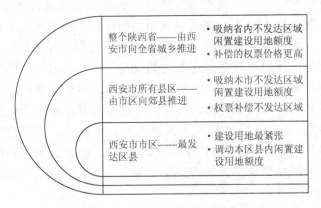

图 6-21　地票交易所需的权票补贴

进一步推广后，西安之外的乡村建设用地，进入交易市场后，被西安市的建设单位购买用地额度，支付地票价格。

四、权票与地票并行十分必要

1. 出发点与战略价值

解决发展权问题是出发点。如果发展权问题不能解决，会影响地票的存废。权票制度设计基本能够很好地解决严重影响地票健康发展的发展权问题，有利于地票制度本身的存在与发展。权票的制度设计具有战略价值，解决了利用效率问题。有了权票制度，地票的价格自然提升。提升的效果有好有坏，提升地票成本对推行地票制度不利。一旦审批制完全让位给地票制度，权票制度提升地票交易价格，可以提升现有地票额度的利用水平。

2. 权票解决土地指标利用的空间差异

推广地票在一个行政区域内统筹的范围。有了权票制度，地票在一个行政区域内的推广，就很容易解决。目前地票制度在一个行政区域内不敢全部统筹的问题得到了解决，城区建设用地指标不仅可以跟近郊的乡村建设用地指标交易，还可以与本行政区域内远郊的乡村建设用地指标交易。

在不同区域之间开放地票交易。有了权票制度，地票还可以在几个行政区域之间推广。一个城市的城区建设用地不仅可以跟自己行政区域内远郊的乡村建设用地指标交易，还可以跨区域跟本省另一个城市的远郊的乡村建设用地指标交易，扩大了交易范围，实现跨区域地票交易。

在全国范围内地票统一市场的建立。不仅一个城市的城区建设用地可以跟本省内另一个城市的远郊的乡村建设用地指标交易，而且还可以进一步跨越省区，跟外省的另一个城市的远郊的乡村建设用地指标交易，全国统一的地票交易市场建立的障碍被完全打破。

3. 权票解决土地指标利用的时间差异

现有额度与未来额度具有同等价值。打破空间制约是权票对地票的一个重大贡献，也是目前实践中亟待解决的最大问题。时间上的统筹取得了重大突破。首先是实现现有地票额度与未来地票额度的同等价值。权票给现有的地票增加价格浮动部分，使其逼近未来的地票价格。就不会出现未来购买地票支付太多差价的问题，从根本上解决贱卖贵买造成的发展权问题。

现有额度与未来额度同等利用效率。价格一致自然会促进现有地票额度利用效率提升，未来地票额度的匮乏必然造成额度利用效率极高。现在采用征收发展权补偿资金的方式，抬高现有额度价格，也就间接抬高现有地票额度的利用效率。

权票与地票紧密结合的战略意义如图 6-22 所示。

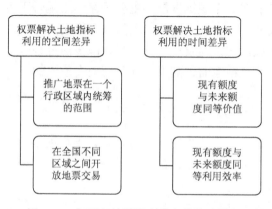

图 6-22　权票与地票紧密结合的战略意义

第三节　人的城镇化速度随着城乡建设用地资源统筹利用而加快

四十年来土地城镇化取得极大进展，人的城镇化速度跟不上土地城镇化的速度。解决这一问题需要制度设计。占补平衡的严格执行，将促进人的城镇化与土地城镇化的同步进行。

一、城镇建设用地的发展阶段

1. 城镇建设用地的缓慢发展阶段

1978 年以前城镇化发展速度较低，城市建设用地和乡村建设用地增长速度不快，耕地占用不多，土地需求不大，耕地占用提升速度不明显。建设用地问题没有上升到国家战略，目前的严峻局面还未形成，土地资源利用的效率没得到重视，土地问题没有凸显。耕地占用没有成为重大社会问题，征地冲突没有引发严重的社会矛盾，粮食安全的威胁不是主要来自耕地减少。

2. 城镇化建设用地的快速粗放发展阶段

过去四十年城镇化发展速度很快，是城镇化建设用地的快速粗放发展阶段。城镇建设用地面积增加速度很快，占用耕地比较突出。乡村建设用地面积增加较快，占用耕地较多，利用效率很低。

要地不要人是前四十年城镇发展的主要思路，土地转手虽然可以获取巨额利益，但是要解决进城人员的公共服务，人的城市化速度慢。

最近四十年来城镇化快速发展，导致耕地减少速度很快。审批的建设用地很多是在耕地上建设的，耕地面积减少速度是历史上最快的。

3. 城镇化建设用地的快速置换发展阶段

城乡建设用地置换为主要思路。该阶段开始于耕地占补平衡制度出现以来，乡村建设用地利用效率很低，把这部分闲置建设用地腾出来，给城镇建设用地腾出指标，潜力很大。

增加城镇化建设用地是主要目标。城镇化的主要思路还是多占地，快速扩大城镇建设面积和占地面积，走的是粗放发展之路。

减少乡村建设用地是主要基础。没有大量的乡村闲置建设用地做基础，占补平衡制度无法实行。

占补平衡制度是主要特色。执行比较严格的占补平衡制度，产生很多制度创新试点，其中地票制度试点为主要创新之一。虽然制度尚待完善，但相关研究已经比较成熟，会给其他土地制度探索提供创意和借鉴。

审批制仍然比较主流。这一阶段进入建设用地领域的土地指标，很多是以审批制出现的，地票制度等所提供的只是很少一部分。地票制度仅仅在局部地区试点，没有获得广泛认同，能否推广尚不明确，制度的前景十分模糊。

4. 城镇化建设用地的内涵精细发展阶段

城镇建设用地增长速度减缓。内涵精细发展阶段已经不在建设用地面积上面做文章了，那时建设用地面积增加的潜力基本结束，尚留存的乡村建设用地利用效率已经相当高。虽然没有城镇建设用地利用效率高，但因为各种原因，乡村建设用地面积可以利用为城镇建设用地的已经不多。城镇建设用地发展的阶段如图 6-23 所示。

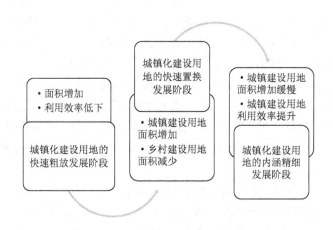

图 6-23　城镇建设用地发展的阶段

充分利用现有城镇建设用地资源。此时不能依靠耕地占用来解决城镇建设用地来源。通过置换乡村建设用地的潜力不大，成本很高，只能在现有城镇建设用地上面下工夫。把利用效率很低的建设用地重新规划，高效率利用，提高整个城镇建设用地的利用效率。

现有城乡建设用地利用效率的新一轮提升。城镇建设用地利用效率的提升，使得乡村建设用地的利用效率显得较低。继续提高城镇建设用地利用效率的结果，是置换乡村建设用地的成本相对下降，占补平衡又显得比较划算，新一轮的占补平衡又开始了。随着乡村建设用地的置换，尚留存的乡村建设用地利用效率同步提升。

占地面积不再是主要因素。一定的占地面积上将可以建造使用面积更大的建筑，这是利用效率提升的主要途径。高层更高，设计更紧凑，对空间的浪费更少，土地利用率更高。

利用效率较低的城镇建设用地被重新开发，速度加快。拆迁旧的利用率不高的建筑，开始新建利用率更高的建筑，将成为永恒的主题。目前部分地区规定，建筑使用年限必须满 50 年。过去 40 年建筑平均寿命只有 20 年。土地利用效率很高的地区与低效率利用土地地区存在差距。一轮一轮的高效率利用，掀起一轮一轮的重新开发高潮。

二、城镇化建设用地的快速置换发展阶段

1. 以城乡建设用地资源整合为特点

置换的发展阶段划分。城镇建设用地在降低耕地面积。耕地面积降到耕地红线后，从耕地下手获取新增城镇建设用地余地不大。主要是从乡村建设用地置换下手，将处于闲置状态的乡村建设用地指标转换为城镇建设用地指标。闲置乡村建设用地是一部分，在乡村闲置建设用地的潜力发掘完后，非闲置乡村建设用地资源可以继续发掘，分为浅度发掘和深度发掘。第一阶段是对乡村闲置建设用地的开发利用和指标置换，就目前来看有较大的利用余地。第二阶段是对乡村在用建设用地的浅度开发利用和指标置换，就目前来看有较大的利用余地。第三阶段是对乡村占用建设用地的深度开发利用和指标置换，就目前来看有很大的利用余地。

置换的路径。乡村建设用地面积要比城镇建设用地面积大，闲置的乡村建设用地面积利用是第一阶段。就目前看，闲置面积利用有较大空间。目前很多地方的乡村建设用地利用，走的是闲置面积与浅度开发占用乡村建设用地相结合的路子。主要是因为乡村闲置建设用地多半零星分布在占用乡村建设用地中，不能截然将两者分开。占用乡村建设用地资源的浅度开发结束之后，乡村建设用地资源开发还有文章可做。浅度开发乡村在用建设用地，只是将居民安置在一起。新建民居的结构布局，土地利用效率，都只是比以前有所进步。跟城镇的建设用地资源利用相比，还有很长的距离。继续开发乡村占用建设用地，提高开发强度。这就是深度乡村占用建设用地的开发阶段。深度开发乡村占用建设用地，大大提升了存留乡村建设用地的开发深度。未来保留下来的乡村建设用地利用达到很高的水平，接近城镇建设用地的开发

深度。全国城乡建设用地资源统筹达到了一个很高的境界。城乡建设用地指标置换的发展路径如图 6-24 所示。

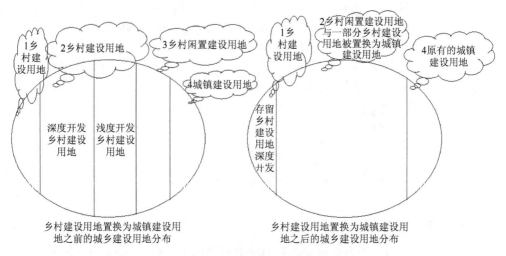

图 6-24 城乡建设用地指标置换的发展路径

置换的潜力。置换之前乡村建设用地占城乡建设用地的比例很高，城镇建设用地占城乡建设用地的比例很低。三个阶段的置换结束以后，城乡建设用地利用水平接近。统筹利用城乡建设用地资源，最终的布局比较合理。土地利用强度接近，建设用地占用面积跟人口数量的分布比较接近。未来三个阶段的置换结束后，城市人口占绝大多数，乡村人口占很小比例。城镇建设用地占的比例很大，乡村建设用地所占比例很小，完全与人口分布比例接近。

2. 占补平衡制度是人的城市化与土地城市化同步发展的制度保证

占补平衡全面彻底实施后土地城镇化才会伴随着同等速度的人的城镇化。过去四十年经济发展速度很快，城镇化发展取得一定成效。突出问题是土地城镇化速度过快，人的城镇化速度远远跟不上。这个问题的彻底解决，需要城镇建设用地发展新阶段的到来。最关键的环节是占补平衡制度的全面覆盖，不允许占补平衡之外的土地审批的存在，没有占补平衡就不会有土地城市化与人的城市化的同步发展（图 6-25）。

占补平衡全面彻底实施后，城镇建设用地指标主要来源于乡村建设用地的置换。置换乡村建设用地，必须要有乡村居民的安置，安置村民腾出乡村建设用地。

提高安置标准可以借助乡村建设用地置换，推进人的城镇化。对乡村居民安置的高标准严要求，有利于推进城镇化。

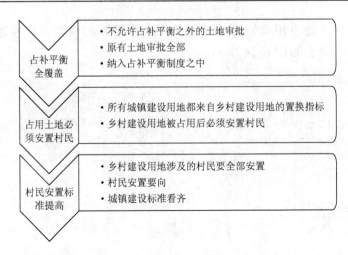

图 6-25　占补平衡全面覆盖才能推进人的城镇化进城

3. 土地城市化速度快

城乡建设用地资源内部调整以后的城镇建设用地指标,只能来自内部的置换。减少乡村建设用地额度,转换为城镇建设用地指标。城乡建设用地指标总量不变。假定未来可以从乡村建设用地中置换出来面积为 C 的土地额度,作为城镇建设用地指标,乡村建设用地面积减少到 A_2-C,城镇建设用地指标增加到 A_1+B_1+C,城镇建设用地指标增加到 A_1+B_1+C 中,原有城镇建设用地为 A_1。城镇建设用地拓展版图的方向和阶段如图 6-26 所示。

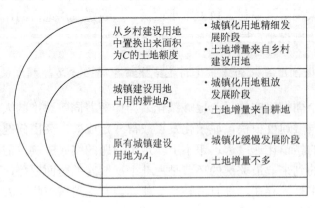

图 6-26　城镇建设用地拓展版图的方向和阶段

城镇建设用地存量的精细利用只有到城乡建设用地资源统筹利用达到极限以后才能实现。现有乡村建设用地资源充分利用还有一段时间。乡村建设用地资源开发是未来建设用地资源利用的主要方向。现有乡村建设用地转换为城镇建设用地的空间很大，置换工作需要一段时间才能完全结束。在这段时间内，城镇建设用地存量的精细利用时机还不成熟。精细利用现有城镇建设用地的成本较高，乡村建设用地置换的成本较低。只要乡村建设用地资源开发还有余地，就不会跃进到现有城镇建设用地的精细利用。

　　土地利用的外延发展向内涵发展转变，片面增加城镇建设用地指标的状况会得到改变，开始注重现有城镇建设用地的开发力度。对城镇建设用地开发粗放的进行精细利用，重新开发。

第七章　土地资源占补平衡评价与发展

第一节　地票制度评价

一、地票作为指标的不足

1. 土地制度改进多方关注

土地制度改进是一项重大制度创新，目前在实践层面的一点进步需要获得更多民众的认可，很多战略上很有深度的建设意见需要从实践操作层面找到逐步进展到战略层面理想制度的阶梯。在目前制度基础上稳健改进，指向土地效率最大化原则，不对目前的土地制度产生破坏性冲击力量。找到制度进步阶梯，将所有理想层面的构建以可以实行而较少争议的方式加以改进，最终实现改进制度自我逻辑下的必然进展，达到理想的土地制度设计目标。采用小步快进的方式，在共赢模式下增加集体利益。

2. 地票指标的计划印记

土地制度进一步改进的艰巨性要求小步快进，逐步构建相对接近市场的逻辑框架。目前总体制度的指标化，使土地制度的进一步演进难免指标化印记。建设用地指标是目前最受关注的部分，不能自由设定城市建设的土地权限，说明指标在目前背景下完全退出土地市场的难度很大。在粮食安全背景下，地票所具有的内在制约逻辑，恰好巧妙地将土地节约利用的要义灌注进制度建设中，对土地利用的冲动是一种合乎逻辑的限制。从中国粮食安全与土地资源禀赋的角度分析，指标加大了城市化利用土地的交易成本，在市场交易平台建设成熟的背景下化腐朽为神奇，集约利用土地。

3. 土地资源占补指标总量与城市化用地指标的比较

对地票指标数量过多的担心及其价值的担心。根据西南部分地区的土地资料，土地资源占补指标整理的总量超过城市所可以使用的建设用地面积总量，担心土地资源占补指标的价格下跌和地票存在的价值。从目前城市化建设用地所引发的诸多学术观点的碰撞来看，这是很多区域和众多学者急于解决而确实不得而解的困惑。很多学者鉴于部分发达地区的城市化用地紧张，提出对于占补平衡的质疑和对于耕地红线保护的解构，将城市用地从制度约束下完全解脱出来，实现建设用地的最佳资源分配。这些发达地区建设用地的紧迫需求，导致其对目前作为顶层制度的占补平衡和耕地红线的质疑，这反映了经济发达区域在经济发展与粮食安全不同视角下的歧义以及两者不愿兼顾的诉求，这一看似矛盾的问题将会得到很合理的解释和解决。

解决城市化建设用地需求膨胀的契机。在发达区域急于根据本地区的区域优势有限增加城市化建设指标的需求下，在上述数据显示土地资源占补指标数额远远超出城市建设用地指标的背景下，诉求将会得到妥善解决，不至于质疑或者突破作为顶层制度设计的耕地红线和占补平衡规定，甚至对这一土地资源占补指标来源的担心，这是目前和谐利用建设用地指标的架构。

征地面积计划指标削减的契机。对于地票制度演进的担心来自地票试点区域的双轨制对持有土地资源占补指标者的歧视和不公，持有土地资源占补指标者和不需要持有土地资源占补指标者所需支付的成本有较大的差异，需要降低不持有土地资源占补指标者的数量，尽量缩减非土地资源占补指标数额的土地进入建设用地市场拍卖的比例。可以根据西南部分区域的数据断定土地资源占补指标存量数额超出城市建设用地所能够允许拍卖的指标，土地资源占补指标交易区域有条件地全部要求建设用地拍卖者持有土地资源占补指标，降低不同资格建设用地者的不公感。

4. 放松城市建设用地指标控制

在新垦耕地面积不减少，新垦耕地质量得到保证的背景下，政府对城市建设用地总量的控制可以根据耕地红线不受威胁背景下的城市化发展较快的趋势，逐步放松政府对城市建设用地总量的控制，减少指标的制约性，真正把建设用地与新垦耕地建立在动态平衡、市场交易、不触及耕地红线的基础上。

（1）城市建设用地总量控制的严肃性。建设用地总量控制制度面临的挑战明显，主要是制度的设定必须将指标制约减少到最小，不使其约束城市化进程。在不能有效地解决耕地保护和耕地总量的情况下，城市建设用地总量控制是权宜之计。作为别无办法的制度设计，在没有新的制度可以有效地保护耕地总量之前，这一制度仍有其存在的必要性。

（2）以土地资源占补指标交易来逐步放松城市建设用地总量控制。对于土地资源占补指标数额过多的担忧，成为解决这一问题的思路。土地资源占补指标实际上是一种可以解决耕地总量问题的制度设计。土地资源占补指标所代表的是现有耕地面积基础上的新增耕地面积指标，只要土地资源占补指标额度相当富余，说明耕地总量不减少背景下有太多富余土地指标可以用于耕地以外的建设用地，城市建设用地指标控制制度就失去其存在的历史意义，不再成为必须执行的制度设计，可以被地票制度替代。

二、地票制度对于土地流转的价值

1. 土地流转的动力来源

一般研究多注重土地流转的制度设计，土地内部流转的价值和新增收益难以大幅提升，土地在农村内部的流转如果没有农民的流出机制将会十分被动。如何在农民的流出机制上做文章是地票制度提供的思路。只要农民没有流出的巨大动力和支持机制，内部的流转价值很难提升，难以快速理出头绪，成为内部比较琐细的制度探究。

2. 土地资源占补指标对土地流转的激励机制

地票制度的设计比较成熟，获得土地资源占补指标收益的农民离开农村，土地流转的动力激励才会畅通，土地流转才会加速。就土地流转探索土地流转，不容易找到价值升级的路径，不免使土地流转成为交易成本较高，价值升级潜力较小的内部调整过程。

三、地票竞争试析

1. 市场交易的完善需要在实践中解决

有研究担心地票制度形成价值的竞争过程及其市场化水平，地票制度的竞争完全可以在配套制度健全的背景下获得比较完善的制度建构。制度健全是指在其他制度配套的基础上，例如，城市建设用地总量控制的取消，地票双轨制向单轨制的演变，只要这些制度健全，自然会形成比较活跃的土地资源占补指标交易，边远地区的土地资源占补指标最先出售拍卖，较好区位的土地资源占补指标有机会在更好的时机拍出较好的价位，不同区位的土地资源占补指标择机拍卖，形成有区别的价格。

2. 可将土地资源占补指标交易与拍卖土地逐步合并

多次拍卖的交易成本势必很大，一旦制度配套健全，比较单一的地票制度下土地资源占补指标拍卖和土地竞拍的合二为一，有望实现交易成本的下降和建设用地拍卖的高效。

四、土地资源占补平衡创新的巨大价值

1. 城乡统筹的资产基础

（1）不动产在城市资产中的比例较高。不动产已成为目前城市居民的主要财富载体。如果考虑城乡贫富差距，必须分析不动产在财富分配中的重要作用，通过制度设计实现财富均衡增值。

（2）农民进城后留在乡村的不动产将不会具有多大价值。农民在乡村的不动产逐步向城市迁移，将会逐步失去其财富价值。农民在城镇打工所积累的财富有很大比例用在建房上面，这部分财富损失是城乡贫富差距进一步拉大的主要因素之一。

（3）农民可以带走土地资源占补指标价值。目前农民进城的最佳财富表现形式是占补平衡制度下的地票形式。土地资源占补平衡成为对农民进城最具价值的制度创新，这是历史性的最佳制度创新，这一制度及占补平衡的规定和 1.2 亿 hm^2 耕地红线，将一起作为成套制度设计，在农民进城的资金补助方面发挥巨大价值。对这一具有巨大价值的制度的良性使用会为未来城市化进程作出巨大贡献。土地资源占补平衡的最大受益者是农民，土地资源占补平衡的创新试点给农民带来了巨大福祉，这一制度会造成中国城市化进程的巨大变局。土地资源占补平衡创新成功，最终得到普及推广，使土地问题有关各方利益最佳平衡，是农民进城的最佳制度平台，是城市化的巨大创新，对未来以城市化带动消费作出了巨大贡献。

（4）忽视土地资源占补指标价值的后果。财富格局变迁建立在制度变迁的基础上。以农村耕地为基础的四十年城市化为现在城市居民和城市政府创造了巨额财富，成为中国转型经济期财富积累的主要载体，并将继续作为主要载体发挥重要作用。将农民进城的置业和未来消费投资人力资本的费用以地票的形式合理、合法、公平、公正交还给农民，是具有历史意义的战略顶层设计。错失这一机会，将土地资源的城市化与农民资产增值过程脱钩，农民的城市化进程将被阻滞，未来城乡一体化的统筹过程将会遇到更严峻的挑战，城乡之间的财富差距将会进一步拉大，城市化将会遭遇硬着陆的危险。

2. 土地资源占补平衡比肩联产承包责任制

（1）土地资源占补平衡与联产责任制的比较。联产承包责任制在制度创新上的最大价值就是思想上的贡献，节省了交易成本，实现了生产力的解放。目前土地资源占补平衡需要来自顶层的支持和设计。土地资源占补平衡的资产分配价值

的制度变迁有政策支持，政府支持征地中考虑农民的利益，土地资源占补平衡中找到其与农民进城资金的利益结合点，符合顶层设计思路。

（2）地票解决农民进城资金的具体思路。城市土地是业主集体所有，房屋产权明晰，正如当初包产到户时农民承包耕地一样，农村现有土地产权仿效城市产权的思路，就可以成为产权明晰的土地。在此框架下，在交易中发现建设用地新垦为耕地的土地资源占补指标的价值，不干涉，不压低价格，找到建设土地的真实价格，作为农民进城的资金资助。虽然目前部分地区土地资源占补指标拍出七八十万的高价，是制度的双轨框架，土地资源占补指标价格远远未曾达到应该有的价位，在目前制度不完善，担心土地资源占补指标价格太高的区域，有压低的倾向，这可以理解。从长期来看，期待更多用地指标通过土地资源占补指标解决，发现土地资源占补指标本身的珍贵价值，并造福农村建设用地拥有者。

五、土地资源占补指标的集中居住促进作用

1. 转型经济对劳动力和土地的制度安排

转型经济的劳动力制度安排。土地资源占补指标与城乡之间土地资源更紧密联系的占补平衡制度明显具有优势。圈地运动成为目前中国土地城市化的参照。圈地运动客观上促进劳动力离开乡村，在中国，这一过程是通过吸引力实现的。中国在土地城市化尚未成为主要矛盾之前，是以城市本身的吸引力来解决农民成为城市工业主要劳动力的问题。这一方式在中国，比较符合和谐社会的本质要求。

圈地上楼与圈地运动的土地资源安排。圈地运动的土地集中功能成为目前中国经济转型的参照系，在圈地上楼的过程中，是否存在与圈地运动类似的动机和做法值得深思。现在转型期的中国，面临目的全然不同但是逻辑不无暗合的路径趋向。

2. 转型经济对劳动力与土地的不同路径趋向

（1）人的城市化工夫不足。人的城市化赶不上土地城市化的速度，这与人的城市化相对比较温和的政策策略有关，与圈地运动中强制劳动力进城的相对过硬的策略相比具有人性化色彩，社会矛盾较少，不存在强烈社会动荡和感情撕裂，特别是没有及时地将人地互动的城市化作为转型经济战略。从顶层设计开始，做好谋划，导致目前城市房价高企背景下，人的城市化成为成本更高的甚至短期难以下手的工程。

（2）土地城市化操之过急。最佳模式是在土地进入城市的过程中，通过资源的重新分配，使进城有意、定居无期的农民携巨资入市，将土地资源的高价值与农民分享，顺利实现定居。

3. 土地进城的模式演化

（1）人地关系和谐互动可持续。土地资源进城带来的巨大资源如何分割成为土地资源进城价值取向的分歧。进入城市的土地资源无偿进入城市是对农民的剥夺，也是对城市化的反动。

（2）剥夺和共享模式。对农民的剥夺有两种路径：一是农民失去土地资源后，土地带来的巨大价值为个人所有；二是为政府所有。共享模式是在国家所有土地基础上，在城市化资金积聚过程基本完成后，对农民失去土地后进城资金的考虑，将利益分配惠及农民的模式，不使农民进城房价居高不下，出现极大资金障碍。

（3）模式进化演进过程。在中国的土地进城过程中，土地国有，不存在个人所有模式，政府为了积聚城市化启动资金不得不采取土地出让金模式，在基础设施建设基本完成后，需要在房价高企的背景下考虑现有模式的不可持续性，转型为共享模式。重新审视只要农民的土地不要农民进城定居的资金分配模式，建立可持续的惠及普通农民进城的良好模式。

（4）提高农民土地收益。来自农民、土地的利益积聚已经发展到一个极致，需要共享模式构建。如果分析目前城市化第一阶段即土地城市化阶段的财富载体特征，离不开农村居民的巨大贡献。首先，城市建设的土地来源主要是耕地转变为建设用地，这是农民对城市房地产市场的土地资源贡献。其次，基本上城市建设都是由来自农村的劳动力承担的。城市财富主要载体的房地产离不开农民和农村劳动力的贡献。

农民进城的主要障碍之一是高房价。高房价的来源与整体上有利于城市居民主体的房价形成机制有关，也与农民本身的较低收入有关。虽然房价形成机制目前关注者多，难以在短期内见效，需要增加农民的收入来解决住房资金问题。将土地具有的极大价值公平分配，有望在城市化第二阶段即人的城市化阶段取得进展。目前的高企房价已经使政府和城市居民享有土地资源带来的巨大利益，短板是农民进城定居的资金来源。改变整体上有利于城市居民主体的房价形成机制是一项系统工程，需要长期努力，短期内难以见效。整体上有利于城市的收入分配机制，需要长期系统的改进。目前结合国家在土地征用中尊重农民利益的顶层设计思路，如果将土地收益该进入农民口袋的部分全部留给农民，将长期以来依赖农民的牺牲推进城市化建设的思路转变到城乡统筹以城补乡的路径上来，真正把进城农民的利益放在心上。为目前扩大内需与购买力、转变经济发展方式和经济结构奠定基础。

4. 城市化三个阶段划分

土地城市化、人的城市化和消费水平城市化是城市化的三个阶段。土地城市化和农民城市化都是从要素角度分析的，土地作为稀有资源，是重要的城市化要素，也是很多地区目前取得巨大成效的要素配置载体。目前最值得努力的方面，是作为城市化主体的人的城市化，只要农民定居城市，土地城市化就有了目标。

在目前消费需求拉动效应有限的压力下，进城农民的奋斗目标是在城市安居乐业，只有城市定居的来自农村的劳动力具有和定居城市相适应的消费能力，才使城市化具有应有的拉动内需的价值。农村劳动力进城定居本身就是在城市消费的过程，其间购置住房等必需的消费对城市消费有促进作用。不能仅仅满足于农民进城定居购买住房这样的一次性置业消费，这是城市化的起点，也是农民在城市消费的基础。如果这一过程本身消耗尽进城农民的资金和潜力，以后定居城市后的消费将会没有基础，子女教育和培训等人力资源开发的资金来源将比较紧张，甚至成为城市贫民，消费能力下降。农民进城定居必须具有充裕的资金，更要开发自己和子女的潜力。这样的进城启动资金较多，将土地资源本身所承载的巨大价值分配给农民，作为启动未来进城农民在城市消费的基础很有必要。城市消费将会需要较好的经济基础来开发定居城市农民的潜力，一旦在具有的土地权利上没有给予农民应有的利益赋权，在城市化过程中城市居民具有土地及其不动产产权所赋予的价值作为财富载体的背景下，农民没有必备的资产作为城市化启动资金，未来在城市的消费将会十分有限，对于消费的拉动也将仅仅限于置业而已。

5. 占补平衡对城郊土地占用的制约

城市化作为未来促进内需的主要载体，将会在未来三十年的经济发展中占据更为重要的地位。对城市郊区土地的占用将会逐步推进，产生巨大的经济效应。来自刘易斯拐点之前的相对剩余劳动力源源不断地进入城市，为促进郊区向城区的转变提供可持续动力。占补平衡的制度制约为等量置换城乡之间的建设用地提供比较严格的交易规则。

6. 占补平衡对远郊土地精细利用的关注

占补平衡制度设计的一个盲区是对于地理位置不佳、没有升值潜力的土地的关注和利用。这些边远地区的耕地的存废垦耕，原来都不在城市化关注之列，现在占补平衡制度的严格执行和先补后占制度设定的严格程序，将这些远离城市化及其所带来的巨额利润的边远耕地，纳入精细利用的耕地范畴。这些土地无论原有状态是荒废还是垦耕，现在都进入耕地红线保护范畴。随着占补平衡制度的实施，身价上涨，引发对于这些可以开垦为耕地的闲置土地的关注。一旦这一制度逐步推进，将会在推行区域实现闲置土地的精细利用。

六、土地财富转移的路径优势

1. 不影响目前利益格局

一旦实行将土地资源的城市化与人的城市化挂钩的制度，将会极大地促进新土地资源带来的土地和人的城市化的同步进行的和谐效应。这不涉及目前的分配格局变动，不会影响房价大涨获益颇丰的城市有房居民。

2. 增量改革不会引发大的震动

新制度改进只是在新增城市建设用地指标时，将利益分配由原来的忽视农村垦耕地居民，转向更为均衡的制度变迁。这是温和的制度改进，不会引发震动，具有较小的制度变迁阻力和风险。

3. 具有资金支持的进城农民定居使城市化更加和谐稳健

资金支持是向弱势群体城市化的资助与补偿，对城市化及其后的城市消费和城市建设具有促进作用。一个贫富差距巨大的城市化制度，是不稳定和谐的城市化制度，也不符合公平正义的原则，难以获得可持续发展的动力。

七、地票与其他制度的比较

1. 地票之外的制度

划拨土地。最大范围降低划拨土地范围，有助于土地资源精细化利用。

拍卖土地。拍卖者必须通过土地资源占补指标市场获得拍卖竞拍土地的资格，印证土地交易中的双轨制。土地资源占补指标交易费用是获得竞拍土地的资格，不用交易土地资源占补指标的竞拍者节省了一笔土地资源占补指标补偿费用，获得使用土地资源占补指标交易才能竞拍的土地购买者较优惠的资格，其间差异是有人必须在土地资源占补指标市场交易付出一笔资金才有资格竞拍土地，有人可以不用进入土地资源占补指标交易市场交易付出一笔资金就可以直接参与土地竞拍。土地资源占补指标交易是不具有直接竞拍资格的土地购买者需要多付出的交易成本。看似不公，实际上启动了合理公平交易。

通过土地资源占补指标交易参加土地竞拍。通过土地资源占补指标交易，付出一笔资金，获得的只是参与土地竞拍的资格，不是购买土地的成本，而是购买土地之前的附加交易费用。这一附加交易费用，可以被理解为竞拍土地的入门券。虽然支付者多支出一笔资金，毕竟具有了竞拍资格，是迈向获得土地的重要一步。

2. 土地资源占补平衡与占补平衡之外的土地竞拍制度的区别

（1）占补平衡是地票制度的精髓。建设用地在城镇附近向耕地推进，实际上是对耕地的蚕食。无论何种理由，都是对耕地面积总量的减少。地票制度的核心是在占补平衡思路下创建起来的，紧紧围绕占补平衡和先补后占，再加上占优补优，可以解决耕地面积减少和建设用地瓶颈问题，是有重大创意的设计。

（2）占补平衡之外的土地竞拍的不足。占补平衡之外的土地竞拍只能局限在非耕地转化为建设用地，这些非耕地的地理位置正好处于开发地带，例如，城中村，既非耕地，又处于开发前沿，占用城中村进行建设用地开发，不会占用耕地，也有地理位置上的便利。无需兑换土地，将偏远地区的土地兑换为城郊城内的土地。为了获得地理位置不便地区的非耕地作为建设用地，必须兑换土地，在需要建设的地区占用耕地，将地理位置不便地区的非耕地转化为耕地，这牵涉到地票制度的使用。城市附近竞拍的耕地，作为开发区与其他建设项目，只要不严格遵循占补平衡原则，都会对耕地总量造成破坏，影响 1.2 亿 hm^2 耕地红线的保证。

地票制度采用占补平衡方法，提升土地利用效率，精细利用建设用地与耕地，耕地没有减少。地票制度存在问题是制度不完善，闲置土地开垦为耕地后，产量下降，品质下降，占优补劣，监督较难，交易成本大，占用了林地等其他土地资源。不采用占补平衡的土地征用制度征地便利，统一规划，成本较低，效率较高，有利于快速城市化，但减少了耕地，土地利用效率低，未完全开发闲置土地。

3. 制度结局

只要严格遵循土地资源占补指标交易制度，耕地红线不会突破，土地资源利用效率提升。只要不坚持占补平衡，征地制度必然面临不可持续的危险，耕地面积下降势不可阻，土地低效利用在所难免。从耕地保护来看，土地资源占补平衡具有发展前景，需要完善。

八、土地资源占补平衡本身的完善

1. 增加产量、质量和来源的权重

不考虑产量占补平衡势必导致占优补劣。劣质土地补充优质土地被占用后的面积缺口，导致质量下降，需要在占补平衡中能保证质量不下降。占用耕地的面积不减少，产量不减少，质量不下降，还要确保不占用林地资源，不侵占草地资源、湿地资源、山地等，确保不挤占其他资源，避免土地资源的低效利用。

2. 加强监管

（1）土地资源占补平衡严格执行。土地资源占补平衡创新的初级阶段，为了不引起争议，要严格遵循占补平衡的规定，确保耕地红线。如果在地票制度尚处于试点状态时，对占补平衡规定有所突破，容易引发争议，加大地票制度普及推广的难度。

（2）主要环节必须透明公正。地票制度的实施本身存在很多技术环节，包括面积测量、耕地验收、产量均衡、质量保障和来源管控等。具有可行性和规范性的操作实施规范，有利于地票制度的透明公正，有利于地票制度创新的顺利实施。

（3）资金兑付必须及时。复垦的农民最关心的莫过于资金分配问题。能够最大限度地保护复垦的农民的利益，是地票制度生死存亡的关键，不能假借地票制度之名变相征地。

3. 降低交易成本

交易成本较低是制度普及的重要原因。减少交易环节，让复垦的农民可以比较顺畅地参与土地资源占补指标交易，土地资源占补指标持有者可以让土地资源占补指标快速落地，是地票制度创新的方向。

土地资源占补指标交易及时高效，土地资源占补指标交易快速便捷，土地资源占补平衡的推广普及会比较顺利。

土地资源占补指标交易的公开是地票普及的重要因素。随着土地资源占补指标交易的普遍化和常规化，公开操作流程，公正合理配置土地指标，可以让土地资源占补平衡走向更广的区域。

九、土地资源占补平衡的增量改进与土地双轨制的结束尝试

1. 逐步增加新增土地面积中土地资源占补指标份额的比例

土地资源占补指标占建设用地指标的份额不够。一方面与地票实施的历史较

短有关，另一方面与地票实施的区域限制有关，也与土地资源占补指标额度控制有关。一些地区控制土地资源占补指标额度，是为了不影响土地供应大局。可以在土地供应总量没有重大变化的条件下改善土地供应的比例方式，来扩大土地资源占补平衡试点。有控制地逐步降低非土地资源占补指标份额，提高土地资源占补指标所占比例，在试点区域以外推广普及土地资源占补平衡，让土地资源占补平衡在地域分布上更有代表性。

2. 新增用地指标全部使用占补指标

一种比较便捷的方法就是在每年的新增建设用地指标中全部使用地票指标。新增建设用地指标数量等于当年建设用地指标数量减去基准年建设用地指标数量。基准年就是开始实施新增土地份额逐步全部使用土地资源占补指标交易制度的初始之年。假定 2013 年开始实施新增土地份额逐步全部使用土地资源占补指标交易制度，2013 年即为基准年。当年某地建设用地指标为 1 万 hm^2，1 万 hm^2 土地指标就是基准年的建设用地指标。假定每年比上年新增建设用地指标 0.2 万 hm^2，2014 年该地建设用地指标拟提高到 1.2 万 hm^2。2014 年新增建设用地指标数量=2014 年建设用地指标数量−2013 年建设用地指标数量=0.2 万 hm^2，新增的 0.2 万 hm^2 建设用地指标全部通过土地资源占补平衡供应。非土地资源占补指标的数量，可以大体保持每年均衡。随着新型城镇化战略的实施，新增建设用地指标全部来自土地资源占补指标交易，推动土地资源占补平衡发展。

3. 条件成熟后逐步增加土地资源占补指标比例

可在每年恒定的建设用地指标中拿出逐步增长的比例来实施土地资源占补平衡。每年恒定的建设用地指标，就是上面分析的大体保持每年均衡的非土地资源占补指标的数量（即每年保持 1 万 hm^2），以逐步增长的比例来实施土地资源占补平衡，每年的土地资源占补指标比例逐步提升。2015 年在每年恒定土地额度中逐步采用土地资源占补指标的份额增加制度。此前只是在新增部分采用土地资源占补指标交易制度，每年 1 万 hm^2 的恒定的建设用地指标，并没有采用土地资源占补指标供应方式，完全是非土地资源占补指标供应方式。现在不仅新增部分采用土地资源占补指标交易制度，而且每年的 1 万 hm^2 的恒定的建设用地指标，要采用土地资源占补指标供应方式，并且比例逐年增加。假定 2015 年的建设用地指标拟提高到 1.4 万 hm^2，则其中 0.4 万 hm^2 属于新增建设用地指标，采用土地资源占补指标供应方式。原来每年 1 万 hm^2 的恒定的建设用地指标，不需要采用土地资源占补指标供应方式。现在不然，假定每年必须要有 10%的比例的建设用地指标采用土地资源占补指标供应方式,并且每年增加 10%。2015 年的建设用地指标中 1 万 hm² 的恒定的建设用地指标必须要有一部分采用土地资源占补指标供应方式,2015 年恒定建设用地指标中采用土地资源占补指标供应方式的数量=恒定建设用地指标×2015 年恒定建设用地指标中采用土地资源占补指标供应方式的比例=1 万 hm²×10%=1000hm²。2015 年的建设用地指标中采用土地资源占补指标供应方式的数量为:2015 年的建设用地指标中采用土地资源占补指标供应方式的数量=与基准年 2013 年比较的新增建设用地指标数量+2015 年恒定建设用地指标中采用土地资源占补指标供应方式的数量=2015 年的建设用地指标–基准年 2013 年的建设用地指标+2015 年恒定建设用地指标中采用土地资源占补指标供应方式的数量=1.4 万 hm²–1 万 hm²+1000hm²=5000hm²。假定 2016 年该地建设用地指标为 1.6 万 hm²,原来每年 1 万 hm² 的恒定的建设用地指标,需要采用土地资源占补指标供应的比例逐年增长。2015 年是第一年实施,作为新的制度实施的基准年。2015 年有 10%的比例的建设用地指标采用土地资源占补指标供应方式。每年增加 10%,2016 年的恒定的建设用地指标采用土地资源占补指标供应方式的比例=2015 年的恒定的建设用地指标采用土地资源占补指标方式供应的比例+2016 年的恒定的建设用地指标采用土地资源占补指标供应的比例的增加部分=10%+(2016–2015)×10%=20%。2016 年建设用地指标采用土地资源占补指标供应方式的数量=与基准年 2013 年比较的新增建设用地指标+2016 年恒定建设用地指标中采用土地资源占补指标供应方式的数量=2016 年的建设用地指标–基准年 2013 年的建设用地指标+2016 年恒定建设用地指标中采用土地资源占补指标供应方式的额度=2016 年的建设用地指标–基准年 2013 年的建设用地指标+恒定的建设用地指标×2016 年的恒定的建设用地指标采用土地资源占补指标供应方式的比例=1.6 万 hm²–1 万 hm²+1 万 hm²×20%=8000hm²。

4. 以土地资源占补指标交易统一土地供应

计算该区域的土地资源占补指标比例,上面两种计算方法结果不同。

第一种方法有充足的转变时间。第一种方法是新增建设用地指标数量全部使用土地资源占补指标交易。表 7-1 从基准年 2013 年开始,往后新增的建设用地指标全部以土地资源占补指标交易方式提供。从 2014 年开始,开始出现土地资源占补指标交易。土地资源占补指标占总建设用地指标的比例增加比较缓慢,给双轨制合并为单轨制提供了充足时间。从基准年 2013 年开始,土地资源占补指标比例经过 20 年,从 2014 年的 16.7%到 2033 年的 80%,增长速度比较慢,给双轨制改革留下充足时间,减少了制度摩擦的阻力。20 年的改革时间,给新型城镇化建设用地指标供应带来麻烦。

　　第二种方法见效较快。第二种方法是新增建设用地指标数量全部使用土地资源占补指标交易，并且条件成熟后在每年恒定建设用地指标中逐步增加土地资源占补指标的比例。在表 7-1 中，从基准年 2015 年开始，往后不仅新增的建设用地指标全部使用土地资源占补指标交易方式提供，而且从 2015 年开始，每年恒定建设用地指标中逐步增加土地资源占补指标的比例。与第一种方法比较，土地资源占补指标占总建设用地指标的比例增加比较快，双轨制合并为单轨制仅用 10 年时间，实现全部采用土地资源占补指标平台供应建设用地指标。从基准年 2015 年开始，土地资源占补指标比例经过 10 年，从 2015 年的 35.7%增加到 2024 年的 100%。较快的增长速度，给新型城镇化战略的建设用地指标供应提供充足的市场空间，减少了非土地资源占补指标比例，弱化了计划分配建设用地指标的功能。10 年内伴随着新型城镇化对建设用地指标供应的压力，完成计划配置建设用地指标到市场配置建设用地指标的转换。改革需要稳健进行，设计好各种方案，降低改革风险。

表 7-1　土地资源占补平衡的增量改进过程

年份	总建设用地指标	与基准年2013年比较的新增建设用地指标	采用方法一之后建设用地指标采用土地资源占补指标供应方式的比例/%	恒定建设用地指标	恒定的建设用地指标采用土地资源占补指标供应方式的比例/%	恒定建设用地指标采用土地资源占补指标的数量	建设用地指标采用土地资源占补指标的总数量	采用方法二后建设用地指标中的土地资源占补指标比例/%
2013	1	0	0	1	—	0	0	—
2014	1.2	0.2	16.7	1	—	0	0.2	—
2015	1.4	0.4	28.6	1	10	0.1	0.5	35.7
2016	1.6	0.6	37.5	1	20	0.2	0.8	50
2017	1.8	0.8	44.4	1	30	0.3	1.1	61.1
2018	2	1	50	1	40	0.4	1.4	70
2019	2.2	1.2	54.5	1	50	0.5	1.7	77.3
2020	2.4	1.4	58.3	1	60	0.6	2	83.3
2021	2.6	1.6	61.5	1	70	0.7	2.3	88.5
2022	2.8	1.8	64.3	1	80	0.8	2.6	92.9
2023	3	2	66.7	1	90	0.9	2.9	96.7
2024	3.2	2.2	68.8	1	100	1	3.2	100
2025	3.4	2.4	70.6	1				

续表

年份	总建设用地指标	与基准年2013年比较的新增建设用地指标	采用方法一之后建设用地指标采用土地资源占补指标供应方式的比例/%	恒定建设用地指标	恒定的建设用地指标采用土地资源占补指标供应方式的比例/%	恒定建设用地指标采用土地资源占补指标的数量	建设用地指标采用土地资源占补指标的总数量	采用方法二后建设用地指标中的土地资源占补指标比例/%
2026	3.6	2.6	72.2	1	—	—	—	—
2027	3.8	2.8	73.7	1	—	—	—	—
2028	4	3	75	1	—	—	—	—
2029	4.2	3.2	76.2	1	—	—	—	—
2030	4.4	3.4	77.3	1	—	—	—	—
2031	4.6	3.6	78.3	1	—	—	—	—
2032	4.8	3.8	79.2	1	—	—	—	—
2033	5	4	80	1	—	—	—	—

注：建设用地指标单位为万公顷

在实施第一种方法的基础上推进第二种方法。为解决土地资源占补平衡推广的方略问题，可以在一段时期以内实施第一种方法，时机成熟以后开始推行第二种方法。时机的判断需要根据各地的不同条件慎重选择。

第二节 地票发展试析

一、土地资源占补平衡是一种创造

1. 土地资源占补平衡是对现有制度的遵循和创新

（1）提高土地利用效率的制度。没有约束的土地利用肯定存在利用效率不高的问题，有约束不一定提高土地利用效率。地票制度在占补平衡的框架内统筹城乡建设用地指标，确实可以提升建设用地的利用效率。地票制度基本没有触及耕地的利用效率提升，占补平衡规定如果没有配以地票制度创新，耕地大面积抛荒将很难根治。地票在治理抛荒方面的推广，势必同时提升耕地利用效率。

（2）遵循现有占补平衡的规范。占补平衡是耕地红线的保障。地票制度在严格遵循占补平衡方面堪称表率。地票制度是耕地红线体系的一个组成部分，是占补平衡的必然结果。地票制度完全在耕地红线与占补平衡框架内运行，对保护耕地面积有重要意义。

（3）巧妙地解决紧缺的土地指标问题。虽然没有触及耕地红线，严格遵循占补平衡的规定使地票制度很好地解决了乡村建设用地指标与城镇建设用地指标的统筹问题，给建设用地利用率提升提供支持。作为占补平衡规定下城镇建设用地指标的解决途径之一，地票创新很有新意。

（4）低成本高收益的制度安排。土地资源占补平衡的交易成本如果能够继续降低，完全可以成为低成本高收益的制度安排。与非市场的用地指标配置比较，土地资源占补平衡的交易成本的降低，可以让其在土地用途配置的路径竞争中脱颖而出，逐步推广普及，最终成为重要的建设用地指标配置平台。

2. 不以其他因素影响制度设计

其他因素变迁很正常。土地资源占补平衡和一切制度创新一样都不可避免其他因素的影响。若对土地资源占补平衡造成影响，则必须区分土地资源占补平衡创意本身与其他因素。

制度的价值自有评价标准。要以解决问题的能力来考量制度，也可以通过制度设计对更多领域的扩散性效应来衡量。土地资源占补平衡兼具这两条，是很有创新价值的制度设计，土地资源占补平衡的推广不应依靠其他因素。

制度的创意不因其他因素变迁受到影响。受到实践检验的土地资源占补平衡健康发展，不因其他因素受到影响。要坚持这一制度创新，把地票思想推广到广泛的领域，让制度变迁获取持久动力。

土地资源占补平衡应获取独立发展的机会。将制度与其他因素区分开，建立制度创新的独立地位十分重要。不假借外来因素，不因其他因素损害制度的创新价值，完全以制度的价值和效应考量制度。

3. 共识、博弈与增量改革

（1）游戏规则是民众的利益博弈后形成的共识。游戏规则是激烈博弈的结果。每一个民众都在考虑给定的游戏规则是否损害自己的利益，从哪些方面损害自己的利益，会不会带来补偿，整体上的影响如何等问题。一个不能获取共识的游戏规则很难为民众遵守，制度的利益相关者数量很多，如果能够找到群体利益共同点，就是规则的生长点。

（2）在增量部分调整利益分配容易获得共识。强势群体与弱势群体并非不可沟通，利益并不完全对立。将着眼点放到增量部分，问题就被简化。以往经常关注存量部分的利益分配，不免发生对立。增量改革最容易取得共识，增量部分的利益重新调整，较少受到强势群体的抵触。只要没有使强势群体现在已经获得的利益受损，制度改进不会毫无出路。

（3）制度调整事缓则圆。在未来的增量部分，稳健地重新调整利益分配很可取。调整要有时间表，逐步增加利益调整的份额。缓慢地调整利益分配，这样的制度变迁最容易获取强势群体的接受，不能指望制度变迁可以一蹴而就。

二、制度创新的生命力标准

1. 解决现实问题

能够巧妙地解决建设用地资源配置中的问题。土地资源占补平衡是实践占补平衡制度和耕地红线制度的天才设计，绕开目前主流的建设用地审批制度，有效地解决建设用地资源不足的问题。

用市场方式维护粮食安全战略和耕地红线制度。耕地资源配置的市场交易路径是新的发展方向。特别是建设用地指标作为一种管制性要素，亟需市场交易来实现公平。地票交易就是市场化交易管制性额度的绝好方式。地票交易的好处在于市场交易制度，不是通过行政手段对乡村建设用地和城镇建设用地额度加以配置，这是市场配置资源的思路。

占补平衡制度更为有效。一项新的制度创新必须要在维护国家战略方面有价值。占补平衡与地票交易有利于新型城镇化战略、粮食安全保障战略与耕地保护战略。

2. 制度本身的扩散性创意

（1）在农业领域的广泛应用。利用土地资源占补平衡可以解决抛荒问题、滴水灌溉的设施资金来源问题、土壤效率提升问题和规模经营问题。一切耕地资源问题都可以在土地资源占补平衡设计的基础上获得推广，在农业领域的扩散性效应使得地票思想很有价值。

（2）在其他行业领域的推进。土地资源占补平衡有效地解决建设用地额度。在其他行业领域也会看到这一思想的广泛应用。以土地资源占补平衡为基础进行制度创新，可在很多行业和领域推广，对更多资源进行配置，极大地提升现有制度的丰富内涵。土地资源占补平衡所有的均衡制约思想，在制度创新中不断发展，获取收获。

三、制度的命运

1. 制度本身的实践检验

要在实践中随时堵住所发现的制度漏洞，不要让制度存在的危害扩散，影响制度的健康成长。

土地资源占补平衡在执行中，有很多执行不到位的地方。新垦土地的主人所获取的地票补偿资金克扣现象的存在，将会影响地票在一些地区的深入推进，甚至影响地票的最终走向。

2. 严厉监督

对土地资源占补平衡的不同意见十分正常，要认真分析借鉴不同意见的合理内核。严格制度设计，随时修订，确保制度的包容性。

充分利用现有空间健康成长。国家给土地资源占补平衡的实施空间很大，成都重庆两个地区并驾齐驱试点，本身说明国家对土地资源占补平衡探索的开放性态度。试点地区一定要摆正心态，从粮食安全战略高度出发，严守耕地红线，遵循占补平衡制度，把好制度落实好。总结经验教训，以便向其他地区推广。

制度设计者一定要采取开放心态，严格从相关战略规定出发，把好制度修订得更好。

3. 完美的双统筹

（1）土地与居民统筹。地票制度能否从一个试点制度脱颖而出，成为正式推行的制度，影响因素很多。其中一个要素很关键，就是能否抓住新型城镇化战略实施机遇，在为建设用地提供指标的过程中高效快速地满足战略需求，有所作为，取得突破。突破点选择土地与居民的同步进城。如果地票制度能在试点过程中妥善解决名义地票额度问题，就可以大批量快速地提供建设用地指标，脱颖而出，成为主要供地平台。

（2）时间与空间统筹。新型城镇化战略作为非常战略，不同凡响。克服先补后占制度下地票存在的时间空间限制，要在实际耕地面积不减少的情况下，加强管理，让实际耕作面积先补后占，最后实现名义耕地总量和实际耕作面积的双增加。

（3）地票占比继续扩大。用好地票制度，为新型城镇化建设战略服务，地票制度本身也会在服务中快速成长，通过建设用地指标逐步增加。

（4）地票成为建设用地核心来源。庞大的乡村建设用地资源可以在未来给地票制度实施空间。抓住机遇，妥善处理制度突破与监督管理的关系，地票制度将会成为核心供地制度。

四、土地资源占补平衡未来的测度

1. 新型城镇化战略推出前土地资源占补平衡未来不乐观

从学术角度看土地资源占补平衡产生两种不同的未来，乐观与不乐观。不乐观的视角在新型城镇化战略之前一直存在。作为一个新生制度，在目前土地资源占补平衡的学术研究积累下，获得一定进展，并将这一制度推向深入。

2. 未来进城人口土地资源占补平衡的普及推广

（1）稳健推广土地资源占补平衡保证新型城镇化战略的建设用地。未来十多年城镇户籍人口将会增加一倍左右。未来需要的城镇建设用地面积十分巨大，不进行土地资源占补平衡的试点和推广普及，建设用地资源来源将受到严重制约。健康发展土地资源占补平衡，稳健推广土地资源占补平衡，才能有效地保证进城的四亿人口的建设用地。这些进城人口离开乡村后所腾出来的乡村建设用地将主要通过土地资源占补平衡输送到城镇，成为建设用地额度。

（2）一些省区可望推广土地资源占补平衡。广州市愿意成为中国第三个实行地票制土地流转改革试点的地区。发达省份试点地票制度说明地票制度的生命力旺盛[62]。

（3）学者建议一些省区推广地票制度。有人建议把地票制度作为湖南统筹城乡发展的重大战略[63]，有人认为重庆地票模式广西难以复制[64]，有人借用"地票"概念对湖北"周转指标交易平台"进行政策性思考[65]，有人研究了地票制度对陕西澄城县土地复垦整理的启示[66]。

（4）一些学者建议全国范围推广地票制度。逐渐形成全国统一的地票交易市场，进一步扩大交易层次[22]，地票制度研究的曙光一定会出现。

第八章 统筹耕地与建设用地指标

第一节 稳步增长的粮食总产量红线

一、耕地面积红线转换为稳步增长的粮食总产量红线

1. 三部分耕地的利用效率分析

（1）三部分耕地的产量。根据是否抛荒，耕地一般包括几个部分：第一部分是长年抛荒耕地，假定面积是 E；第二部分是季节性抛荒耕地，假定面积是 F，利用效率与非抛荒耕地的比值是 G；第三部分是非抛荒耕地，假定面积是 H，平均单产是 I（图 8-1）。假定耕地面积总量为 C，则这三部分耕地面积关系是：$C=E+F+H$。假定第一部分耕地的总产量为 L、第二部分耕地的总产量为 N、第三部分耕地的总产量为 O。第一部分耕地，长年完全抛荒，没有产量，则第一部分耕地的总产量为：$L=0$。假定第二部分耕地平均单产是 P，因为季节性抛荒，其利用效率与非抛荒耕地的比值是 G；而非抛荒耕地平均单产是 I，则第二部分耕地的平均单产是：$P=GI$。则第二部分耕地的总产是：$N=FGI$。第三部分耕地的总产量为：$O=HI$。假定全部耕地的总产量是 K，三部分耕地的产量关系是：$K=L+N+O=O+FGI+HI=I（FG+H）$。

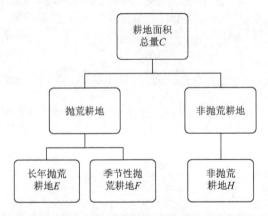

图 8-1 根据抛荒与否可以把耕地的面积分为三部分

（2）全部耕地的利用效率。假定所有耕地全部耕作时的总产量为 R。按照非抛荒耕地的平均单产 I 计算所有耕地全部耕作时的总产量，则有 $R=CI=(E+F+H)I$。假定全部耕地的利用效率为 Q，Q 等于全部耕地的总产量 K 与所有耕地全部耕作时的总产量 R 的比值，即 $Q=K/R=[I(FG+H)]/[CI]=(FG+H)/C=(FG+H)/(E+F+H)$。可以把前两个部分的耕地面积表示成第三个部分的耕地面积。假定第一部分耕地面积 E 占第三个部分 H 的比例为 S，则有 $S=E/H$；$E=SH$。假定第二部分耕地面积 F 占第三个部分 H 的比例为 T，则有 $T=F/H$；$F=TH$；$Q=(FG+H)/(E+F+H)=(THG+H)/(SH+TH+H)=(TG+1)/(S+T+1)$，以第三部分的非抛荒耕地为标准，包括以其面积 H 和平均单产 I 为标准，表示其他两个部分没有充分利用的耕地。

（3）全部耕地的利用效率与抛荒要素的关系。第一部分耕地面积占第三部分的比例 S：全部耕地的利用效率 Q 与 S 关系很大。在其他因素一定的情况下，S 越大，Q 越小。反之亦然。第二部分耕地的利用效率与非抛荒耕地的比值是 G；在公式中，其他因素一定的情况下，G 越大，Q 越大。反之亦然。因为第二部分耕地属于季节性抛荒耕地，其利用效率低于非抛荒耕地，因此 G 小于 1，即 $G<1$，其他因素一定的情况下，T 越大，Q 越小。反之亦然。

2. 耕地生产潜力被白白浪费

为了计算土地利用效率提升的潜力，假定还有可以继续利用的耕地效率提升潜力为 V，V 也是耕地效率的损失比例。耕地效率提升潜力与全部耕地的利用效率之和为 1。计算公式是：$V=1-Q=1-(TG+1)/(S+T+1)=[(S+T+1)-(TG+1)]/(S+T+1)=[S+T(1-G)]/(S+T+1)$，要降低耕地效率的损失比例 V，需要提升全部耕地的利用效率 Q，需要：

（1）提升季节性抛荒耕地的利用效率。提升第二部分耕地即季节性抛荒耕地的利用效率，使其与非抛荒耕地的比值 G 获得提升。

（2）降低长年抛荒耕地的比例。降低第一部分耕地即长年抛荒耕地面积 E 的比例，使其占第三个部分 H 的比例 S 降到最低。

（3）降低季节性抛荒耕地面积的比例。降低第二部分耕地即季节性抛荒耕地面积 F 的比例，使其占第三个部分 H 的比例 T 降到最低。

（4）抛荒耕地面积巨大。湖北、湖南的抛荒耕地比例为 5%～10%，全国 18 亿亩的耕地面积，被浪费的耕地在几千万亩到一亿多亩，粮食生产潜力是十分巨大的。

3. 没有充分利用的耕地总指标

根据耕地面积总量 C，以及充分利用的耕地，可以计算没有充分利用的耕地总指标 W。W 包括以下几个部分。

长年抛荒耕地面积是 E，全部属于没有充分利用的耕地指标。

季节性抛荒耕地。其面积是 F，其利用效率与非抛荒耕地的比值是 G；按照非抛荒耕地的标准换算，季节性抛荒耕地中已经利用的耕地面积是 FG。没有充分利用的耕地指标为 X：$X=F-FG=F(1-G)$。

非抛荒耕地。没有充分利用的耕地指标为 0。没有充分利用的耕地总指标 W 为：$W=E+X+0=E+F(1-G)$。

二、耕地效率提升后可以产生多大建设用地效应

1. 粗放式粮食安全保障战略

（1）缺乏面积与产量的一一对应关系。目前的耕地红线保护是一种模糊的保护。只知道耕地总面积，不知道粮食总产量。耕地对粮食安全保障虽然具有意义，但是耕地面积与粮食安全毕竟不是一回事。为了方便，只是管制耕地面积。粮食总产量确实建立在耕地面积保护的基础上，但是耕地面积红线不是一切。粮食安全的两种保护思路如图 8-2 所示。

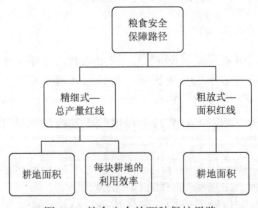

图 8-2　粮食安全的两种保护思路

只有耕地用途管制，不清楚具体有多少耕地完全发挥潜力。缺乏面积与产量的一一对应关系。不知道在每年的粮食增产量中，具体某一块耕地的贡献是多少。没有将本来十分珍贵的耕地资源充分利用好。

（2）粮食增产量控制力不从心。虽然在抛荒耕地治理方面十分小心，但是粮食总产量控制方面力不从心。不能把总产量的每一千克落实到每一亩耕地上来。只有把粮食总产量这个核心问题抓住，粮食安全保障才有说服力。否则，没有激励机制的背景下，耕地面积与总产量之间关系确实不大。

（3）抛荒与粮食产量压力并存。实施的不是精耕细作式的粮食安全保障战

略,而是粗放式的粮食安全保障战略。为什么一边是严重的抛荒现象,一边是粮食安全存在压力?粮价激励机制和粗放式管理机制并存,是两个薄弱环节(图 8-3)。

图 8-3 耕地面积红线与粮食安全保障之间还有薄弱环节

种粮粮价偏低,没有激励机制。这是积重难返的问题。还有一个方面,就是对耕地的监管,没有实施精细化。几千年来,提倡农民精耕细作。现在,农民与耕地的关系发生深刻变化。农民对耕地的感情已经淡化。农民不主要指望甚至不指望种粮养家糊口。粮价的激励短期很难解决。就要从精细管理入手。精细管理的本质是巨大的激励机制。精细管理需要付出成本,管理成本很高,对每一块耕地的利用情况进行全天候监测。只要每一块耕地充分利用,稳步增长的粮食总产量红线能够满足,结余出来的耕地,可以自如地转换为建设用地指标。其间的巨大收益,用来补偿种粮收入。真正实现统筹城乡土地指标的利益分享(图 8-4)。

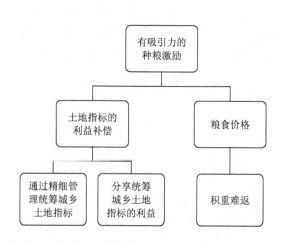

图 8-4 建立有吸引力的种粮激励

2. 耕地的高度的战略价值没有发挥

(1)耕地在目前的激励制度下,没有凸显其高度的战略价值。抛荒耕地的巨大面积具有强大的粮食安全保障价值。耕地在目前的激励制度下，没有凸显其高度的战略价值。说一种资源比较重要，怎么反映其重要性？收益或者价格可能最能说明问题（图 8-5）。

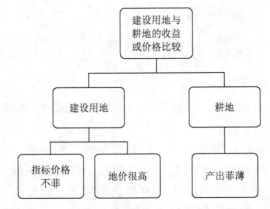

图 8-5　收益或者价格最能说明建设用地与耕地的重要性

　　要说耕地战略地位重要，固然没有不妥。但作为理性的经济人，有了更多选择的农民，为什么非要种地不可？利益激励是关键。在目前耕地本身的私有产权还没有完全落实的条件下，耕地的符合市场规律的自由流转很难完全实现。耕地作为一种资源的开发，还是低效的（图 8-6）。一方面，是耕地作为资源的价值没有发现，耕地私有产权制度还没有完全建立，拥有耕地的价值没有完全被发现；另一方面耕地的自由交易受到限制。耕地没有集中到能够充分利用耕地的人手中。资源配置的低效，涉及很多根本性的制度变迁，不是短期可以解决的。

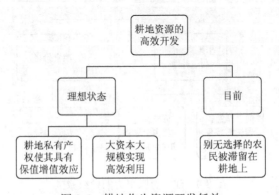

图 8-6　耕地作为资源开发低效

　　只要利用好建设用地市场的巨大需求，通过耕地资源的全面高效利用，可以释放巨大的利益。通过利益分享，实现耕地的精细式管理。

（2）抛荒耕地的巨大面积可以产生庞大的建设用地指标。只是盯着宅基地复垦，没有想到耕地利用效率的提升，可能产生十分庞大的建设用地指标。忽视耕地红线战略转型所可能产生的巨大的建设用地指标效应。在粗放式的粮食安全保障体系下，耕地只有两种用途：耕作或者等待耕作。这两种用途，表现为两类耕地：非抛荒耕地和抛荒耕地。在精细式的粮食安全保障体系下，耕地还是有两种用途：耕作或者转变为建设用地指标。这两种用途，表现为两类耕地：非抛荒耕地和建设用地（图 8-7）。

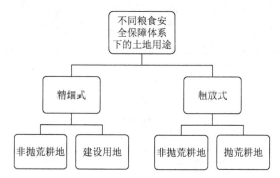

图 8-7　不同粮食安全保障体系下的土地用途

存在大量抛荒耕地，是粗放式粮食安全保障体系的致命弱点：一边是管理不精细的非抛荒耕地和绝对数量巨大的抛荒耕地；另一边是紧缺的建设用地指标。一边完全缺乏激励，另一边是丰富的资金找不到建设用地指标。这样的悖论，使粗放式粮食安全保障体系必须向精细式转变。

三、精细式的粮食安全保障战略

1. 精耕细作与精细的关系

（1）精耕细作与精细式粮食安全保障的关系。精耕细作还不够。精耕细作只是生产意义上的精细利用。只有精细管理，才能区分非抛荒耕地和抛荒耕地。非抛荒耕地得到激励，非抛荒耕地得到治理。精耕细作只是生产意义上的。精细式粮食安全保障才是管理意义上的耕地资源利用。有效区分对耕地的利用效率，奖勤罚懒，才有利于粮食安全保护。

（2）精细式粮食安全保障高效利用了抛荒耕地。精细式粮食安全保障，主要手段是通过现有耕地的高效利用，扩大现有非抛荒耕地面积，提高非抛荒耕地单产，实现粮食总产量稳步增加。在此基础上，将剩余抛荒耕地拿来，作为建设用地指标。从建设用地指标的增加上，通过地票制度等获取资金。这些资金，数目相当庞大，用来激励精耕细作的农民。

（3）精细式粮食安全保障对非抛荒者进行激励。资金是从抛荒耕地的指标转化得来的。但资金不能激励抛荒的人，而是激励精耕细作的农民。这真正体现了奖勤罚懒的激励目标（图8-8）。精细式粮食安全保障体系中，农民可以分为非抛荒者和抛荒者两种。一种是精耕细作的农民，这类农民具有两方面的粮食安全保障意义。第一，在精细式粮食安全保障体系实施以前，他们没有抛荒耕地，为粗放式时期的粮食安全作出贡献。第二，在精细式粮食安全保障体系实施以后，他们在新的激励体系下，继续发掘现有耕地潜力，提升单产，使精耕细作提高到一个新水平。继续为精细式时期的粮食安全保障作出更大贡献。在新的体系下，非抛荒耕地的精耕细作的农民理应受到大幅度激励。粮食安全因为他们的努力，得到更为坚实的保障。应该实施有区别的有针对性的激励。

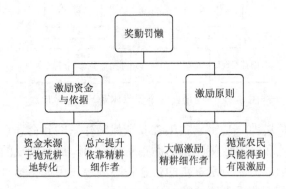

图 8-8　精细式粮食安全保障体系要真正体现奖勤罚懒的激励目标

（4）精细式粮食安全保障对抛荒者区别对待。另一种是抛荒者。他们不仅没有为粗放式时期的粮食安全保障作出应有的贡献，而且在精细式粮食安全保障体系实施以后，没有作出贡献。但是考虑他们抛荒的耕地，通过转化为建设用地指标，获取地票交易资金，为资金来源作出贡献，因此可以酌情激励，这也有利于和谐发展。

2. 精细式的粮食安全保障战略要细化到产量与面积的一一对应

（1）把总产量的每一千克落实到每一亩耕地上来。耕地管理完全没有实现全天候监测的精细管理。因此宏观性是粗放式粮食安全保障体系的主要特征。真正把耕地管理变为微观管理，让每一亩耕地的利用，好像每一亩建设用地的监测一样，十分精细，是转变管理方式的主要着力点（图8-9）。

（2）粮食安全保障战略与建设用地指标配置实现双赢。耕地的重要性怎么凸显？能不能像建设用地一样精细管理？只有激励足够充分，实现耕地利用的精细化完全可能，只要制度设计足够灵活，盯着耕地的土地指标配置体系，将十分高

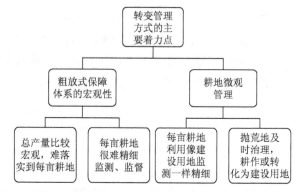

图 8-9　精细式粮食安全保障体系转变管理方式的主要着力点

效：盯着现有每一亩每一分耕地的产量，如果产量足够大，就可以结余出来建设用地指标；如果产量不高，建设用地指标就必须复垦为耕地。这样细致入微的耕地指标管理，对寸土寸金的建设用地指标市场，是很有意义的。因为亿亩耕地产量大幅提升，就可能产生耕地的结余，耕地在转化为建设用地指标后，价值不菲。这样的激励，只要挂起钩来，会促进粮食安全保障战略与新型城镇化建设战略中的建设用地指标配置实现双赢（图 8-10）。

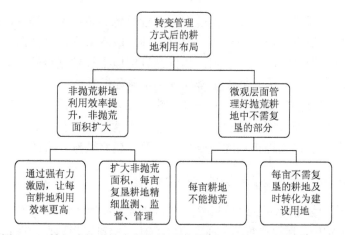

图 8-10　精细式粮食安全保障体系转变管理方式后的耕地利用布局

（3）没有抛荒耕地作为缓冲。精细式的粮食安全保障战略实施以后，在稳步增长的粮食总产量红线的保障方面，已经没有抛荒耕地作为缓冲。如果激励机制不健全，即使有缓冲的抛荒耕地，到时，粮食安全受到威胁，抛荒耕地的潜力能被激发利用起来吗？即使未来粮食供应紧张，只要粮价的市场形成机制仍然不够健全，目前抛荒耕地深度利用的可能性仍然值得怀疑。精细式粮食安全保障体系管理模式下，已经不会有抛荒耕地这个环节。因此未来要满足逐步稳步提升的粮食总产量红线，需要随时把一部分转化为建设用地的抛荒耕地指标，恢复为非抛荒耕地。这部分土地就是图 8-11 中的两个第 2 部分，这是关键环节，也是可以自如转换的部分，两个部分的 2，其实是一类土地，都是因为粮食总产量红线提升，需要复垦为耕地的建设用地。为什么会出现这块土地呢？

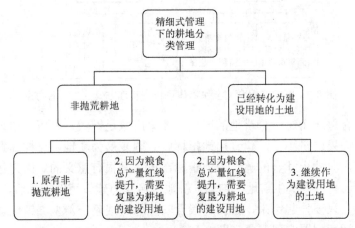

图 8-11　精细式粮食安全保障体系下几类土地的分类管理及其关系

　　人口增长需要更多粮食，如果现有非抛荒耕地的单产不能提升，就要增加非抛荒耕地面积。如果复垦建设用地，恢复耕种的成本太高，则会加大单产提升的压力。只要单产提升的激励足够强，相信建设用地指标被减少的损失会大于提升单产的努力成本。关键是看补偿资金的筹措机制如何建立。

　　（4）补偿资金的筹措机制如何建立。耕地只要精细利用，不仅可以切切实实提高粮食总产量，而且可以释放一定比例，用于建设用地指标。紧紧围绕新型城镇化战略，释放建设用地市场的资金潜力，可以建立数额巨大的补偿资金。

　　3. 精细式的粮食安全保障战略有必要吗

　　（1）中国耕地禀赋不足凸显粮食安全保障不能走粗放式管理之路。精细式粮食安全保障战略的实施，需要在管理上面下很大工夫。这样的精细管理，到底是否划算？答案是肯定的。中国之所以建立耕地红线，是基于相对稀缺的耕地禀赋。如此匮乏的耕地资源，要确保一个大国的粮食安全，以往单纯依靠耕地红线来保障，是远远不够的。这样毫无安全性的保障制度，不仅浪费大量耕地资源，导致抛荒普遍，绝对抛荒面积巨大，而且是对整个土地指标的严重浪费，是对新型城镇化战略的禁锢。

　　（2）受到耕地红线挤压中国建设用地资源禀赋更加紧缺（图 8-12）。目前稳步推进的新型城镇化战略，需要几十年的时间，才能彻底解决剩余一半人口的城镇化问题。所需要的建设用地指标无疑数量巨大。仅仅依靠宅基地复垦等城乡建设用地指标统筹方法，是很难快速解决问题的。中国建设用地指标的匮乏，主要根源有下列几个：首先是耕地与建设用地总量有限。适宜耕作和建设的土地资源不多。其次是耕地红线面积过大。现在及未来的人口压力，使得粮食总需求量很大。粗放式管理下，划定了面积巨大的耕地红线，期望能够以面积换产量。

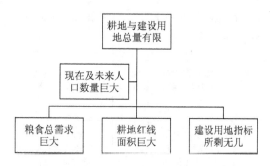

图 8-12　受到耕地红线挤压中国建设用地资源禀赋更加紧缺

建设用地指标受到极大约束。所剩无几的建设用地指标，需要应对城镇化，捉襟见肘。

（3）中国人口禀赋决定了建设用地总量要远远高于建设用地同等利用水平的国家。未来城镇化需要解决几亿人口的建设用地问题。这将是世界历史上的最大规模的城镇化。需要的建设用地指标数量巨大。城镇建设用地指标有限，指标来源除了城乡建设用地指标的统筹，以及建设用地利用水平提升，还要从提升耕地利用水平，从而提升整体土地利用水平入手，来配置建设用地指标（图 8-13）。

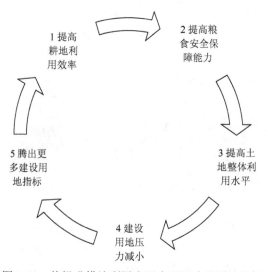

图 8-13　从提升耕地利用水平来配置建设用地指标

（4）向面积要产量与向精细管理要产量（图 8-14）。新型城镇化战略的实施，用地指标不仅来源于城乡建设用地指标统筹，还要从耕地精细管理要指标。这就要求耕地利用及管理程度一定不能低于建设用地经营。

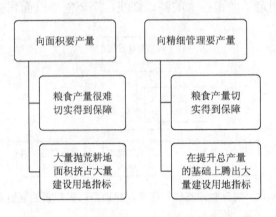

图 8-14　向面积要产量与向精细管理要产量

4. 耕地面积红线已经不是最为精细的粮食安全保障战略

（1）土地利用效率不高产量保障不精确。对每一块耕地，有动态的档案记载，才能弄清楚每一亩耕地的管理情况、单产、品种、品质等。每一亩耕地的严格利用，都有详细数据记载。完全不亚于建设用地指标的利用（图 8-15）。

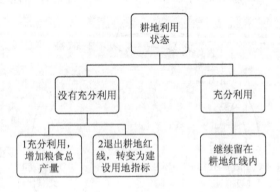

图 8-15　保证耕地的高效利用和粮食总产量提升及建设用地指标增加

（2）产量保障不精确。粗放式管理下哪一块耕地对粮食安全有什么贡献，没有严格的档案记载。每年管理部门担心当年的粮食总产量是否满足需求。但是，基本上不能做到未雨绸缪。为什么这样说呢？宏观上的关注是一回事，微观上大量耕地抛荒而束手无策，何以切实保障粮食总产量稳中有升？

（3）退出耕地红线制度的设计。这一亩耕地得到最佳利用，其继续留在耕地红线之内，就有依据。否则，没有加以充分利用，甚至抛荒，就要重新评估其留在耕地红线中的意义和价值。可以有两条出路：第一，加以充分利用，提高粮食总产量。第二，如果此时粮食总产量可以得到保障，不需要将没有充分利用的耕地复垦，就可以将其转化为建设用地指标，充分利用。

（4）最严格的耕地红线与最粗放的耕地管理相结合。微观管理的缺失使得目前实行的最严格的耕地红线建立在最粗放的耕地管理实践基础上。这种本末倒置的制度，无疑是土地资源利用的巨大浪费。一边是新型城镇化建设战略亟需的建设用地指标匮乏；另一边是严格的耕地红线制约；一边是高效利用的建设用地，一边是数以千万亩计的抛荒耕地。土地利用效率严重不均衡（图8-16）。

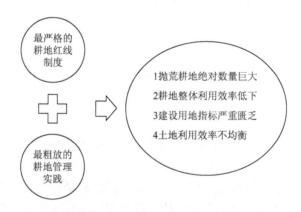

图 8-16　最严格的耕地红线与最粗放的耕地管理相结合

四、粮食总产量红线制度与耕地面积红线的关系

1. 粮食总产量红线制度的内涵

（1）粮食总产量红线制度的含义。精细式粮食安全管理，前提条件是目前粮食总产量满足粮食安全要求。首先要确保粮食总产量红线。粮食总产量红线，就是仿照耕地面积总量红线提出的一种粮食安全保障制度。直接用粮食总产量作为管制的对象，不是以往的以支撑条件为标准的管制方法（图8-17）。

（2）粮食安全是粮食总产量是否满足粮食需求量的问题。粮食安全，实际上就是粮食总产量是否满足粮食需求量的问题。在粮食需求量一定的情况下，粮食总产量就是核心要素。

（3）在耕地面积总量与粮食总产量之间，有很多环节和要素。以往的耕地面积总量红线，把耕地面积总量设定为标准，是一种间接的指标。在耕地面积总量与粮食总产量之间，有很多环节和要素。例如，耕地利用率、单产和管理要素（如劳动力投入要素、技术投入等）及环境因素等（如气候、水利、土壤等）。

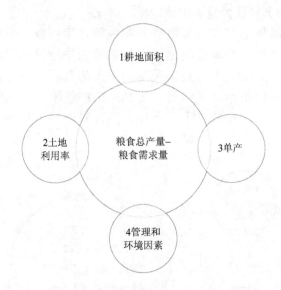

图 8-17　粮食安全保障的核心是粮食总产量

（4）制定粮食总产量红线，可以促进耕地面积总量与粮食总产量之间的所有要素的充分发育。制定粮食总产量红线，可以促进耕地面积总量与粮食总产量之间的所有要素的充分发育：大力提高耕地利用率，着力提高单产，加强管理要素，充分投入劳动力要素，着力加大技术投入，兴修水利，改良土壤，以便最大限度地利用环境因素等（如气候等）。

2. 粮食总产量红线与耕地面积总量红线比较

（1）粮食总产量红线不再直接针对耕地面积，为耕地面积指标的高效利用提供机会。耕地面积总量红线，针对耕地面积设定。而耕地面积只是粮食总产量的一个要素，是支撑条件之一。粮食总产量红线，是直接针对粮食总产量本身设定的，是粮食安全保障的核心和直接指标。

（2）粮食总产量红线，直接提升耕地利用率。不再针对耕地面积总量，则只要粮食总产量红线达标，耕地面积的重新高效利用就成为可能。只有耕地面积红线是不够的。特别是如果没有强有力的激励制度，保护了 18 亿亩耕地不被建设用地占用，这只是问题的第一步。受保护的18亿亩耕地，没有很好开发利用，甚至会出现耕地红线保护低效耕地的悖论。即农民种粮积极性不足，受保护的18亿亩耕地完全处于自发利用状态。精耕细作没有制度保障。这可以说是耕地面积红线需要解决的第二个问题，即耕地总产量的提升。耕地面积红线是抑制建设用地滥用耕地的有效制度，但是不能很好地解决耕地利用效率问题。耕地总产量红线，才是激发耕地利用效率、杜绝抛荒、提升单产的制度，才能把耕地利用水平提升到新高度（图8-18）。

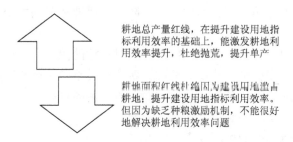

图8-18　粮食总产量红线与粮食面积红线提升建设用地和耕地指标利用率

3. 粮食总产量红线与粮食面积红线形成制度体系

（1）粮食总产量红线是粮食面积红线的发展。能否取消耕地面积红线，取而代之以粮食总产量红线？就目前来看，似乎机会还不成熟。就两者的关系来看，粮食总产量红线制度是耕地面积红线的发展，是一个制度体系的两个方面。分别致力于解决两个方面的问题：首先，粮食面积红线首先捆住滥用滥占耕地的建设市场的手脚，让建设用地指标的无限膨胀受到约束。让建设用地指标的高效利用成为可能。耕地面积红线的严格执行，让建设用地指标的盲目扩张势头受到抑制，精细利用成为建设用地指标配置的主题。其次，粮食总产量红线是为了解决粮食面积红线不能解决的耕地利用效率不高的问题，是在建设用地效率提升后，捆住耕地低效利用的手脚，让耕地利用效率提升看得到希望和好处。

（2）粮食总产量红线是粮食面积红线的补充制度。两个制度的设计，不仅有层次性，而且有主次。两个制度的设计，是为了粮食安全保障。并主要是为了土地高效利用基础上的粮食安全的切实保障。因此，光有耕地面积红线，远远不够。面积不能切实保障总产量。不仅如此，面积保护在没有耕地利用效率激励的条件下，还保护了耕地的抛荒。因为，耕地耕作积极性不高，又不能改变用途，转变为建设用地指标，只能抛荒。不从粮食总产量入手，把耕地利用低效的根源治理好，耕地面积红线经不起推敲。

第二节　粮食安全保障制度

一、粮食安全保障制度的激励与控制

1. 粮食安全保障制度的控制要素

粮食安全保障，既可以采取激励方式，也可以采取控制方式。

（1）对要素本身的控制。例如，生产队时期耕地和劳动力都被生产队牢牢控制，这属于对要素本身的实体控制。

（2）对指标的控制。还有一种控制，是对指标的控制。指标的控制比较虚。例如，耕地红线制度就是耕地指标控制。耕地红线不是生产队时期对耕地本身的控制，而是对耕地用途的控制。目前需要着力创新的总产量红线，也是产量指标控制，而不是生产队时期对粮食本身的控制。

粮食安全保障制度的控制要素如图 8-19 所示。

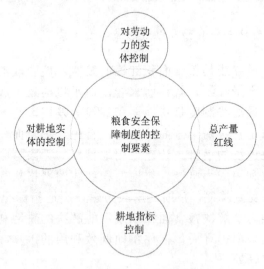

图 8-19　粮食安全保障制度的控制要素

2. 粮食安全保障制度的激励要素

控制是行政手段配置资源。与控制相比较，激励机制完全不同。激励是积极性的激发，用市场手段配置资源。激励可以是从耕地入手对耕作者的激励，也可以是直接从劳动力入手对耕作者的激励。

（1）从耕地入手对耕作者的激励。从耕地入手对耕作者的激励，可以是耕地

私有产权明晰，以及向这一目标迈进的哪怕微小的进步，例如，承包制就是承包权的解放，虽然距离耕地私有产权有很长路要走，但是毕竟是对耕作者的产权激励。从耕地入手对耕作者的激励，还可以是耕地产值的激励，例如，粮价提升、单产提升等产生的总收入提升的激励。

（2）从劳动力入手对耕作者的激励。直接从劳动力入手对耕作者的激励，可以是人身自由的激励，还可以是因为获得自由流动迁移的权利，可以增加收入的激励。承包制解放了生产队对劳动力的禁锢，不仅劳动力获取了人身自由，后来还逐步获取了进城打工的权利，收入增加，发展路径得到开拓（图 8-20）。

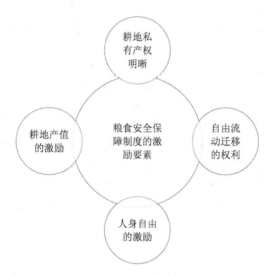

图 8-20　粮食安全保障制度的激励要素

二、从联产承包制到粮食总产量红线管理

1. 粮食总产量红线管理与联产承包制的制度变迁

（1）承包制以前的粮食安全保障方式是没收耕地、束缚劳动力。要从总产量红线入手，治理粮食安全保障难题，类似联产承包制的制度变迁。在承包制以前，生产队管住了劳动力，管住了耕地，没有管住产量。通过没收耕地，通过严厉的户籍制度把劳动力束缚在耕地上，结果吃不饱肚子。承包制以后，耕地面积减少了，人口增加了，人均消费粮食增加了，结果粮食供需均衡了。什么原因？错误的治理方式。承包制以前，为了保证粮食安全，首先把产权私有的耕地没收，纳入虚置产权的生产队。然后为了耕地不会荒芜，束缚劳动力。但是，积极性这一关键变量没有被充分认识。

（2）耕地面积红线与生产队时期没有激励机制的制度。目前已经进入新的历史时期，就激励来说，耕地面积红线与粮食总产量红线相比，类似承包制之于生产队。虽然耕地面积红线与生产队对劳动力的束缚和全部没收耕地纳入生产队相比要改进很多。但是与粮食总产量红线相比，实质是一样的。与生产队相比，耕地面积红线只是指标管制，看似更为优越。耕地面积红线与生产队一样，都缺乏核心要素：激励机制设计。

（3）耕地面积红线要比生产队时期更缺乏劳动力配置实际手段。甚至从实际的总产量要素配置来看，耕地面积红线要比生产队更没有优势：生产队时期，劳动力不得不被束缚在耕地上，好歹出于朴素的对耕地的感情，还会投入一定量的劳动力；现在，实施的耕地红线制度已经没有对劳动力的约束机制，当然因为与打工收入相比，种粮积极性很低，也没有激励机制，随意抛荒甚至远比生产队时期的后果严重。愈演愈烈，可想而知。一个只管理耕地指标的制度，不负责耕地利用激励机制的设计，是十分危险的制度。看似管住了耕地指标，却管不住不愿意耕作的农民，任其随意处置耕地，粮食安全十分危险（图8-21）。

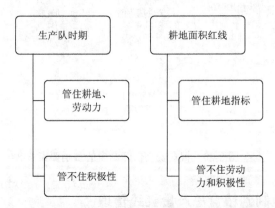

图 8-21　粮食总产量红线管理类似联产承包制的制度变迁

2. 承包制是从要素控制向激励机制转换

承包制对生产队的制度改进，对我们有什么启示？几十年的联产承包制，已经释放完其制度创新的潜力。很多人已经记不起来其价值和意义。我们也只是因为粮食总产量红线的分析回顾起来产量的精确含义。在生产队时代，国家为了粮食安全，采用的是对生产要素的控制。忽视积极性的激励机制设计。承包制通过对劳动力的解放，释放了其生产力。使之可以产生更多的收益。通过对耕地的承包权的解放，在产权明晰的路上迈出了第一步，多少加大了激励力度。承包制时期的粮食安全是对激励机制的改进。承包制前后国家粮食安全保障的着力点如图8-22所示。

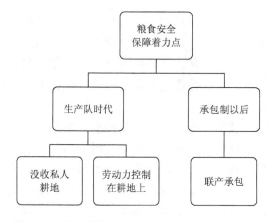

图 8-22 承包制前后国家粮食安全保障的着力点

3. 设定耕地红线的契机和效用分析

（1）承包制前期没有对耕地的本身和指标的控制。这里我们关心的是粮食安全中的耕地红线问题。承包制前期没有设定耕地红线。承包制可以说是大刀阔斧的改革。其中一个核心，就是耕地不再处于没收私人耕地、收归集体、虚置产权的状态。这不仅从逐步有限地释放耕地产权的角度激励了耕作者，而且因为耕地承包权的释放，解放了捆绑在耕地上的劳动力。从承包制开始实施，到近年来提出耕地面积红线，其间几十年，粮食安全对耕地的控制十分薄弱。甚至可以说，这几十年，既没有耕地本身的控制，也没有耕地指标的控制（即耕地用途管制）。这几十年，没有对耕地的本身和指标的控制，粮食安全是怎么保障的？没有对耕地的本身和指标的控制，怎样确保粮食产量比生产队时期有所增加？主要是利用激励机制来确保粮食产量。前面已经说过，生产队以前，耕地产权私有。生产队没收产权私有的耕地，收归集体所有。承包制把耕地承包权发还给农户。在耕地产权释放的路上做出微弱的改进。当然，与农户原有的耕地私有产权相比，承包权不算什么。但是，毕竟给抱有希望的农户一点信心，让曾经失去耕地私有产权的农户看到耕地产权释放的契机。这样的产权激励，应该是承包制前期，没有实际控制农民的耕地，也没有管制耕地用途，即控制耕地指标，粮食安全仍然比较好地得到保障的一个原因。如果说，还有激励机制，那就是耕地产权的逐步释放，同时把捆绑在耕地上的劳动力解放出来，激发其创造力，提升收入。

（2）设定耕地红线与粮食安全保障关系。近年来为何提出耕地红线？承包制后期因为建设用地滥占耕地现象严重，国家决定设定耕地红线。设定耕地红线很好地约束了建设用地滥占耕地现象。耕地红线设定时的农村劳动力常住地分布，成为耕地指标控制的重要契机。承包制前期，农村劳动力常住在城镇的比例不高，等到耕地红线设定时期，大量农村劳动力常住城镇，目前城镇常住人口已经超过全国人口的一半，其中包括几亿农民工。农民工常住城镇之后，对粮食安全有什么影响？首先是耕作劳动力不足，其次是粮食生产对常住城镇的农村劳动力的意义不再重要。劳动力不足，以前通过兼业来实现。现在很多农民工长期在城镇打工，很少回去或者不再回去耕作。长期居住在城镇，几亿农民工的粮食供应不是通过自产，而是通过在城镇就地解决。这也严重影响了粮食安全保障。农民工常住城镇，对粮食安全还有一个影响，就是常住时间越长，收入水平越高，经济状况越得到改善。购买力逐步增强，粮食消费越容易通过购买满足。自产粮食重要性下降速度越快。作为一个关键群体，几亿农民工的转型，成为关键因素。即使设定耕地红线，因为承包制的潜力释放殆尽，此时已经不能继续依靠承包制的激励机制来确保粮食产量（图8-23）。

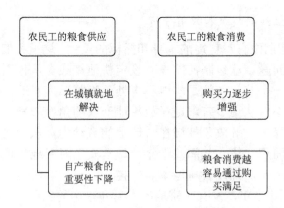

图8-23　农村劳动力常住地分布是耕地指标控制的重要契机

4. 需要激励机制来配合耕地红线

耕地红线约束了建设用地，但是对耕地利用效率提升没有作用或者作用不大。耕地红线的思路与生产队没收私人耕地的控制思路一致。只有控制，没有激励。

（1）耕地红线只能约束建设用地指标侵占耕地指标。耕地红线从本质上来说，是防御型的制度设计。可以应对建设用地指标滥占耕地，并且整体上相对比较有效。

（2）耕地红线不能激励耕作积极性。耕地红线不兼具激励性，不能用激励手段把保护起来的耕地的利用效率提升。既不能确保粮食总产量，也不能提升耕地的利用效率。

（3）有了耕地红线，还需要激励机制来确保粮食产量。我们这里着力引入的与面积红线配合的产量红线，就是想要抓住产量这个核心，将对面积的控制转变为对粮食产量的激励，从而直指粮食安全保障的要义。

（4）粮食产量指标交易是一种激励机制。没有耕地红线，产量红线建立不起来。因为无法建立建设用地指标配置的约束机制，无法阻止建设用地指标对耕地的侵占。产量红线必须建立在耕地红线为耕地建立的防御体系所划定的边界分明的保护圈里面。这样，弱质的耕地指标，才不会被强势的建设用地指标吞噬。有了产量红线，耕地红线才是不仅有坚硬的保护外壳，还具有很强弹性的兼具控制与激励价值的战略管理体系。因为产量红线引入动态均衡的考评机制，耕地红线才更有价值（图 8-24）。

图 8-24　耕地红线与产量红线结合兼具防御型与激励性

三、粮食安全保障的典型控制方式

1. 耕地实体控制到指标控制

（1）耕地实体控制到指标控制是一种进步。面积红线与生产队的耕地要素控制相比，是一种进步。不是直接地控制耕地本身，而是从指标入手，控制耕地用途。控制的对象都是耕地，但是一实一虚。耕地面积红线是在承包制基础上的制度改进。生产队时期控制耕地本身；而承包制初期既没有控制耕地，也没有控制耕地指标，似乎走到另一个极端。设置耕地红线，来控制耕地指标，是一种巨大进步。耕地的粮食安全保障功能被高度重视。但是，只有耕地红线，在粮食总产量提升方面，没有明显的激励效应。特别是耕地面积静态管理，缺乏精确性。要尝试新的制度配套，引入粮食产量动态均衡的考评机制。

（2）耕地多余指标的激励问题。要在腾出的耕地可以转化为建设用地指标方面下工夫，从保障粮食总产量入手，建立总产量红线和激励机制。

2. 产量实体控制到产量指标控制是一种进步

（1）承包制提出产量问题。承包制相比较生产队来说，进步很大。进步之一就是提出产量这个指标。产量这个指标有什么意义？生产队紧紧抓住产量这个核心，来做文章。产量本身是实体。本书提出的粮食总产量红线是指标控制。控制的对象都是产量，但是一实一虚。

（2）承包制提出的产量问题的本质。联产承包制提出产量问题，其实是一种激励机制。没有充分的约束机能。保证国家粮食收购，其余是自己的。当时城镇化比例不高，这样的产量制度还可以运行，确保比例不高的城镇人口粮食供应。现在几乎一半的人口常住城镇，是否需要从粮食总产量控制入手，建立粮食红线，以取代耕地红线，才能解决问题？

（3）面积指标到产量指标是一种进步。在没有出现对耕地和劳动力的新激励的情况下，从生产队时期控制总产量本身可以向控制总产量指标迈进。

四、总产量指标在各地区之间交易

1. 各个时期粮食总产量控制的尝试

（1）生产队时期农业制度的核心是粮食总产量控制。生产队为了粮食产量控制，首先控制耕地，并因此而控制了劳动力。耕地控制曾经让生产队为此付出很高的代价。无论生产队时期的农业制度受到怎样的评价，一个事实应该得到承认：这种制度最终还是为了当时特殊历史条件下的粮食安全保障。无论现在看起来多么荒谬，生产队时期的农业制度都着眼于当时粮食安全的保障。不否认这点，才能深入分析当时的农业制度的精髓。当时的粮食安全保障并非一无是处，着眼于耕地总产量控制就是一个亮点。承包制以后，甚至直到目前，我们都没有高度重视生产队的这个亮点，忽视对产量控制的核心课题。仅仅在面积等看得见的简单容易控制的指标上下工夫，没有直指粮食安全保障的产量标准这一核心要素。生产队时期，农业制度有很多在现在看来十分落后的作法，当然考虑当时实际，这些做法未必毫无价值。生产队时期，无论是为了什么目标，粮食是一切农业制度设计的核心，国家特别重视粮食产量。当时产量控制的计划经济模式和手段值得商榷，控制付出很高成本，产量控制的效果并非尽如人意，但是产量控制的核心思想值得借鉴。

（2）联产承包制初期控制粮食产量的核心思想。承包制对产量的控制是无为而治的方式，主要通过放松耕地承包权的方式，解除对劳动力的束缚，来刺激农民种地的积极性，以此保证粮食产量。这种市场经济式的产量管理模式，主要是激励式的。国家对粮食产量很重视，但是也埋下耕地利用效率下降的种子。

（3）耕地红线杜绝了对粮食产量支持条件的威胁。耕地红线的设定，主要是为了统筹城乡土地指标，主要是统筹耕地指标与城镇建设用地指标的关系。耕地红线有效地阻止了城镇建设用地指标滥占耕地的趋势，有效地解决了一个问题：想要耕作的农民无地可种的问题。保护了农民与耕地之间的良性互动关系。粮食产量减少的机械性因素被剔除。

（4）耕地红线实施以后真正控制粮食产量需要解决激励问题。生产队时期特别重视产量控制，对耕地和劳动力控制严格。承包制初期与耕地红线实施以后，农民种粮积极性发生了明显变化。承包制与耕地红线对粮食产量的效应完全不同。承包制是城镇化比例很低的条件下，对没有更多就业机会的农民的一种放权激励。耕地红线实施的时代，城镇化已经如火如荼，城镇常住人口接近总人口的一半左右。种粮效益很低，没有配套种地，则无法解决农民种地的激励问题。粮食产量保障是徒有其表的支撑条件保障，不是充满激励的产量本身的保障。直接针对产量本身的粮食安全保障体系的建立迫在眉睫。未来要采用计划与市场结合的方式，高度重视产量控制，在产量控制下重视土地指标激励。

2. 粮食总产量控制的螺旋式上升

（1）粮食产量控制方式分类。粮食这样的战略物资，无所谓直接与间接控制哪种更好的问题。特别是在目前，粮食不仅仅是商品，由市场来控制粮食供应的基本条件还不成熟。单纯追求市场经济控制方式，对粮食产量控制，不一定实用。根据六十年来产量控制的历史分析，可以把粮食战略对产量的控制分为直接与间接两个阶段，并拟提出高级直接控制的方式（图8-25）。

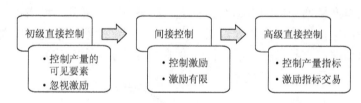

图8-25　粮食产量控制方式分类

（2）初级直接控制的方式。生产队时期，把粮食生产的所有可见要素全部加以控制：耕地直接从农户私有产权转化为虚置产权的集体所有；劳动力不能自由支配，束缚在耕地上。为了产量控制，可谓用心良苦。唯独没有考虑激励要素，众所周知，激励要素的匮乏，最终导致效率低下。因此，产量控制效果不理想，称为初级直接控制阶段。激励要素刚好被剔除出去。产量控制只剩下直接要素，耕地实体和劳动力实体尚处于要素本身控制手段。正是因为要素本身控制，所以出现效率下降的问题：要素本身被直接控制而失去激励。产权被完全剥夺，劳动力流动和使用自由被完全剥夺（图8-26）。

直接控制固然比较好，能够直指产量。但是不能直接控制要素本身，对要素本身的控制，让耕作激励消失殆尽。最关键要素的丧失，让直接控制产量的努力付之东流（图8-27）。

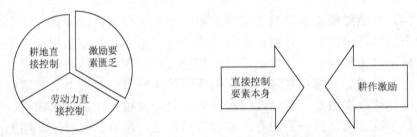

图 8-26 初级直接控制方式忽视激励要素　　图 8-27 对要素本身的控制让耕作激励消失殆尽

（3）间接控制方式。无论是承包制前期还是耕地红线实施以后，已经放弃对耕地和劳动力的直接控制。此时也没有直接针对粮食产量的控制手段。耕地红线对耕地面积的关注，从严格意义上来说，还是间接控制产量的支撑要素，即耕地面积指标，而不是控制产量本身。实施阶段，这种间接控制方式曾经对粮食产量生产起到了一定作用。

（4）高级直接控制的方式。随着抛荒加剧，耕地红线已经不敷使用。需要直接针对粮食产量的管理手段。从初级直接控制要素本身的方式，可以得到十分惨痛的教训。不能直接控制要素本身，控制产量完全可以在指标方面下工夫。控制粮食产量指标就是一种办法。在这种控制办法中，直接关注每一亩耕地的每一季节的产量。产量指标作为可以交易的指标。交易产量指标直接与激励机制挂钩。激励要素来自产量增加后的指标交易资金。如果不断地提升产量指标，可以腾出更多的建设用地指标。腾出的建设用地指标，可以在地票体系交易中兑现。产量地票就可以跟碳汇交易一样，成为被高度关注的对象（图 8-28）。

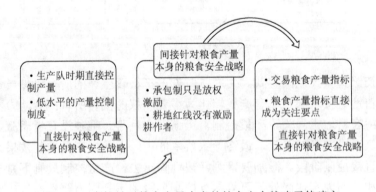

图 8-28 直接针对粮食产量本身的粮食安全战略亟待建立

五、高级直接控制要素指标的运作方式

1. 粮食总产量红线管理设计

（1）产量测量技术方法。粮食总产量红线管理难度要比粮食面积红线更大。

当初制定耕地红线，有一个便于操作的优点。粮食产量变化幅度比较大，不仅受到耕地面积的影响，还要受到立地条件、气候、耕作技术、积极性等诸多方面的影响，耕地面积受到的影响因素相对较少，主要是统筹城乡土地指标的影响，例如，建设用地指标的侵占等。粮食产量受到更多的影响因素的综合影响，因此不确定性增强。不可控因素比较复杂，如自然条件等因素，多半属于不可控因素。这是耕地面积所不具备的特点。粮食总产量红线的监督难度较高，直观性不强。许多因素融合在一起，加大了管理难度。这也是首先确定耕地面积红线，而不是粮食产量红线的原因之一。

（2）产票使耕地产量增加。虽然难度很高，但是因为产量红线是粮食安全保障的核心，因此在碳汇交易目前广受关注的基础上，我们想看看能不能借鉴碳汇交易思路，将粮食产量落到实处。这里借鉴碳汇交易的目的，是要借鉴地票交易思路，最终形成一种挂钩制度：所有新增建设用地指标，都是以增加粮食总产量为基础（图 8-29）。耕地红线催生出地票这样的制度设计，新增建设用地指标，紧盯耕地面积的等量增加。这样监督比较简单方便。产量红线催生的以产量为核心考评指标的类似地票的制度设计，暂时命名为产票制度，即"以产量为核心考评指标的地票的制度"。新增建设用地指标，紧盯耕地产量的等量增加。这样监督，虽然比较困难，但是直接抓住本质，将全国耕地产量纳入管理范畴。

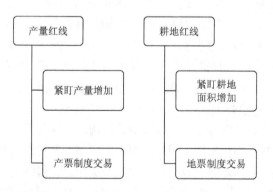

图 8-29　所有新增建设用地指标都以增加粮食总产量为基础

2. 总产量指标交易

（1）动态变化。因为粮食产量每年变化很大，产量地票额度具有很强的时效性。每年清空前一年的数据。新的一年根据当年粮食总产量供需的增减情况，重新交易。实现动态产量地票交易制度实际上要求每年重新计算一次粮食供需情况。根据供需情况，确定建设用地指标投放或者削减。当年粮食产量有余，可以审批耕地指标作为建设用地指标。如果当年粮食供需紧张，即使有耕地指标剩余，也不审批耕地指标作为建设用地指标。审批完全是根据粮食供需情况决定的。耕地单产潜力完全发挥以后，总产量超越最大粮食需求量，结余耕地面积，逐步释放，一部分作为预备土地。

（2）产票交易将粮食总产量落到实处。只要管理技术上能够实现，把人口总数与人均粮食消费所决定的粮食总产量作为粮食安全保障的目标。粮食总产量与每一块耕地一一对应，建立严密监控的粮食产量监督体系，确保每一千克粮食的来源落到实处。

（3）产票密切关注产量增减。耕地增减的幅度与粮食产量相比，具有稳定性。粮食产量因为各种原因会有一定幅度的动荡。产票作为粮食产量红线的指标标识，与粮食产量增减紧密挂钩。随时反映产量动态，可以通过各种方式尽可能地降低产量动荡幅度，保障粮食安全。在产票制度设计中，产量增减，意味着耕地指标与建设用地指标配置发生摇摆，严重的时候，甚至需要腾出部分建设用地指标，复垦为耕地，补偿粮食产量损失。这无疑需要花费很大的成本，也对粮食产量提升带来压力。这会促成我们采用各种可能的手段，弥补产量下降的损失。通过产票制度，才真正把粮食安全保障的压力传输到每一块耕地，传输到每一千克粮食产量上面。

3. 没有合理激励机制的条件下，最理想的是交易总产量指标

指标交易落实粮食产量红线。总产量本身不可以控制，但是总产量指标可以控制。总产量指标交易，可以促进总产量增加，并最终发现粮食价格。

指标交易统筹土地资源利用。农业主产区可以通过耕地提高利用效率，获取补偿。粮食主产区往往具有提升产量的能力，在产票指标交易的趋势下，提升粮食产量幅度比较大的区域，可以通过产票指标交易，获取资金补偿，进一步地将其投入到粮食产量提升的工作中，获得进一步的激励。

地票、碳票与产票的统筹交易。地票是建设用地指标配置手段，碳票是林地指标配置手段，产票是耕地指标配置手段。地票、碳票与产票可以相互结合，形成三种土地资源利用的完美结合。地票、碳票与产票的完美结合，最终实现土地资源的统筹利用。三种制度分别配置耕地、建设用地和林地指标。只要三种制度之间完全打通界限，可以自由互通，建立融汇机制，三种土地指标的最优配置就可以实现。市场交易中需要分析产票红线和林地红线如何主导交易，确保粮食安全和生态安全（图8-30）。

六、充足的耕地为耕地红线提供基础

1. 如果有激励，提升耕地指标利用效率的思想实验

（1）目前粮食安全基本得到保障。想要通过提高耕地利用效率来从耕地指标

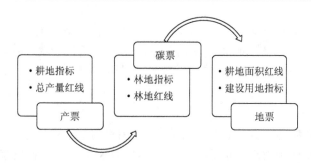

图 8-30 地票、碳票与产票相结合统筹利用三种土地资源

中拿出一部分指标，作为建设用地指标。看看有没有可能。假定目前严格执行 18 亿亩耕地红线，即目前耕地面积 Y_1=18 亿亩。假定未来人口最高峰时期人口数量为 x_2，按照最大人均粮食消费量 y_2 计算，需要粮食总量为 z_2，则：$z_2=x_2y_2$。假定最大限度地提升管埋水平，粮食单产最大限度可以提升的极值为每亩 w 千克。耕地目前因为没有完全发掘潜力，单产为每亩 v 千克。目前 18 亿亩耕地的总产量为 z_3：$z_3=Y_1v$。假定目前人口数量为 x_1，按照目前人均粮食消费量 y_1 计算，需要粮食总量为 z_1：$z_1=x_1y_1$。目前粮食安全基本得到保障。可以近似看作进出口粮食总量均衡。假定不考虑进口与出口粮食数量，可以近似看作粮食总产量与需要粮食总量均衡，即目前需要的粮食总量 z_1 等于目前耕地红线 18 亿亩的总产量 z_3，即 $z_1=z_3$。则有 $z_1=x_1y_1=z_3=Y_1v$；$Y_1=x_1y_1/v$。

（2）如果有激励，提升耕地指标利用效率的潜质有多大。未来假定为满足粮食安全需要，需要的有效耕地面积为 Y_2。这里所谓的有效耕地面积，是在允许把腾出来的耕地指标转变为建设用地指标的激励下，最大限度地提升管理水平，最大限度地提升耕地利用效率，最大限度地提升粮食单产。假定单产可以提升到极值，为每亩 w，这样来应对未来人口最高峰时期的粮食需求总量 z_2。此时需要的有效耕地面积（Y_2）为 $Y_2=z_2/w=x_2y_2/w$。假定未来人口最高峰时期人口数量 x_2 相对于目前人口数量 x_1 的比值为 s，假定人均粮食消费量峰值 y_2 相对于目前人均粮食消费量 y_1 的比值为 t：$s=x_2/x_1$，$t=y_2/y_1$。

假定人口数量和人均粮食消费量两个比值的乘积为 r：$r=st$。

假定粮食单产极值 w 与目前耕地单产 v 的比值为 q：$q=w/v$。

（3）提升耕地指标利用效率能否腾出耕地指标。我们根据目前抛荒的严峻形势，以及抛荒地复垦的巨大潜力，考虑只要允许把因为耕地利用效率提升而腾出来的耕地指标转变为建设用地指标，在此巨大的激励下，粮食单产提升的动力很足，耕作者愿意采用良种，精耕细作，最大限度地发挥科技潜力。分析人口增长的发展趋势及其峰值，以及人均粮食消费的变化趋势及其峰值，假定因为激励机制设计十分有效，单产比值 q 大于人口和人均粮食消费量两个比值的乘积 r，$q>r$。即 $w/v>st$，

$w/v>(x_2/x_1)(y_2/y_1)$，$w/v>(x_2y_2)/(x_1y_1)$，$w(x_1y_1)>v(x_2y_2)$，$(x_1y_1)/v>(x_2y_2)/w$，$Y_1>Y_2$ 即未来人口最高峰时期所需有效耕地面积 Y_2 低于现有耕地红线面积 Y_1。假定可以有一定耕地面积 Z 腾出来，转变为建设用地指标：

$$Z=Y_1-Y_2=(x_1y_1)/v-(x_2y_2)/w=18-(x_2y_2)/w。$$

（4）腾出的耕地指标能否作为提升耕地指标利用效率的奖励。在严厉的耕地红线制度下，即使极大限度地提升耕地利用效率和单产，节省出来的可以转变为建设用地指标的 Z，能否兑现？

2. 耕地面积红线在耕地指标利用效率提升上宽严皆误

（1）没有激励的耕地面积红线堵死了耕地指标利用效率提升之路（图 8-31）。耕地面积红线制度下，无论总产量高低，想要通过提升耕地利用效率，在保证总产量的基础上，重新配置耕地指标，这就禁锢了耕地指标利用效率提升之路。过分严厉的耕地红线保护，不会因为效率改进而放松。未来，在人口数量巅峰状态、人均消费量最大情况下，最大限度地利用耕地潜力，保障粮食安全后，完全可以腾

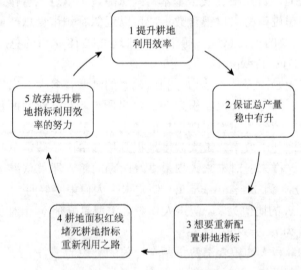

图 8-31　过分严厉的耕地面积红线堵死了耕地指标利用效率提升之路

出一部分耕地指标，转换为建设用地指标。过分严厉的耕地面积总量红线，会影响耕地面积 Z 转化为建设用地指标的努力。既然如此，为什么要辛辛苦苦去最大限度地提高耕地利用效率呢？一切提高耕地利用效率的努力都不会得到应有的补偿，势必影响现有耕地利用效率的提升。目前耕地利用效率不高也就可以得到解释。激励耕地高效利用的制度十分重要。

（2）耕地面积红线从宽到严有利于提升耕地指标利用效率。客观来看，耕地面积红线对提升耕地指标利用效率很有价值。上面的问题只是进一步高效利用耕地中存在的问题。没有耕地面积红线实施以前，没有必要考虑耕地面积保护，也没有把粮食安全与耕地面积联系起来。耕地面积红线实施以后，为进一步高效利用耕地制定初步框架，提出问题。虽然看似存在危机，其实只有出现危险，才有机遇。耕地红线的最大效用就是把所有没有被关注的土地利用效率、粮食安全等问题纳入一个严格的框架，为众多问题的进一步解决提供思路。从这个意义上看，耕地面积红线是十分有价值的（图 8-32）。

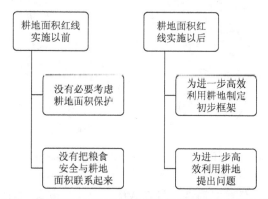

图 8-32　耕地面积红线对提升耕地指标利用效率很有价值

（3）耕地面积红线从严格到可以通融有利于更好地提升耕地指标利用效率。没有耕地红线以前，建设用地侵占耕地的冲动很强大，危及粮食安全。设定耕地红线以后，约束建设用地指标膨胀，设定建设用地指标边界，有效地提升建设用地指标利用效率。以上是耕地红线的积极意义。没有总产量红线作补充，耕地红线不允许将腾出的耕地指标转化为建设用地指标。没有激励机制，耕种积极性下降，抛荒严重，红线保护抛荒。这凸显了激励耕作积极性的重要性。如果能够建立产量红线，在确保总产量的条件下，允许腾出的耕地指标转化为建设用地指标，可以提升耕地利用效率（图 8-33）。

第三节　产量红线制度

一、产量红线与产票交易

1. 划分耕地面积单位的前提假定

（1）满足粮食总产量红线要求。既然产量红线是对耕地红线的补充和保障，

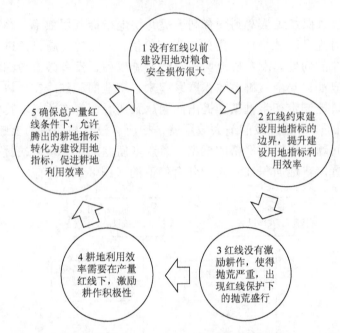

图 8-33　耕地面积红线从严到可以通融有利于更好地提升耕地指标利用效率

所有的激励都要建立在确保粮食产量红线的基础上。耕地面积是大前提，粮食产量是约束条件。只有紧盯粮食总产量的增加，才能在耕地红线中寻找到激励。

（2）抛荒耕地被复垦的激励机制足够强大。目前相对较低的耕地利用水平，积重难返。没有强有力的激励机制，想要通过提升耕地利用率和提高单产，来统筹土地指标，无从下手。因此，制度的内核还是有吸引力的激励。这里的激励机制，就是统筹城乡土地指标。具体思路是：没有统筹城乡土地指标之前，农民种地的积极性完全来自粮食本身的价值，受到粮价的制约和比较收益的影响，农民不愿意种地，或者不愿意很好地种地。农民种地完全是自己的事情。农民种地没有纳入城乡统筹土地指标的框架中去。有了激励机制，一切发生了变化：农民种地不再是农民自己的事情。农民的粮食产量成为广受关注的指标。这个广受关注的指标，不仅关系到农民自己可以获得的激励，更关系到城镇建设用地指标的配置。粮食安全已经成为城乡共同关注的课题（图 8-34）。

2. 复垦闲置建设用地和抛荒耕地、提升单产能够满足稳步增长的粮食总产量红线

（1）三条途径满足稳步增长的粮食产量红线（图 8-35）。统筹城乡土地指标的激励下，可以有三条途径满足稳步增长的粮食产量红线：一是耕地面积增加。这是传统的地票思路。地票制度就是通过复垦闲置建设用地，实现耕地面积增加，

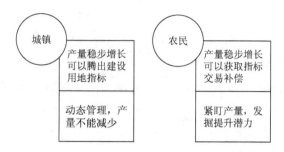

图 8-34　粮食产量成为城乡共同关注的课题

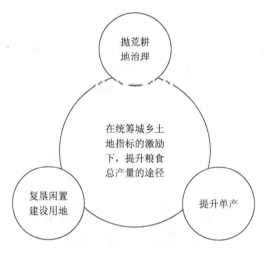

图 8-35　提升粮食总产量的途径

同时在城镇增加等量的建设用地指标。二是抛荒耕地治理。在耕地红线制度下，没有有效激励手段，耕地面积没有减少，但是耕作面积大大减少，出现绝对面积不菲的抛荒耕地。这些耕地治理，在统筹城乡土地指标的激励下，是有利可图的。只要有粮食产量的增长，就会增加粮食总产量，对粮食总产量红线作出贡献。结余的部分产量，可以获取激励。成为统筹城乡土地指标的基础。三是提升单产。在统筹城乡土地指标的激励下，单产提升激励更加强大。此前提升单产，只具有增加粮食产量和产值的单纯效应。单产增加更具有统筹城乡土地指标的效应，因此会产生额外的经济收益，获取更大的激励。

（2）满足产量红线之外可以形成双重激励。复垦闲置建设用地和抛荒耕地、提升单产能够增加粮食总产量。粮食总产量的提升，是为了满足稳步增长的粮食总产量红线，解决未来的更多粮食需求。只要确保粮食总产量稳步提升，在满足产量红线之外，耕地指标与建设用地指标可以相互转化。指标转化产生巨大的经济收益。这些巨大的经济收益就是激励耕地利用效率大幅提升的基础（图 8-36）。

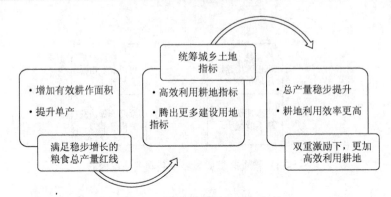

图 8-36　耕地利用效率更加高效

可以形成双重激励（图 8-37）：一是耕地利用效率更高。高效利用的耕地面积包括三个部分：原有耕作土地的单产提升和高效利用；抛荒耕地复垦，进一步的高效利用；闲置建设用地复垦，进一步高效利用。

图 8-37　形成双重激励

二是产生建设用地指标。这些高效利用的土地，不仅可以产生传统的地票（闲置建设用地复垦，进一步高效利用），还可以产生产量红线下的产票（原有耕作土地的单产提升和高效利用；抛荒耕地复垦，进一步的高效利用）。产票和地票都是建设用地指标的新增部分。

3. 超出产量红线的部分可以进入产票交易市场

（1）耕地高效利用之后，超出产量红线的部分，可以进入产票交易市场，获取补偿。产票交易有两种情况（图 8-38）：第一种情况，目前正耕种的耕地通过提高单产，能够满足逐步增加的粮食总产量红线。第二种情况，目前正耕种的耕地通过提高单产，已经不能够满足逐步增加的粮食总产量红线，需要治理抛荒耕地。

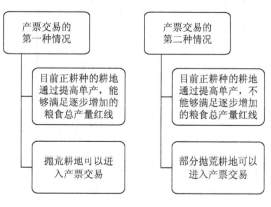

图 8-38 产票交易的两种情况

（2）产票交易的第一种情况。目前正耕种的耕地通过提高单产，能够满足逐步增加的粮食总产量红线。D 表示正在利用的耕地。假定正在利用的耕地 D 原来的单产为 P，正在利用的耕地面积为 D，可以生产的粮食为 L 千克。假定目前粮食安全基本得到保障，目前国内生产的粮食基本满足消费者需求。可以认定目前的粮食总产量红线为 L 千克，$L=DP$。如果激励机制设计完善，提升利用效率，单产提升为 Q。生产同样产量 L 的粮食，需要的耕地面积会有所下降，如仅仅需要面积为 A 的耕地，此时 $L=AQ$。此时节省出来一部分耕地 M，$M=D-A$。假定实施粮食总产量红线的提升部分为 N 千克，根据提升后的单产 Q，可以计算出来需要多少耕地。假定需要耕地面积为 B，则有 $B=N/Q$。在节省出来的耕地 M 中，拿出一部分耕地，面积为 B，B 上面出产的粮食为 N 千克，可以作为粮食总产量红线的提升部分，这时，节省出来的那部分耕地 M 上面，尚有一部分耕地 C 结余出来，则有 $C=M-B=D-A-B$。这里的耕地面积 C，完全可以作为产票制度中，用于转化为建设用地指标的额度。因为不需要通过治理抛荒耕地增加粮食产量，可以无需考虑抛荒耕地问题。抛荒耕地面积完全可以全部进入地票交易市场，因为粮食总产量红线出现的地票，可以称为产票。抛荒耕地面积可以完全作为产票额度。假定可以产生的产票额度为 T，则有 $T=G+C$。额度为 T 的产票，拿到地票市场交易，可以增加面积为 T 的建设用地指标。

（3）产票交易的第二种情况。第二种情况下，目前正耕种的耕地通过提高单产，已经不能够满足逐步增加的粮食总产量红线，需要治理抛荒耕地。与第一种情况同样的激励设计也可以用在抛荒耕地治理中，耕地利用效率更高之后产生更多建设用地指标示意图如图 8-39 所示。

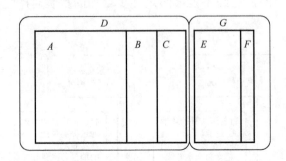

图 8-39　耕地利用效率更高之后产生更多建设用地指标示意图

G 表示没有利用的抛荒耕地，假定根据中国的人口增加趋势和人均粮食消费趋势，粮食需求最高值为 R，R 就是逐年增长的粮食产量红线的极大值。可以根据目前的粮食总产量红线 L 千克，求出需要留出的产量提升余地 S，$S=R-L$。按照提升利用效率之后的单产 Q 来计算需要多少后备耕地额度。假定为了应对粮食总产量红线的稳步提升，需要留出足够的额度 I，作为后备耕地额度。逐年增长的粮食产量就从这里出产，则有 $I=S/Q=（R-L）/Q=（R-DP）/Q=（R-AQ）/Q=R/Q-A$。假定 $O=R/Q$，即 O 表示粮食需求最高值为 R 时，需要的耕地面积。因为这种情况下，目前正耕种的耕地通过提高单产，已经不能够满足逐步增加的粮食总产量红线。需要治理抛荒耕地，即 $I>M$。假定 $I-M=E$，则 E 表示抛荒耕地 G 中必须利用的耕地面积。这时，抛荒耕地 G 中仍然有可以无需利用的耕地面积 F，因为 $M=C+B$，则 $F=G-E=G-（I-M）=G-I+M=G-I+C+B=G-R/Q+A+C+B=A+B+C+G-O$。$G$ 当中的 F 部分，作为产票额度，可以转化为建设用地指标的额度。

（4）耕地提高单产以及治理抛荒耕地的激励。我们假定转化为建设用地指标的额度（T 或者 F），平均每亩耕地用作建设用地的地价是 K 元，地价总额是 H 元，则两种情况下的地价总额分别为：$H_1=TK=（G+C）K$。$H_2=FK=（A+B+C+G-O）K$。产票制度设计中，现有耕地提高单产以及治理抛荒耕地的激励来自哪里？如果没有资金补偿，现有耕地就没有提高单产的激励，因为激励不足而抛荒的耕地更不会得到彻底有效治理。地价总额就是产票制度设计中，现有耕地提高单产以及治理抛荒耕地的激励来源。只要地价总额这部分资金使用得当，就可以统筹处理耕地面积、粮食总产量与建设用地指标的关系。既增加产量，提升产量红线，也使耕地面积充分利用。

（5）满足稳步增长的粮食总产量红线之后还有耕地指标可以转化为建设用地

指标。假定目前耕地存量在挖掘潜力后,不仅能够满足逐年增长的总产量红线要求,而且会有一些土地剩余。无论单产是多少或者单位面积的建设用途价值是多少,总有一些耕地可以在满足逐年增长的粮食总产量红线之后,用于建设用途。在实施很有吸引力的激励机制后,全部耕地的利用潜力高度发掘。全部耕地,无论单产是多少或者单位面积的建设用途价值是多少,只要全部耕地的潜力高度发掘,总产量远远高于逐年增长的粮食总产量红线,会有一些耕地空余出来。空余出来的耕地种类可以有很多,例如,第一块耕地单产1200千克,每亩耕地用作建设用地的地价是500万元,第二块耕地单产600千克,每亩耕地用作建设用地的地价是100万元,如此等等。不同种类的耕地,不仅面积不同,而且具有各不相同的单产和建设用途价值。假定耕地可以按照单产分为不同的等次,不同等次的耕地根据其建设用途价值又可以进行深入分类,这样,耕地的分类按照单产和建设用途价值两个指标,可以分为众多等次。

二、按照单产和建设用途价值,划分耕地的面积、单产、耕地转变为建设用途后的单位面积建设用途价值的单位

1. 为何按照单产和建设用途价值划分耕地要素的单位

(1)为何按照单产和建设用途价值划分。要统筹耕地指标,就要把耕地进行进一步的分析。耕地指标统筹,可以从耕地的两种用途入手,进行分析。耕地首先是生产粮食的,在粮食质量基本类似的情况下,划分不同耕地,可以看其单产高低;同时,因为要统筹耕地指标,将耕地指标的建设用地潜力发挥出来,因此作为备选用途,一片耕地的建设用途需要考虑。在耕地指标与建设用地指标统筹的时候,一块土地,既可以作为耕地,具有粮食生产功能,还可以转变为建设用地指标,具有建设用途。在考察其粮食生产功能时,主要看单产;在考察其转变为建设用地指标的功能时,主要看建设用途价值。

(2)为何按照单产和建设用途价值划分耕地的不同要素的单位。下面通过一个有限的土地的模型,来说明为什么要划分耕地面积的单位、耕地单产的单位以及耕地转变为建设用途后的单位面积建设用途价值的单位。图8-40中是一块面积不大的土地,不仅土壤等立地条件不均匀,而且土地的不同部位的地理条件不一样。表现为每一小块的单产不同,每一小块作为建设用地开发的商业价值即建设开发地价不一样。不仅会出现一小块土地单产高、建设开发地价也高的情况,还会出现其他多种可能,具体来说,一小块土地的单产与建设开发地价的组合还有:高,中;高,低;中,高;中,中;中,低;低,高;低,中;低,低等多种情况。

A_{11} B_{11} C_{11}	A_{21} B_{21} C_{21}	A_{31} B_{31} C_{31}
A_{12} B_{12} C_{12}	A_{22} B_{22} C_{22}	A_{32} B_{32} C_{32}
A_{13} B_{13} C_{13}	A_{23} B_{23} C_{23}	A_{33} B_{33} C_{33}

图 8-40　按照单产和建设用途价值划分耕地的不同要素的单位示意图

　　既然这块土地的每一小块的单产和建设开发的地价差异很大。那么，根据其内部的不均衡性，把这块土地进行细分，就很有必要。否则，难以继续进行深入的组合分析。假定按照单产和建设用途价值划分，这块土地可以分成 9 小块。每一小块内部的单产都是一致的，比较均匀；同样，每一小块内部的建设开发的地价都是一致的，比较均匀。没有两小块土地内部的单产和建设开发的地价完全一致，如果有，这两小块土地可以合并。一直合并到没有两小块土地内部的单产和建设开发的地价完全一致为止。如图 8-40 所示，假定对于这块面积不大的土地，按照按照单产和建设用途价值，可以划分为 9 个不同组合的单位。其面积大小分别为：A_{11}、A_{21}、A_{31}、A_{12}、A_{22}、A_{32}、A_{13}、A_{23}、A_{33}。与此相对应，不同面积的单产分别为：B_{11}、B_{21}、B_{31}、B_{12}、B_{22}、B_{32}、B_{13}、B_{23}、B_{33}。与此相对应，不同面积的建设用途价值分别为：C_{11}、C_{21}、C_{31}、C_{12}、C_{22}、C_{32}、C_{13}、C_{23}、C_{33}。对于任何两小块土地 A_{mn}、A_{xy}，不存在下面的关系，即同时有：$B_{mn}=B_{xy}$ 且 $C_{mn}=C_{xy}$。此时如果 $B_{mn}=B_{xy}$，则 $C_{mn}=C_{xy}$ 不能成立。如果 $C_{mn}=C_{xy}$，则 $B_{mn}=B_{xy}$ 不能成立。如果同时有：$B_{mn}=B_{xy}$ 且 $C_{mn}=C_{xy}$。则这两小块土地 A_{mn}、A_{xy} 可以合并为一块土地，减少计算工作量。

　　（3）土地的不同要素的单位的合理组合取得最大效用。假定给定的土地，具有生产粮食的任务，同时，只要保证粮食生产总量指标 a，结余部分可以转化为建设用地指标。哪些部分土地作为耕地，哪些部分土地作为建设用地指标，属于最优配置呢？如果全部土地都作为耕地，总产量超出粮食生产总量指标 a。哪些更加细分的小块土地作为建设用地，其余剩下的更加细分的小块土地作为建设用地，可以确保粮食生产总量指标 a 的情况下，建设用地价值 b 最大呢？

前面划分的 9 个不同组合的单位面积 A_{11}、A_{21}、A_{31}、A_{12}、A_{22}、A_{32}、A_{13}、A_{23}、A_{33} 之中，每块土地，可以拿出一部分作为耕地，每块当中剩余的土地作为建设用地。假定每块当中作为耕地的面积分别为：A_{111}、A_{211}、A_{311}、A_{121}、A_{221}、A_{321}、A_{131}、A_{231}、A_{331}；每块当中剩余的作为建设用地的面积分别为：A_{112}、A_{212}、A_{312}、A_{122}、A_{222}、A_{322}、A_{132}、A_{232}、A_{332}；其中每块土地当中的耕地比例或者建设用地比例不必相同，只要耕地面积与建设用地面积之和等于该块耕地，并且在确保满足粮食生产总量指标 a 的基础上，建设用地价值总量 b 最大，即首先有耕地面积与建设用地面积之和等于该块耕地：

$$A_{111} + A_{112} = A_{11}, \quad A_{321} + A_{322} = A_{32}, \quad A_{211} + A_{212} = A_{21}, \quad A_{131} + A_{132} = A_{13}$$
$$A_{311} + A_{312} = A_{31}, \quad A_{231} + A_{232} = A_{23}, \quad A_{121} + A_{122} = A_{12}, \quad A_{331} + A_{332} = A_{33}$$
$$A_{221} + A_{222} = A_{22}$$

其次有确保满足粮食生产总量指标 a，即 $a=A_{111}B_{11}+A_{211}B_{21}+A_{311}B_{31}+A_{121}B_{12}+A_{221}B_{22}+A_{321}B_{32}+A_{131}B_{13}+A_{231}B_{23}+A_{331}B_{33}$；最后，需要确保建设用地价值总量 b 最大：$b=A_{112}C_{11}+A_{212}C_{21}+A_{312}C_{31}+A_{122}C_{12}+A_{222}C_{22}+A_{322}C_{32}+A_{132}C_{13}+A_{232}C_{23}+A_{332}C_{33}$。问题简化为在满足粮食生产总量指标 a 的基础上，如何划分前面的 9 个小块的单位面积，使得每个小块内部的耕地指标与建设用地指标的比例最佳，以便确保建设用地价值总量 b 最大的问题。其中满足粮食生产总量指标 a 是前提条件，不能违背；确保建设用地价值总量 b 最大是决策目标。在前提给定的情况下，为了追求决策目标，关键环节在于划分前面的 9 个小块的单位面积内部的耕地指标与建设用地指标的比例，因为各个小块内部的土壤条件、地理位置等情况各不相同，因此划分比例大相径庭。合理划分比例是核心。只要按照上面的步骤去做，就可以最大限度地发挥现有土地指标的优势，发掘其保障粮食安全和供应建设用地指标的潜力，最大限度地利用好土地指标。

2. 按照单产和建设用途价值划分耕地面积的单位

（1）按照单产和建设用途价值划分整体耕地面积的单位。首先，我们对耕地面积进行分类，仍然按照单产和建设用途价值两个指标。

（2）按照单产和建设用途价值划分整体耕地面积中转变为建设用地的耕地的单位。在新的制度条件下，稳定增长的粮食总产量红线成为土地利用和粮食安全双保障的主要指标，耕地面积已经不再成为主要的衡量指标。只要全部耕地的潜质充分发挥后，总产量远远超出所需的粮食总产量红线；这时，耕地已经不需要全部耕作。会有部分耕地转变为建设用地，转变为建设用地的耕地，可以按照单产和建设用途价值划分。

（3）按照单产和建设用途价值划分整体耕地面积中继续耕作的面积的单位。

更进一步分类，既然有部分耕地转变为建设用地，当然会有继续耕作的面积，可以对其按照单产和建设用途价值划分。

3. 按照单产和建设用途价值划分耕地单产和耕地转变为建设用途后的单位面积建设用途价值的单位

（1）按照单产和建设用途价值划分耕地单产的单位。我们对耕地单产进行分类，也是按照单产和建设用途价值两个指标。

（2）按照单产和建设用途价值划分耕地转变为建设用途后的单位面积建设用途价值的单位。对耕地转变为建设用途后的单位面积建设用途价值进行分类，也是按照单产和建设用途价值两个指标。

三、确保耕地产量稳步增长条件下求得土地指标最佳利用

稳步增长的粮食总产量红线能够提升耕地利用效率。

1. 双赢的耕地潜力发掘计划

（1）总产量的满足。粮食总产量红线，实际上让粮食安全保障更加可靠。不再依靠与产量没有直接关系的耕地面积，而是充分调动农民种地的积极性，把现有正在耕作的土地和抛荒耕地的积极性充分利用，最终为建设用地指标统筹提供空间。

（2）腾出的耕地的建设用地价值最大化。正在耕作的耕地没有发挥潜力，抛荒耕地更谈不上发挥潜力。总产量红线把这些土地的利用效率发挥到极致，让节省出来的土地指标发挥最大效用，为新型城镇化建设战略服务，整体提升土地指标的价值。

2. 粮食总产量红线是耕地红线的升华

（1）粮食总产量红线需要耕地红线的保障（图8-41）。虽然总产量红线对耕地红线做出修订，但是两者不是相互替代的关系，产量红线是在耕地红线基础上的修订，是对耕地红线的补充和升华，不能顾此失彼。即使粮食产量红线获得全面普及，也不能丢掉耕地红线。

耕地红线在粮食产量红线的运行中，具有根本性保障价值。可以说，耕地红线是粮食总产量红线的基石。没有耕地红线的设定，耕地指标无从谈起，建设用地指标与耕地指标没有界限。

（2）没有考虑建设用地指标来源的耕地红线无疑是一次矫枉过正的行为。建设用地指标价值更大，有强大的动力来侵占耕地；没有耕地红线，只能任由侵占。

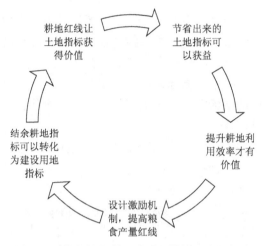

图 8-41　粮食总产量红线需要耕地红线的保障

有了耕地红线，建设用地指标对耕地指标的侵占将无法律保障。作为顶层设计的耕地红线，要求建设用地指标只能在占补平衡的条件下占用。一次将建设用地指标侵占打回原形。这无疑是一次矫枉过正的行为。可以把耕地指标与建设用地指标的关系分为三个层次（图 8-42）。

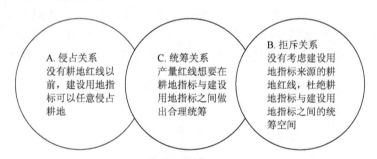

图 8-42　没有考虑建设用地指标来源的耕地红线是矫枉过正

A. 侵占关系：无序

侵占关系很好理解，耕地指标概念没有形成以前，耕地好像可以任人宰割的对象，建设用地可以随意侵占。建设用地指标与耕地指标之间的毫无约束的无序关系，就是侵占关系。

B. 拒斥关系：矫枉过正

为了阻止建设用地指标对耕地指标的侵占，设定耕地红线，坚决拒斥建设用地指标与耕地指标发生关系，这种拒斥态度所形成的指标关系，是否就是最佳状态？根据实际来看，未必最佳。当然，矫枉不惜过正，这样的作法，对于改变侵占关系不无价值。从目前实践中，对耕地占补平衡制度的执行难度和不彻底情况来看，基本印证了这种拒之千里的拒斥态度的矫枉过正的本质。为什么说这种拒斥关系不可持续？实践中，往往很难坚持占补平衡、先补后占的规定。要将随意侵占耕地指标的虎狼之行一次性转变为巧妇难为无米之炊的无源之水，让建设用地指标配置无从下手，找不到指标来源，从实践上来看，跨度太大，很不实际。在耕地指标与建设用地指标之间，寻求相对均衡的中庸路径，统筹两种指标的关系，就提上了议事日程。

C. 统筹关系：耕地指标与建设用地市场的资金的合理交易

统筹关系就是摒弃两种极端的路径，走一条中庸之路。既不是放任建设用地指标随意侵占耕地指标，也不是坚决杜绝耕地指标与建设用地指标之间本来存在的置换关系，而是寻求一种相对容易操作的理性的指标统筹方式。统筹两种指标，既不是不加约束，也不是坚决堵死。不加约束，不利于耕地保护；坚决堵死，没有考虑新型城镇化建设用地指标的合理来源。统筹关系必须是一种升华了的制度设计，不能再在耕地面积上做文章。要直指粮食产量，在更高层面解决统筹问题。粮食产量红线，作为统筹关系的制度设计，实际上既纠正了耕地红线以前的放任侵占耕地的错误行为，也是对耕地红线的纠偏。需要强调的是，纠偏不是放弃。粮食产量红线作为更加精细的制度设计，不能离开耕地红线这一战略设计的保障。只有在确保耕地红线的基础上，引入激励机制，实现耕地指标与建设用地市场的资金的合理交易，提高粮食总产量，确保有效高产耕地面积，才能实现新型城镇化战略、粮食安全战略的双赢。否则，没有耕地红线，粮食总产量红线无从下手，很难获得制度保障。粮食产量红线是对耕地红线的微调和纠偏，如图 8-43 所示。

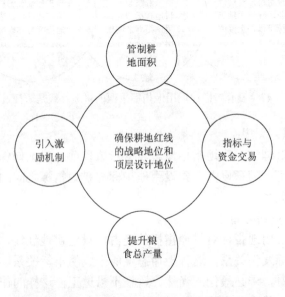

图 8-43　粮食产量红线是对耕地红线的微调和纠偏

（3）耕地红线为产量红线下指标与资金的交易提供空间。没有疏导机制，耕地红线将面临巨大压力。怎么样缓解耕地红线的压力？怎么样确保耕地红线？压力与保障在这里融成一体，压力的缓解，就是确保红线。确保红线，必须减压。减压渠道何在？耕地指标与建设用地市场的资金的合理交易。耕地红线以前，没有耕地指标一说，耕地可以随便占用，毫无节制。耕地指标的价值为 0。现在不同，有了耕地指标，并且耕地指标不能侵占，实际上就说明耕地指标这时是无价的。从价值为 0，到无价之宝。其间的转变十分巨大。这完全是耕地红线的功劳。耕地指标回归市场交易价格如图 8-44 所示。

耕地指标价值是否处于最佳状态？不一定。从一个极端走向另一个极端，都偏离了最佳状态。也造成了耕地红线的巨大压力。地方政府看到粮食安全没有威胁，大量耕地抛荒，占用一部分作为建设用地，没

图 8-44　耕地指标回归市场交易价格

有大碍，就这样，耕地红线十分重要，实际上，执行起来压力重重。最佳策略是什么？中庸之道，即在提高总产量的基础上，实现耕地指标与城镇建设用地市场的资金之间的合理交易。缓解耕地红线压力，解决建设用地指标匮乏的难题，提升耕地利用效率。图 8-45 中 A 标志着土地指标与资金的合理交易。利用效率很低的耕地，通过增产腾出土地指标，吸纳建设用地市场资金，激励抛荒耕地治理，形成良性循环。

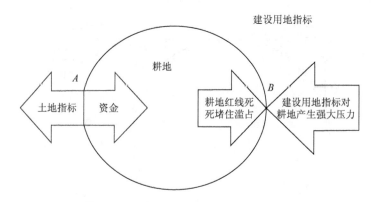

图 8-45　耕地红线为产量红线下指标与资金的交易提供空间

（4）没有耕地红线以前，耕地指标这个概念很难成立。耕地怎么会有指标呢？

普天之下莫非王土，四海无闲田，说的都是耕地无所不在的事实和传统。确实在城镇化快速发展以前，耕地就是一切。所谓土地，也主要是说耕地。土地资源的多种利用途径中，无论是从面积比例还是重要性来看，耕地无疑都占有首要位置（图 8-46）。

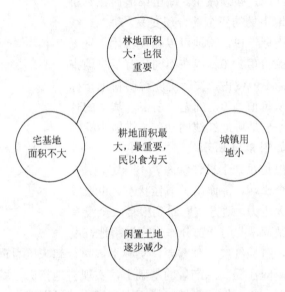

图 8-46　城镇化快速发展前耕地占有首要位置

根据重要性和面积比例来看，图 8-47 中基本反映了耕地、林地的绝对优势地位，城乡建设用地基本上是可以忽略不计的部分。

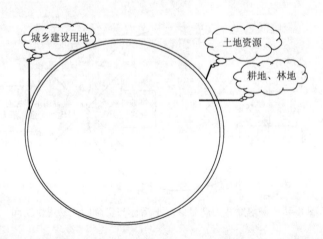

图 8-47　城镇化快速发展以前不用区分土地资源与广义的耕地概念

提起土地资源，基本上就是说耕地，耕地不存在指标，耕地就是一切土地的代名词。耕地几乎不是任何概念的子项，因此不存在在土地资源中区分耕地指标的问题。只有到了耕地的重要性快速下降，建设用地指标重要性日益凸显的时候，耕地已经不能与土地概念重合，耕地作为子项，即使面积比例仍然很高，但是重要性已经大打折扣。这时，不仅建设用地指标概念应运而生，而且耕地指标概念也可以成立。作为子项的耕地指标，是作为弱势指标存在的。耕地指标是保护的对象，而不再是一统天下的覆盖土地资源的全体概念，已经被压缩到十分有限的空间了。此时的指标统筹，已经很有必要对日益狂飙突进的建设用地指标加以制度管理，既防止狂飙突进的建设用地指标伤害耕地指标，也要确保建设用地指标的极速膨胀有合理来源。耕地红线为耕地指标设置防护铁笼，但是没有为狂飙突进的建设用地指标提供源头活水。没有源头活水的建设用地指标，好似脱缰野马迟早会通过各种方式，对铁笼中的耕地指标加以侵略。统筹数量巨大的耕地指标与需求巨大的建设用地指标的关系，必须建立合理交易的平台，实现双赢的交易效果。

3. 粮食总产量满足稳步增长的粮食总产量红线

（1）根据粮食需求的趋势制定稳步增长的粮食总产量红线。未来粮食需求，主要看人口发展趋势。耕地红线制定是建立在对未来人口增加幅度较快的估计基础上。鉴于对人口增长的趋势的重新合理判断，粮食总产量增长幅度不会太大。这样，制定的粮食产量红线可能更加符合实际。

（2）提升耕地利用效率来满足稳步增长的粮食总产量红线。耕地红线制定，无疑忽略了数千万亩到一亿亩左右的抛荒耕地对耕地利用效率的影响。如果考虑抛荒耕地的存在和潜力发掘，粮食总产量红线的制定，可能会腾出更多的耕地指标。

（3）节约粮食对粮食产量红线的意义。如果目前每年浪费粮食可以养活大量人口，那么，未来即使人口增长趋势比较强劲，实际上，目前的粮食产量已经可以养活 15 亿～16 亿人口。而人口增长趋势放缓，15 亿～16 亿人口将会是未来人口增长的极限。目前的粮食产量实际上就可以作为粮食总产量红线。确保粮食总产量红线的耕地基础就是目前的在利用耕地，抛荒耕地完全可以作为建设用地指标使用。考虑正在利用的耕地的利用效率还有很大余地可以发掘，还可以腾出更多耕地指标转化为建设用地指标。

4. 耕地利用效率提升后腾出的建设用地指标实现最佳利用

（1）不同类型耕地的不同用途配置，不仅考虑总产量红线，还要满足建设用地价值最大化。只要满足粮食产量红线，下来的关键环节是确保腾出的建设用地指标的价值最大化。耕地红线泯灭了价值最大化，只是一味地保护耕地面积，不去考虑耕地的本身利用，更不去考虑在确保粮食产量红线的基础上，让结余的耕地指标如何充分地发挥最大效用。一块地，可以将靠近城镇的部分作为建设用地指标，远离城镇的部分作为耕地指标，也可以反过来。分配比例时，不仅要考虑比例大小，更要考虑地理位置是否最适宜成为建设用地指标。特别强调确保粮食产量红线的基础上，属于土地指标作为建设用地指标配置的核心标准就是价值最大化，即将最有建设用地价值的土地作为建设用地指标。

（2）建立约束条件下的求最大值的表达式。假定稳步增长的粮食总产量红线为 U_a，其中 a 表示不同时间点，U_a 表示不同时间点的粮食总产量红线。例如，$a=2013$ 时，U_{2013} 表示 2013 年的粮食总产量红线。依此类推。

$$\sum M_{nm}2*D_{nm}=U_a \tag{8-1}$$

在满足式（8-1）的条件下，要为下面表达式取最大值：

$$\sum M_{nm}1*J_{nm} \tag{8-2}$$

这是一个比较复杂的选择过程，式（8-1）虽是一个等式，但是却是一个 U_a 取值逐步变化的等式。要满足 U_a 的条件，等于整个约束条件不断变化，可能产生的结果需要不断修正。耕地利用的变化，时效性并不十分强。不断变化的粮食总产量红线 U_a 给耕地资源利用带来实际操作上的巨大障碍。

第四节　耕地红线与耕地总量平衡

一、用途管制与土地指标

1. 用途管制与土地指标概念

（1）区分土地自身与土地指标概念。不仅需要考虑土地本身的占用问题，还要考虑土地指标问题。首先区分两个概念：土地自身与土地指标。耕地指标转化为建设用地指标，与占用耕地作为建设用地，完全不是一回事。前者是用途管制下指标的统筹配置问题，后者是土地实体之间的关系。如果能够清晰地区分这两个命题，那么问题就简单得多。

（2）粮食安全保障选择了土地用途管制。目前的土地用途管制是以粮食安全保障的名义实施的。土地用途管制是否合理，首先要看粮食安全保障与土地用途管制之间是否存在必然的联系，这种联系是否为充分必要条件。图 8-48 中确保粮食安全可以从外围开始，抓支撑条件，如耕地、劳动力。也可以从粮食本身入手，抓粮食产量。只有从粮食产量本身入手，确保粮食安全，才是必然的联系，这种联系才是充分必要条件。

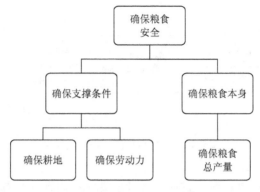

图 8-48　粮食安全保障的目标分类

　　要抓耕地，可以是单纯抓耕地面积，其余不管，这是目前的耕地红线制度。还可以把耕地面积与劳动力积极性及粮食产量结合起来：首先关注粮食总产量；其次通过建立激励机制，激发劳动力的积极性；最后才是耕地面积的相应保障。相对理想的制度，要比耕地红线复杂得多，并且要以耕地红线为基础。目前的粮食安全保障首先选择耕地红线，是为理想的粮食安全保障机制奠定基础。只有在耕地与建设用地之间，划出一道鸿沟，才能确保产量、激励的实现。

　　2. 用途管制确保耕地面积的作法

　　用途管制在确保耕地面积方面可以有三种作法。

　　（1）严厉的用途管制制度设计：超出耕地红线。如果实行严厉的耕地红线，耕地面积将永远不会降低到 18 亿亩，至少保持此前统计的 18.26 亿亩水准。耕地面积超出耕地红线。目前看来，建设用地指标紧张，这种情况实行难度最大。

　　（2）温和的用途管制制度设计：确保耕地红线。这是目前可以有控制地酌量减少耕地，但是未来某一个时间点，减少到耕地红线就不能再减少。目前耕地红线制度的执行，实质就是这种状况。为什么把目前执行的耕地红线归入这一类？占补平衡制度目前没有严格执行。与之相应的耕地红线作为顶层设计，层次更高。目前实践中没有严格地遵循占补平衡，是因为尚未碰上耕地红线。耕地红线规定必须确保18 亿亩耕地。但是制定耕地红线之时，全国尚有 18.26 亿亩耕地。那就是说，不突破 18 亿亩耕地红线如果是底线，那么就可以继续占用 2600 万亩耕地作为建设用地。还可以从耕地指标中获取 2600 万亩的建设用地指标。目前占补平衡制度并没有严格执行，耕地实际面积在减少。但是，可以预期，只要耕地红线 18 亿亩不能突破的规定能够严格执行，这种减少趋势最多能够持续到用完 2600 万亩耕地之日。目前并没有严格执行占补平衡规定，只是确保耕地红线不突破。耕地减少的实际情况，说明我们目前基本处于这一情境。先松后紧的耕地红线制度如图 8-49 所示。

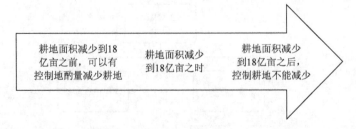

图 8-49　先松后紧的耕地红线制度

（3）宽松的用途管制制度设计：突破耕地红线。在比较宽松的制度设计下，耕地面积可以有控制地酌量减少。每年都有可以转变为建设用地的耕地指标。这是耕地红线以前的制度。有两种情况：一是耕地面积有计划的减少，伴随着激励机制的逐步完善，总产量不仅没有下降，反而逐步上升，满足日益增长的粮食消费需求。在这种情况下，激励制度设计最为关键。二是耕地面积的减少，没有激励机制的逐步完善，总产量没有保障，并且逐步下降，不能满足日益增长的粮食消费需求。

3. 用途管制的做法比较

在图 8-50 中，横轴表示城镇化发展阶段，纵轴表示耕地面积。

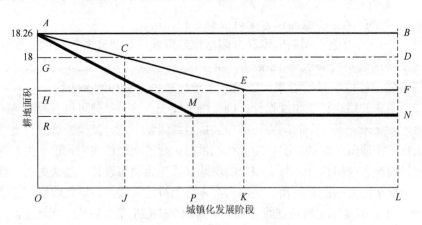

图 8-50　用途管制确保耕地面积的作法

图 8-50 中一共给出四种状态，其中三种用途管制的状态，即 *AEF*、*ACD* 和 *AB*；一种没有用途管制的状态，即 *AMN*。

（1）最严厉的占补平衡制度已经难以实现。直线 *AB* 表示了最严厉的占补平衡制度，从初始状态开始，就不允许侵占一亩耕地，因此耕地面积一直保持着占补平衡制度开始实施时期的原始存量。假定从耕地面积为 18.26 亿亩的时刻开始，严格执行最严厉的占补平衡制度。按照这种趋势，未来城镇化成熟阶段，建设用地指标没有新的需求或者需求很少时，即 L 时刻，耕地面积仍然保持初始状态，为 18.26 亿亩。从实际情况来看，占补平衡已经提出好多年，耕地面积仍然逐步下降，目前没有执行这种制度设计。

（2）温和的用途管制制度可能实现。折线 ACD 表示了比较温和的用途管制制度，在控制下，耕地减少到 18 亿亩红线不能再减少。按照这种趋势，未来城镇化成熟阶段，建设用地指标没有新的需求或者需求很少时，即 L 时刻，耕地面积保持 18 亿亩。因为目前耕地尚未减少到红线，因此，很难预测未来耕地减少到 18 亿亩红线时的情况。不能确定未来是否能够保住 18 亿亩红线。如果可以，就属于这种情况。

（3）宽松的用途管制最容易实现。在耕地用途管制下，最容易实现的模式，就是比较宽松的制度设计。图 8-50 中表示为 AEF。其中 K 点表示未来城镇化成熟阶段，建设用地指标没有新的需求或者需求很少时，此时，耕地占用可以忽略不计。耕地面积 KE 已经低于耕地红线 JC，假定侵占部分为 b 亿亩，则 $b=HG$，假定耕地存量为 a 亿亩，则 $a=OH=JC-HG=18-b$。就目前建设用地指标配置实际来看，出现这种情况的可能性最大。

（4）不实行用途管制损失最大。如果不实行土地用途管制，任其发展，行不行？一种观点认为，未来城镇化成熟阶段，建设用地指标没有新的需求或者需求很少时，此时，耕地占用自然停止，没有必要实施用途管制。这种观点似是而非，即使未来城镇化成熟阶段，建设用地指标没有新的需求或者需求很少时，耕地占用会自然停止，这种看法也并不严密。不加管制的建设用地效率很低。假定在没有管制的情况下，有一天（P 点），城镇化已经进入成熟阶段，耕地占用会自然停止，此时没有占用的耕地面积为 OR，则从初始点 O 开始，耕地面积已经减少很多（AR）。我们比较不同情况下的建设用地利用效率。假定建设用地存量总量为 c，未来建设工程总量为 d，原有建设工程总量为 h，$AG=e$，$HR=f$，则前述三种用途管制的做法与不加管制即放开的做法的建设用地利用效率 g_1、g_2、g_3、g_4 分别可以如下所示。

根据表 8-15 有四种情况下建设用地的利用效率的排序：$(h+d)/(c+e+b+f) < (h+d)/(c+e+b) < (h+d)/(c+e) < (h+d)/c$。即有 $g_1 > g_2 > g_3 > g_4$，管制是必需的，即使目前管制措施很难完全实施，也会较好地提高建设用地的利用效率。

4. 耕地红线与占补平衡的关系分析

（1）逻辑上的从属关系。从逻辑上来看，耕地红线应该通过占补平衡来保障，占补平衡是耕地红线的保障制度，似乎耕地红线出现之后，出于保护耕地红线的要求，才出现占补平衡制度。根据文献分析，恰好相反。占补平衡的制度已经出现很多年，耕地红线则要比占补平衡晚出现。

（2）实践中的堵塞漏洞的需要。为什么会出现耕地红线则要比占补平衡晚出现的情况呢？耕地占补平衡是为了治理建设用地占用耕地的问题，出台的相当有创意的制度。一般来说，占补平衡出现之时，耕地面积存量远远高于18亿亩红线。如果当时占补平衡能够很好执行，不仅能够守住耕地红线，而且耕地存量会远远高于耕地红线。执行有力的占补平衡，基本上不需要耕地红线。耕地红线的出现，至少说明一个问题：占补平衡规定已经很难堵住耕地面积不断减少的缺口，很难扼住冲决而下的建设用地指标的龙头，规定执行遭遇严重阻力。不仅占补平衡很难维系远远高于耕地红线的耕地存量，而且稍一不慎，连耕地红线也不容易维系。占补平衡执行难度很大，必须要用新的顶层设计来加固堤岸，确保耕地存量万无一失——具有国家战略价值的耕地红线制度应运而生。耕地红线的出现，说明了占补平衡规定执行的难度，说明利用制度组合而不是单一制度来确保耕地指标存量的必要性，也说明单纯采用占补平衡制度保护耕地已经力不从心。

（3）占补平衡制度的创意性。给定人口众多、土地资源有限这个限定条件，在土地管理领域，最富有创意的制度设计之一，就是占补平衡的制度设计。这个制度的核心理念十分高明：把建设用地总量增加与建设用地占用耕地面积增加（或者说耕地面积减少）完美区分开来。建设用地增加，不再必然引起耕地面积减少。这是指标管理从土地本身管理中分离出来之后的最大创新。

二、耕地红线与耕地总量平衡的关系

1. 耕地红线与耕地总量平衡的静态关系

（1）耕地红线的出现是给耕地总量平衡制度一个台阶。耕地面积尚未跌到耕地红线，占补平衡与耕地红线之间，具有十分微妙的关系。如果占补平衡制度能够严格执行，过去现在和未来的耕地总量没有减少，耕地红线就是多余的。因为永远不会跌到耕地红线。相反，已经看到占补平衡在实践中必然会出现漏洞，执行不力不可避免，才会退而求其次，设定一个允许减少耕地总量的空间，给占补平衡制度一个台阶，也是对未来建设用地指标占用的一个清醒估计。在图8-51中，最外圈是建设用地指标，最里圈是耕地红线额度。之间夹的是开始执行占补平衡规定时的耕地总量与耕地红线之间的差额。

差额主要来自源源不断的建设用地指标占用的压力。虽然严格执行占补平衡规定，但是局部突破逐渐积累，形成一定规模，最终突破了耕地总量平衡的规定。耕地红线给这种突破留出余地，允许有一定额度的突破。这个余地就是夹层里面的指标。

（2）最高目标和最低目标之间留有余地。假定制定占补平衡规定开始执行之

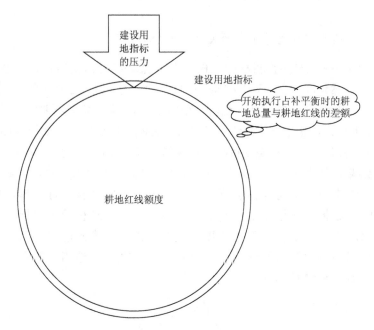

图 8-51　耕地红线与开始执行占补平衡之时的耕地总量存在差额

时，全国耕地指标为 g_1，耕地红线为 g_2，并且有：$g_1 > g_2$，即耕地红线额度低于开始执行耕地总量平衡时的耕地指标。假定两者之间的差额为 g_3，则有 $g_1 - g_2 = g_3$。从图 8-51 中可以发现，来自建设用地指标的强大压力，让耕地指标准备降低。从开始执行耕地总量平衡制度之时的较多耕地指标，减少到耕地红线额度，差额为 g_3。这种减少，从耕地红线制度来说是允许的。但是从严格意义上的占补平衡制度，又是应该严格禁止的。耕地总量平衡的严格执行是最高目标，耕地红线保护是最低目标。

（3）合法与违法之间的选择。按照严厉的占补平衡制度，任何耕地指标的减少，无一例外都是违法的，因此两者之间的差额 g_3 是违法的指标侵占。按照更加权威的耕地红线保护战略来看，允许耕地指标下降到耕地红线，而耕地红线额度低于开始执行占补平衡之时的耕地总量指标。这时，两者之间的差额 g_3，就成为合法的占用指标。耕地红线额度与开始执行耕地总量平衡时的耕地指标之间的差额 g_3，既是合法的占用指标，也是违法的指标侵占。

（4）当时的违法与最终的合法。按照严格的耕地总量平衡制度，两个指标之间的差额，是在实践中逐步突破，逐步违反规定，最终累积的结果。在突破的当时，都属于违反占补平衡制度的耕地指标减少。从长时段来看，例如，从 2020 年这一时间点来看，只要没有突破 18.06 亿亩红线，就被认为是合乎情理的，没有跌破耕地红线。

2. 耕地红线与耕地总量平衡的关系本质分析

（1）单纯目标还是多重目标。从根本上来说，差额 g_3 的取值在 2 亿亩左右，到 2020 年，仍然允许非正常突破占补平衡规定，占用不高于 2 亿亩的耕地指标。既然有最低目标 18.06 亿亩的耕地红线，那么耕地总量平衡规定要不要放松或者停止执行？从理论上来说，耕地红线作为管理目标，是唯一权威的，其他指标都是为此服务的。其他指标作为目标都是多目标，很容易干扰管理目标，甚至导致目标混淆，影响管理实践正常运行。可以把占补平衡以及先补后占都看作耕地红线目标的保障制度这未尝不可。但考虑占补平衡以及先补后占的隐含目标—耕地指标总量不减少—昭然若揭，耕地总量平衡更应该被看作耕地指标管理目标之一。考虑耕地红线比较宏观，需要占补平衡以及先补后占的制度来确保，耕地指标管理中，占补平衡规定更具有操作性，也更具有权威性。耕地指标管理目标的单一性与多样性如图 8-52 所示。

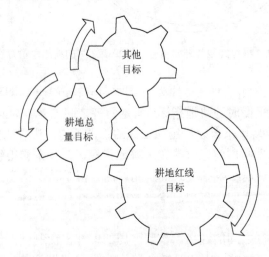

图 8-52　耕地指标管理目标的单一性与多样性

占补平衡在操作中的权威性与耕地红线战略的权威性发生冲突：究竟谁更权威？更应该执行哪一个？在这里，不同的主体选择不同的目标，需要占用耕地的个人或者团体，宁愿认定更为宽松的目标，即耕地红线，这对他们有利；但是，宏观的耕地红线如何作为目标实施管理，是必须土地管理部门决定的。而毫无疑问，作为土地指标管理部门，更加严格的占补平衡制度无疑是首选。因为对他们，再严厉的土地指标管理，也难免最终出现纰漏；上有政策，下有对策；因此宁严毋松，是符合土地管理部门的利益的。这就存在两个目标：宽松的耕地红线和严格的占补平衡（图 8-53）。

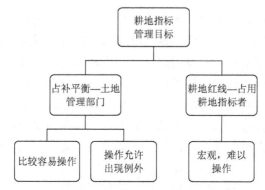

图 8-53 宽松的耕地红线和严格的占补平衡是两种不同目标

占补平衡规定在执行中，从严管理，允许出现例外。突破的部分，只要不跌破耕地红线，即属于正常管控范围。这里要处理好主要目标与从属目标之间的关系，即整体留有余地，局部尽量严格。

（2）积极有为的最高目标与无奈的最低目标。最高目标是一种积极有为的目标。只要坚持得好，可望维护耕地指标不减少。最低目标无疑是无奈的底线，要求占用耕地指标不能过分。

（3）理想的最高目标与理性的最低目标。最高目标无疑是理想的，要求严格执行先补后占的原则，不减少哪怕一亩耕地。面对蓬勃发展的城镇化，最低目标无疑是理性的，是实际中可以实现的标准。

（4）执法必严的最高目标与拿捏得当的最低目标。实践中土地管理部门要严格执行占补平衡制度，而不是耕地红线制度。取法乎上，得其中；取法乎中，得其下；取法乎下，无所得。因此在查处耕地指标占用问题时，依法办事，执法必严，违法必究，应该是必需的态度。即使如此，最终累积的例外占用耕地面积，仍然会是一个不小的数字。这就要求土地管理部门拿捏得当，严格控制占补平衡允许合理突破耕地总量的指标不能超出差额 g_3。

三、耕地红线与耕地总量平衡的关系如何操作

1. 耕地红线保护核心在于处理好占补平衡中允许突破耕地总量的指标的控制问题

处理好耕地红线保护问题，核心在于处理好占补平衡中允许突破耕地总量的指标的控制问题。

（1）指标最佳配置的可能背景分类。假定不考虑细节，即耕地总量最终被突破的额度 g_3 是如何突破的。我们只是从宏观上考虑。把用地者分为两类：可以通过正常渠道拿到指标的用地者和很难通过正常渠道拿到建设用地指标的用地者。

在严格执行占补平衡规定的背景下，最终被突破的额度 g_3 是谁突破的。这个问题有两种假设：一是实际需要造成指标突破。二是特殊关系造成指标突破。第一种是指很难通过正常渠道拿到建设用地指标的用地者，在没有办法拿到建设用地指标的情况下，违规占用耕地指标的情况。第二种是可以通过正常渠道拿到指标的用地者，在有办法拿到建设用地指标的情况下，为了超额拿到建设用地指标，不惜违规占用耕地指标的情况。因为这类用地者具有相当渠道，在正常渠道下，可以运作自如，拿到指标。在违规占用后，能够通过公共关系，化解危机，将突破的指标合理消化，通过相关部门运作将其纳入全国最终被突破的额度 g_3。可以把第一种情况归结为没有办法的突破，把第二种情况归结为有办法的突破。这里的办法，在第一种情况下，就是通过正常渠道拿地的办法，在第二种情况下，还包括通过相关渠道消化突破指标的办法。问题就很清晰，现在只需要分析清楚两种情况所占比例多少，就可以明白通过什么办法配置突破指标最为合理。我们无法预测未来实际上突破指标的哪一种情况占优势。一种办法是对此前几十年突破指标的数据进行详尽分析，找到基本的线索，作为对未来预测的一种依据（图 8-54）。

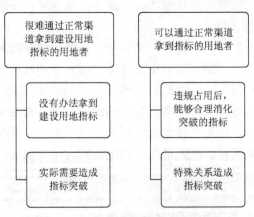

图 8-54　两种情况下的指标突破方式选择

（2）拥有一定操作空间的指标差额。在占补平衡规定实施之初，耕地指标与耕地红线之间的差额，是全国耕地指标在例外管理中不得已允许突破耕地总量的额度极限。掌控好这部分指标，意义重大。假定占补平衡允许合理突破耕地总量的额度为 g_4，如果 $g_4 \leqslant g_3$，则表明管理部门拿捏得当，没有突破耕地红线。相反，如果 $g_4 > g_3$，则表明管理部门拿捏失当，已经突破耕地红线。这是十分严重的后果。对于允许合理突破耕地总量的额度 g_4，需要根据时间跨度做出年度计划，例如，起始年度到耕地红线确定年度之间跨度为 n_3 年，假定允许突破的年度指标为 g_8，则有 $g_8 = g_4/n_3$。为了确保耕地红线，年度突破计划必须严格遵循。只要占补平衡允许合理突破耕地总量的指标不超出差额 g_3，耕地红线就不会失守。在此背景下，占补平衡允许突破的耕地指标 g_4 如何配置，成为关键问题。

（3）耕地总量平衡允许合理突破的指标配置方法。根据一般的情况，可以对耕地总量平衡允许合理突破的指标进行两种三类配置（图 8-55）：第一种是合法配置，包括两类：一是计划分配方式；二是市场交易方式。计划分配方式属于采用行政方式的资源配置方式；市场交易方式属于市场配置资源的方式。一般认为，市场配置资源的方式，效率要高于行政方式。但是在允许突破的建设用地指标配置中，在不同情况下，不同方式具有不同效率，不能一概而论。

第二种是违规方式。即政府土地管理部门在信息不对称的情况下，无法确知允许突破的指标最终应该如何最佳配置，因此以不作为的方式，实施事后管理。对一段时期以后的违规占用实施清理整顿：属于突破指标范围内的缴纳罚款，予以确认合法性占用资格；对于超出突破指标范围之外的，强令拆除。第二种方式很容易产生误解：不作为的违规确认，是否就是政府土管部门的失职或者对土地指标的浪费？关于这种事后管理方式，我们有必要仔细分析其原理：假定我们采用一种有为管理方式，会出现三种情况：第一种是有为管理比无为管理配置资源效果更好；第二种是有为管理与无为管理配置资源效果一致；第三种是有为管理比无为管理配置资源效果更差。假定有为管理的管理成本是 y_1，假定资源配置的效果可以量化，效益是 y_2，效益与管理成本的差值即净收益是 y_3，则有 $y_3=y_2-y_1$，假定无为管理的管理成本是 w_1，假定资源配置的效果可以量化，效益是 w_2，效益与管理成本的差值即净收益是 w_3，则有 $w_3=w_2-w_1$。

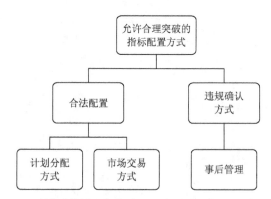

图 8-55 对耕地总量平衡允许合理突破的指标配置方式分类

2. 计划分配方式分析

（1）耕地总量平衡允许合理突破的指标能否实行计划分配。最容易被想到的指标配置方法是计划分配：首先，计划分配如何分配指标。指标必须全国统筹分配，确保总量不超额。各地区之间统筹的难度相当大。其次，是谁来分配计划指标。目前的土地指标管理，如果已经全部实现耕地质量控制和占补平衡，那么原有的土地指标分配体系是否仍在发挥作用？如果还有土地指标分配体系存在，还可以利用这个渠道进行分配。如果这个体系已经不复存在，如何通过各个层级的土地部门逐级划分？最后，根据什么原则来分配计划指标，是根据经济发展水平，还是土地指标需求量，还是现有建设用地指标存量？需要设计一套相对完善合理的指标体系。确保公正公平公开。上面的计划分配方法，带有计划经济的色彩。仿佛回到以往的计划经济时代。要考虑最终突破建设用地指标的用地者都属于哪种类型？因为没有详尽的资料，我们不妨做个假定：假定能够突破占补平衡规定的，往往都是不能通过正常渠道获取建设用地指标，却又非用地不可的用地者。在此前的建设用地指标配置中不能通过正常渠道获取建设用地指标，在此次分配允许突破耕地总量的指标的过程中，肯定不占优势，很可能因为边缘化的地位，再次不能如愿。这些刚需的用地者，在两次指标配置过程中，都没有获得指标，会造成违规占地。这些用地者的违规占地，已经不是在允许突破耕地质量的情况下的违规占用耕地指标，不是对耕地红线额度与开始执行占补平衡之时的耕地总量之间的差额 g_3 的突破，已经属于差额 g_3 之外的突破，即对耕地红线的突破。在此情况下，耕地总量再次突破，造成新突破指标。耕地红线因此失守。根据图 8-56 所示，假定允许合理突破耕地总量的指标 g_4 是采用分配方式，往往造成这样的现象：最急需指标者很难在照顾方方面面的利益平衡的分配体系中获得指标，进而违规占用耕地，突破耕地红线。

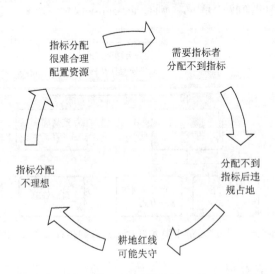

图 8-56　允许突破指标的计划分配将导致耕地红线失守

　　本来允许合理突破耕地总量的指标 g_4 是不得不占用耕地的用地者所应该占用的指标，却因为分配给并非急需的用地者，不仅造成允许合理突破的指标的浪费，而且因为急需用地者的刚需，造成新的指标突破。假定新突破耕地总量的指标额度为 g_5，则此时突破耕地总量的指标总数 g_6 为 $g_6=g_4+g_5$，假定按照规定，允许合理突破耕地总量的指标 g_4，等于耕地红线额度与开始执行占补平衡之时的耕地总量之间的差额 g_3，即 $g_4=g_3$。假定突破耕地红线的部分 g_7，则 $g_7=g_6-g_3=g_4+g_5-g_3=g_5$，计划分配造成耕地红线失守（图 8-57）。划分指标，难免因为照顾平衡，将有限的指标平分，很难起到作用。

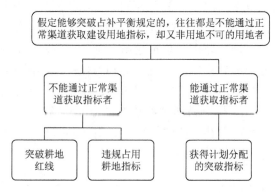

图 8-57 某种情况下计划方式分配可能会造成耕地红线失守

（2）如果可以通过正常渠道拿到指标的用地者占绝大多数，那么通过计划分配方式是合适的。因为计划分配方式，最终主要受惠者，就是能够与土地部门建立良好的公共关系的用地者。这些用地者不仅能够通过正常渠道获取建设用地指标，而且在违规占用耕地指标之后能够妥善处理危机，因此在计划分配方式下，他们也将是主要受惠者。这样，指标到达了最终的用地者手中，这样的资源配置效率较高。

3. 违规之后确认方式分析

（1）如果很难通过正常渠道拿到建设用地指标的用地者占绝大多数，那么通过违规之后确认是合适的。因为提前无法预知这些人需要建设用地指标（这些人没有正常渠道获取建设用地指标，因此表明其信息传递给土地部门的能力有限，公共关系能力不足），无法获取对称的信息。通过违规后处理的办法是合理的。这样，指标到达了最终将会到达的用地者手中，这样的资源配置效率较高。

（2）如果很难通过正常渠道拿到建设用地指标的用地者占绝大多数，违规之后确认比计划分配合理（图 8-58）。假定能够突破占补平衡规定的往往都是不能通过正常渠道获取建设用地指标，却又非用地不可的用地者。在此情况下，有没有更好的突破指标配置方法？实践中，很多用地者难以获取建设用地指标，不得已，先占有，再解决指标问题，也就是先违规，再确认，即违规之后确认。既然在耕地红线额度与开始执行占补平衡之时的耕地指标之间存在的差额 g_3，是占补平衡执行过程中，非突破不可的耕地指标。用地者情况十分复杂，信息不对称比较严重。这样，要找到真正最需要土地的用地者，往往需要花费很大成本。如果搜寻的信息有误，会造成配置错误。在这种情况下，根据用地者突破用地指标后的情况，实施事后确认相对比较简单。既然国家耕地总量控制的制度十分严格，仍然有用地者迫不得已，突破指标，基本上说明其用地的收益比较高。只要这些用地者的指标突破在控制范围之内，就是允许的。可以按照耕地指标管理有关规定，对违规土地指标进行适当处理，这样的作法，可能更加符合实际情况。根据实际，这样做有几种情况：一是突破指标总量超出合理的指标总量，影响耕地红线。需要有选择地强制恢复一部分耕地，一直恢复到总量突破不影响耕地红线为止。二是允许突破指标占用耕地，按照规定办理指标占用手续。主要是为了控制新的指标突破额度 g_5，令 $g_5=0$，则突破耕地红线的部分 g_7 得到控制，此时 $g_7=g_5=0$。控制核心是让允许合理突破占补平衡的指标 g_4，等于耕地红线额度与开始执行占补平衡之时的耕地指标之间的差额 g_3，即 $g_4=g_3$。

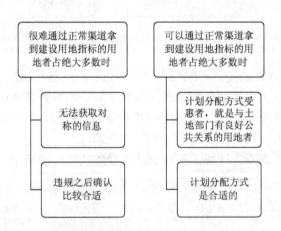

图 8-58　两种情况分别占绝大多数的情况下的方法选择

4. 如果两种情况都有，如何配置允许突破的指标

（1）双轨制是否可行。根据上述分析，针对第一种情况，违规之后确认比较合适；针对第二种情况，计划分配比较合适；如果两种情况都有，大致平分指标，应该如何处置？似乎两种制度并行比较合理。一部分指标采用计划分配的方式，另一部分指标采用违规之后确认。这属于比较典型的双轨制。双轨制下，一部分有办法通过正常渠道获取建设用地指标的用地者，不用为自己获取的允许突破的建设用地指标支付成本。当然为了获取这样的资源，公共关系是必不可少的，也会产生公关支出。这样，公关的部分支出应该计算进获取免费允许突破的建设用地指标的成本。没有办法通过正常渠道获取建设用地指标的用地者，同样很难通过正常渠道获取允许突破的建设用地指标。他们的刚需无法正常满足，只能铤而走险，先违规占用耕地指标，然后等待处罚。双轨制下不同的用地者通过不同渠道，各取所需，但是，容易出现一些弊端：首先是不公。不能通过正常渠道获取建设用地指标的用地者，在允许突破的建设用地指标的计划分配中，也往往被边缘化。只能铤而走险，先违规占用耕地指标，然后等待处罚。他们的刚需往往很难满足，并且要为自己的处罚承担成本。这容易造成不公扩大化。其次，允许突破的建设用地指标容易被突破。双轨制下，指标配置有两个出口：一个是计划出口，假定指标为 g_8；另一个是违规占用出口，假定总量为 g_9，$g_8+g_9=g_4$。g_8 的数额取决于对 g_8 占允许合理突破占补平衡的指标 g_4 的比例估算，这个比例估算并不容易。给计划指标的确定带来麻烦。两个出口，增加了指标突破的风险。

（2）耕地总量平衡允许突破的指标是否可以交易。如果两种情况并存，并且比例接近的话，考虑双轨制存在弊端，能否提出更加有效的方法？交易可能是相对更好的办法。把允许合理突破的指标拿来公开交易，公平公正公开。指标交易是一个创新。允许突破耕地总量的指标进行交易，合理配置资源。急需用地者愿意出足够价钱购买指标。指标交易也有利于把珍稀资源合理配置。交易的好处很多：交易比较公平。无论是否有资源可以利用，都可以在交易平台公开竞争。原来没有办法通过正常渠道来获取建设用地指标的用地者，可以竞拍指标。交易可以实现指标的价值。原来有办法通过正常渠道来获取建设用地指标的用地者，需要付出资金，通过竞拍获取指标；土地管理部门可以收取一定数额的资金。交易的问题也很明显：既然严格执行占补平衡，又交易占用耕地的指标，很难自圆其说。如何处理这个问题，值得深思。

（3）双轨制与交易方法比较。双轨制与交易方法各有利弊，为满足新型城镇化战略的用地需求，我们可以比较两者的不利影响，两害相权取其轻。图 8-59 对

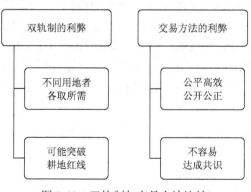

图 8-59　双轨制与交易方法比较

双轨制与交易方法进行了比较。

双轨制下，假定平均到单位建设用地指标的公关支出为 z_1。假定单位建设用地指标的处罚金额为 z_2，这是违规突破的建设用地指标的成本。违规之后确认相对比较合理（图 8-60）。

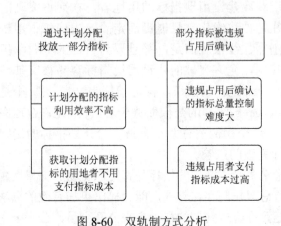

图 8-60　双轨制方式分析

第五节　耕地指标分析

一、土地指标与耕地占用的关系分析

1. 土地指标与土地本身的分离具有重要意义

（1）指标管理从土地本身管理中分离出来是土地管理的最大创新之一。建设用地不免需要占用耕地，这在以前是天经地义的，在实施指标管理以后，几乎也是天经地义的。因为几乎绝大多数建设用地都是从耕地转变来的。建设用地占用耕地，与建设用地指标占用耕地指标，完全是两码事。这是指标从土地本身中分离出来之后的最大发现。没有把土地指标从土地本身中分离出来以前，占用耕地，往往既是占用耕地本身，也意味着占用耕地指标。只是当时没有指标管理的概念而已。等到发明了把土地指标从土地本身中分离出来以后，才发现，以前的大多数，甚至是全部建设用地，既占用了耕地本身，也占用了耕地指标。耕地被占用的同时，耕地指标也减少了。

（2）没有把土地本身与土地指标分开，是土地指标这个概念出现以前，耕地面积减少的主要原因之一。由于没有土地指标的概念，因此占用土地，同时也就占用了土地指标。没有土地指标，也就不可能将耕地指标与建设用地指标相区分。因为这种分类是建立在已经有了土地指标这个概念的基础上。有了土地指标的概念，把土地指标区分为建设用地指标和耕地指标才有可能。特别是耕地指标的出现，十分重要。此前几千年，耕地就是土地，土地基本上全部是耕地。因此，基本不存在耕地指标这样的说法。因为要说耕地指标，首先要指出其所属的更大的概念——土地指标，正是建设用地指标对耕地指标的快速高速侵占，让耕地指标逐步萎缩，土地指标与耕地指标的差距越来越大，耕地指标的提法越来越深入人心。耕地指标的提出，让耕地占用与耕地指标保护并行不悖：我们可以确保建设用地指标增加，确保建设用地占用耕地；但是，仍然能够确保建设用地指标的增加，没有必然带来耕地指标的减少，虽然建设用地指标的增加，必然带来耕地的占用。耕地继续被占用，为新型城镇化战略作出贡献，而不会伤及耕地指标，甚至可以确保耕地指标不减少，这是土地管理的重大发现，也是耕地红线的理论基础。

（3）耕地红线就是建立在耕地指标不减少而耕地可以继续为城镇化作出贡献的基础上。耕地红线是耕地指标，不是耕地本身不能被占用。耕地指标不减少，并不意味着耕地不能被占用。这种指标减少和耕地占用的并行不悖，是指标与土地本身分离后的巨大理论成就，也是占补平衡制度创新的主要基础。耕地继续被源源不断地占用，但是耕地指标毫发无损，其实就是城乡建设用地指标统筹出现的基础。城乡建设用地指标统筹呼之欲出，应运而生。

2. 耕地占用与复垦分析

（1）耕地被占用的两种情况。耕地被占用，可以有两种情况：一种是永久占用；另一种是暂时占用。永久占用是单向的，由耕地指向建设用地，耕地永久占用，意味着耕地的永久减少，和建设用地的永久增加。暂时占用是双向的，耕地转变为建设用地，建设用地会在适当时候转变为耕地，转变是可逆的。

（2）耕地复垦的两个要素（图8-61）。复垦是区分暂时占用和永久占用的关键。被占用耕地能够及时复垦，则属于暂时占用。不能及时复垦，有可能属于永久占用。在暂时占用耕地中，复垦是一个关键环节。复垦需要考虑两个要素：一是意愿；二是条件。其中意愿包括两个方面：一是收益比较，耕地和建设用地的收益比较，决定了耕地是否复垦；历史上重农抑商，极力推崇农业的地位，粮食生产的收益降低速度远远低于现代，耕地复垦收益比较高，占用耕地比较少见，复垦积极性比较高。二是用途管制。现代社会，耕地比较收益快速下降，建设用地收益相对快速提升，耕地占用更加有利可图，耕地复垦积极性快速下降。用途管制减缓耕地占用速度，强迫进行耕地复垦，对于保护耕地指标，起到关键作用。耕地复垦条件包括技术条件和经济条件，技术条件主要是受经济发展水平制约的。在历史时期，建筑材料主要是木石材，耕地复垦相对容易。混凝土在建筑上快速推广以后，耕地复垦需要花费较多的人力物力，增加复垦难度。历史时期耕地与建设用地之间的双向转换比较频繁，与此有关。经济条件主要指耕地被持续占用的可能性。历史时期，工商业不发达，耕地被占用后，无论如何开发，开发的特定用途不再有效之后，往往不会必然产生新的建设用途，因此复垦的可能性大大提高。相应地，现代经济发展水平快速提升，耕地占用后，特定建设用途完成使命后，还会有新的替代用途接踵而来，获得持续利用。因此，耕地复垦反而比较困难。

图 8-61　耕地复垦的
两个要素

3. 占用耕地与耕地指标减少之间的关系

（1）耕地指标减少—耕地被占用。耕地本身是否被占用与耕地指标是否减少之间，关系复杂。

最常见的是在占用耕地本身的同时，也占用了耕地指标。没有对耕地实施指标管理以前，在耕地被永久占用时，耕地本身被占用，也就意味着耕地指标的减少。耕地被占用同时即减少了耕地指标。这种同时性，给耕地带来灭顶之灾。正是经济发展所带来的这一严峻形势，让耕地遭到大量侵占，也让耕地指标快速减少，给粮食安全的未来保障敲响了警钟。

（2）耕地指标没有减少—耕地没有占用。耕地指标和耕地本身同时没有减少，可以发生在历史时期对建设用地需求不大的自然状态下，也可以出现在现代的用途管制的背景下（图 8-62）。

历史时期，粮食的经济价值较高，耕地具有较高产出。中央政府长期奉行重农抑商政策，提高粮食的地位，让经济价值可能不如工商业产品的粮食，具有较高的综合价值。通过提高农民的综合地位来确保粮食和耕地的相对较高的地位。粮食的经济价值因此提升（图 8-63）。

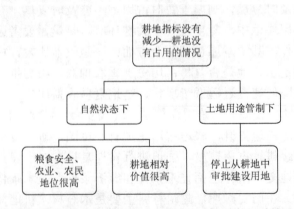

图 8-62　耕地指标没有减少—耕地没有占用的两种情况

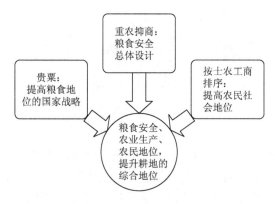

图 8-63　历史时期耕地相对价值提升具有全方位的战略保障

在提高粮食安全的核心地位、以农为本的国家战略、提高农民地位的生活政策的综合作用下，作为载体的耕地价值大幅提升。耕地占用十分少见，耕地指标减少也很少见。这是土地用途管制以前的自然状态下，耕地指标没有减少——耕地没有占用的情况。现代社会，经济快速发展，建设用地需求增长很快。如何做到耕地指标没有减少、耕地没有占用呢？一般来说，土地用途管制的状态下，不占用耕地，耕地指标自然不会减少。这时建设用地的新增指标从何而来？建设用地指标要增加，而又不能占用耕地，只能从荒地入手。城镇建设需要占用土地的地方，恰好就有荒地的可能性不大。城镇附近荒地应该早就被开发殆尽。如果荒地远离需要开工建设的地点，荒地复垦就需要通过耕地来置换。因为土地资源中，绝大部分都是耕地。要把需要建设用地的城镇与远在其他地方的荒地联系起来，必须通过耕地作为置换的中介环节（图 8-64）。除此以外，别无他法。在不占用耕地的情况下，新增建设用地指标不是不可能，但是难度很大。

图 8-64　通过耕地作为置换的中介环节

经济快速发展的现代社会，要实行耕地指标没有减少——耕地没有占用的途径来控制耕地指标，实际上是不可能的。因为这时候，建设用地指标无法增加。既然无法通过开垦荒地（现代社会，荒地已经存量不多）来增加建设用地总量，那么，能否通过建设用地指标的内部统筹，来实现乡村建设用地指标向城镇建设用地指标的转换？建设用地指标的内部统筹同样需要耕地作为中介（图 8-65）。因为需要建设的城镇附近，刚好有可以利用的乡村建设用地的可能性微乎其微。

图 8-65　建设用地指标的内部统筹同样需要耕地作为中介

如果按照耕地指标没有减少——耕地没有占用的要求来做，既不能增加建设用地总量，也不能实现建设用地指标的内部统筹。这样的作法，多出现在耕地指标管理之初，还没有自觉利用指标管理耕地，特点是比较墨守成规，不能变通，没有考虑耕地的中介作用，没有发挥耕地的中介作用，可能并不影响耕地指标的增减。

（3）耕地指标没有减少——耕地被占用。耕地指标管理进入新的历史阶段，涉及一个十分重要的制度创新，即占补平衡制度。允许耕地占用，但是要确保耕地指标没有减少。实际上是开放了耕地作为中介的作用，让城乡建设用地指标相互交易，实现建设用地指标的内部统筹。这时的耕地指标管理已经进入中级阶段，能够自如地运用指标手段，把耕地作为中介，实现耕地指标、乡村建设用地指标、城镇建设用地指标的统筹管理。特别是通过确保耕地指标，将建设用地指标管理精细化。实现建设用地指标内部两类指标的相互交易，最大限度地开发乡村建设用地指标的潜能，适应新型城镇化战略的用地需要，通过指标统筹，让土地指标也实现城镇化。乡村建设用地指标的城镇化，是这个阶段的主要创新成果。既满足城镇建设用地指标增加的需要，又不减少耕地指标，还实现了乡村建设用地指标的高效利用，真正让城镇化战略变成人口与土地指标同步城镇化的过程（图 8-66）。

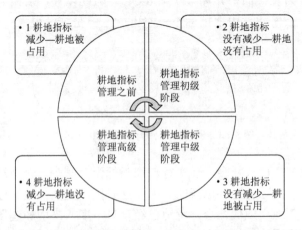

图 8-66　占用耕地与耕地指标减少的四种情况与耕地指标创新的关系

（4）耕地指标减少——耕地没有占用。耕地指标管理之前，耕地指标随着耕地本身被占用而不断下降。进入初级阶段，谨小慎微，为了保护耕地指标不减少，甚至不允许耕地的占用，这在现在看来，无疑是泥古不化的作法。只有到了占补平衡的阶段，指标不减少的情况下，完全可以有控制地开发对耕地本身的占用，这时，已经能够自如地运用指标手段，把耕地作为中介，实现耕地指标、乡村建设用地指标、城镇建设用地指标的统筹管理。即使如此，仍然有一个严峻的问题需要解决：耕地红线和占补平衡制度只能解决建设用地指标的保障问题，以及耕地指标的保护问题，却不能解决耕地没有占用情况下耕地指标减少的问题。这个问题十分独特：怎么会有耕地没有占用情况下耕地指标减少的问题呢？这实际上就是耕地利用效率低下的问题，主要是大量存在的抛荒问题。只有解决好抛荒问题导致的耕地利用效率下降的问题，才可以说耕地指标管理进入高级阶段。

　　4. 土地置换与指标总量控制

　　（1）没有指标控制的土地置换比较麻烦。无论上述哪种情况，只要涉及城镇建设用地指标增加，势必要增加建设用地，增加的建设用地往往落在城镇附近的耕地。按说，在耕地指标不能减少的情况下，城镇附近这些耕地不能被占用。没有指标控制的占补平衡制度，通过土地之间的相互兑换，来实现耕地指标总量不变情况下的城镇建设用地指标增加，是很麻烦的。需要无数次的相互兑换。这样的兑换，即使完全可以实现，也需要花费巨大精力。指标控制给解决这样的实际问题通过便捷的处理办法。通过指标与土地本身分离的方法，允许城镇附近这些耕地被占用，通过地票交易，补偿异地复垦耕地的费用，提高城镇建设用地指标增加的效率。

　　（2）建设用地指标与指标落地。异地复垦耕地，可以获取补偿。城镇附近耕地占用，如何处理？城镇建设用地指标落地，涉及被占用耕地的补偿问题。这个问题，可以分成两点讨论：一是不是所有城镇附近的耕地都能够被占用。耕地用途管制严格控制这些耕地能否被占用。二是城镇附近的耕地能否被占用。要处理好耕地占用补偿问题。

二、耕地指标管理分析

　　1. 耕地指标分类的意义

　　（1）耕地指标面积巨大。耕地面积如此巨大，进一步分析耕地指标很有价值。建设用地指标往往以几千万亩计，耕地面积在十几亿亩左右。抛荒耕地按照 5%～10%计算，就有 9000 万亩到 1.8 亿亩抛荒耕地。抛荒耕地有两种出路：一是治理抛荒，提升粮食产量，这往往是在粮食安全受到威胁的情况下的选择。但是，需要输入种粮激励。没有种粮激励，即使粮食总产量不足，也很难发挥种粮的积极性。这是粮食作为产品的利益驱动规律决定的。二是在粮食安全没有威胁的情况下，通过把抛荒耕地转变为城镇建设用地指标，实现抛荒耕地的高效利用（图8-67）。

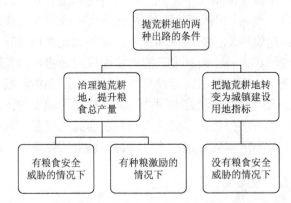

图 8-67　抛荒耕地的两种出路的条件分别需要具备的条件

（2）耕地指标管理的三个阶段（图8-68）。目前主要着眼于管住建设用地指标，主要是城镇建设用地指标，不允许城镇建设用地指标侵占耕地指标，这无疑具有重要意义。但是这仅仅是第一阶段，第二阶段，要从乡村建设用地指标入手做文章，最大限度地把乡村建设用地指标转化为城镇建设用地指标，满足新型城镇化战略的需要，提升乡村建设用地指标利用效率，乡村建设用地指标转化十分困难。需要首先保证人口城镇化跟得上土地城镇化速度，并要求适度提前人口城镇化的步伐，因此耕地指标利用效率分析成为第三阶段的主要任务。

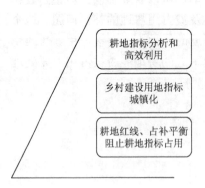

图 8-68　耕地指标管理的三个阶段

（3）耕地指标缺乏管理。耕地指标缺乏管理，成为躲在红线背后的不受约束的指标。以前耕地指标减少，主要是建设用地资源，包括城镇和乡村建设用地占用。城镇建设用地指标占用耕地指标，从法理上来说，已经站不住脚。明目张胆地占用耕地指标已经很难大行其道，只能悄悄进行。耕地指标遭遇的最大威胁是什么？理论上，不是来自外部的威胁，城镇建设用地指标已经调转方向，要向乡村建设用地指标冲锋。从实际来看，来自内部的威胁十分严重。抛荒动辄就是几千万亩，如此巨大面积的耕地指标减少，对紧张的建设用地指标来说，无异是垂涎三尺的馅饼。没有恰当地治理抛荒问题，无怪乎实际上仍然存在占用耕地指标的现象。城镇建设用地指标这样紧张，耕地红线又是那么严格，保护着几千万亩的抛荒耕地，等于白白减少了几千万亩耕地指标，这很难说得过去。但又没有很好的办法来治理抛荒问题，任其发展，结果是耕地指标被城镇建设用地占用，与其让耕地抛荒，不如转变为城镇建设用地指标。

2. 耕地指标分类

（1）耕地名义指标与耕地实际指标。可以把耕地指标分为两个部分：一个部分是耕地名义指标；另一个部分是耕地实际指标。之所以如此细分，主要是耕地面积体量巨大，很有细分的必要。所谓耕地名义指标，就是建设用地指标不能占用的耕地指标。目前所说的 18 亿亩耕地红线，实际上都是说的耕地名义指标。所谓耕地实际指标，就是耕地名义指标中实际上耕作的部分，是耕地名义指标中除掉抛荒等没有耕作部分之后的耕地指标，是实际上对粮食生产有意义的耕地指标部分。图 8-69 中可见，建设用地指标紧紧包围着耕地名义指标。耕地名义指标依仗耕地红线的保护，苦苦支撑。如果耕地名义指标保护不力，则耕地实际指标受到的挤压更加严重。抛荒耕地从内部侵蚀挤压耕地实际指标。耕地实际指标腹背受敌，内外部的压力毫无二致。因为抛荒面积与城乡建设用地指标相比，不能忽视，对耕地实际指标的挤压虽然不引人注目，但也是危害最严重的。抛荒耕地对耕地实际指标的损害值得引起关注。

（2）耕地指标的形成过程和影响因素分析。为了从整体上把握耕地指标的组成部分，我们采用动态的视角，看待耕地指标的形成过程。把没有被建设用地指标侵占的原始耕地面积作为出发点，看看耕地指标的形成过程。首先是原始耕地面积遭遇建设用地指标的侵占，形成耕地名义指标；其次是耕地名义指标中抛荒耕地逐步增加，形成耕地实际指标。建设用地指标的扩张，减少了耕地名义指标；抛荒耕地的扩张，减少了耕地实际指标。其中，真正对粮食安全具有战略意义的是耕地实际指标。建设用地指标和抛荒耕地面积从内外两个方面，约束耕地实际指标的额度，威胁粮食安全的基础。但是，广泛受到关注的是建设用地指标的侵占，往往忽视内部出现的抛荒耕地的侵占。

（3）耕地名义指标分析。假定图 8-69 中，全部土地面积之和为 G_3，表示城乡建设用地指标没有占用之前的耕地面积，即原始耕地面积。其中随着城镇化发展，从其中将一部分耕地转变为城乡建设用地指标，数额为 J_1，其余部分称为耕地名义指标，数额为 G_2，则有 $G_2=G_3-J_1$。耕地名义指标与原始耕地面积相比，明显减少。减少部分就是耕地转变为城乡建设用地指标的额度。假定耕地名义指标占原始耕地面积的比例为 B_1，则有 $B_1=G_2/G_3=(G_3-J_1)/G_3=1-J_1/G_3$。其中 J_1/G_3 表示转变为城乡建设用地指标的额度占原始耕地面积的比例，假定其为 B_2，则有 $B_2=J_1/G_3$，则有 $B_1=1-B_2$，转变为城乡建设用地指标的额度占原始耕地面积的比例，直接影响耕地名义指标占原始耕地面积的比例。两者之间是此消彼长的关系。来自城乡建设用地指标的威胁，是耕地名义指标必须面对的第一个威胁。一般比较关注如何控制城乡建设用地指标 J_1，使其尽可能最小。考虑实践中总有占用耕地指标的城乡建设用地指标 J_1，则耕地名义指标总是小于原始耕地面积，即 $G_2 < G_3$，理想状态是 $J_1 = 0$。占补平衡制度力图实现这一目标，虽然执行中很难完全做到。从理论上来说，占补平衡规定已经深入人心。违反规定的做法难以获得支持。综合理论和实践，只能使其尽可能趋近 0。此时，有 $G_2 = G_3$。

（4）耕地实际指标分析。假定耕地实际指标为 G_1，抛荒耕地面积为 P_1，则有 $G_1 = G_2 - P_1$。耕地实际指标是依托耕地名义指标而产生的变量。耕地名义指标的大小影响耕地实际指标的额度。抛荒耕地面积一定的情况下，耕地名义指标越小，耕地实际指标也越小。耕地实际指标可以表示为 $G_1 = G_2 - P_1 = G_3 - J_1 - P_1$。实践中，抛荒耕地面积不仅存量比较大，而且治理十分困难，甚至有愈演愈烈之势。耕地指标的分类如图 8-69 所示。

3. 耕地指标管理模式分析

（1）耕地指标分类的意义。耕地指标分类，实际上把本来属于耕地领域的抛荒问题与属于建设领域的城乡建设用地指标统筹分析，并揭开了一个重大秘密：占补平衡从理论上确保耕地红线，至少从政策层面属于相对严厉的制度。为建设项目，明目张胆地占用耕地指标，已经从法理上很难成立。抛荒耕地没有占补平衡和耕地红线一样的战略设计。虽然有一些关于抛荒的制度，但是从其严肃性和重要性来看，与专门控制耕地名义指标的耕地红线制度相比，逊色多了。耕地实际指标受到来自建设用地指标的压力已经明显减少。有耕地红线的强力保护和占

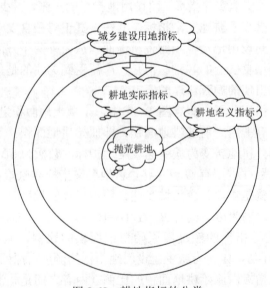

图 8-69　耕地指标的分类

补平衡的严厉规定,耕地名义指标保护的环境已经比此前好多了。耕地实际指标的决定因素如图 8-70 所示。

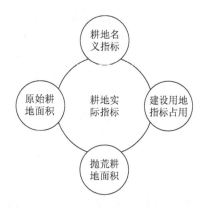

图 8-70　耕地实际指标的决定因素

（2）耕地指标分类管理的意义。不仅关注耕地名义指标,更要关注耕地实际指标,这是目前耕地指标管理中的重中之重。目前的耕地指标管理,实际上更偏重于耕地名义指标管理,忽视甚至没有采取战略措施,治理抛荒,降低耕地名义指标与实际指标的差距。从图 8-71 中可以看出耕地指标管理存在的畸轻畸重的问题:耕地名义指标管理有占补平衡规定和耕地红线保护战略,耕地实际指标管理缺乏对抛荒耕地治理的战略措施。

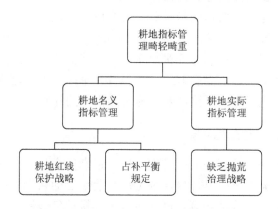

图 8-71　耕地指标管理存在畸轻畸重问题

（3）耕地指标管理粗放化模式。目前耕地指标管理尚处于粗放化阶段,这种粗放化模式的特征是:仅仅消除来自耕地名义指标外部的威胁,有效杜绝建设用地指标对耕地指标的大量侵占,从法理上建立确保耕地名义指标稳定的制度框架。但是,缺乏对耕地名义指标与耕地实际指标关系的梳理,忽视了耕地实际指标对粮食安全保障的核心价值,过分看重与建设用地指标相对立的耕地名义指标的价值,重视对建设用地指标的约束,忽视与耕地实际指标相对立的抛荒耕地治理,没有防微杜渐,没有堵塞耕地名义红线的漏洞,耕地名义指标与耕地实际指标相距甚远。以耕地名义指标保护,掩盖了耕地实际指标中存在的严重问题（图 8-72）。

（4）耕地指标管理中的两对矛盾（图 8-73）。耕地指标管理中,有两对矛盾需要重视:一是耕地名义指标与建设用地指标的对立关系;二是耕地实际指标与抛荒耕地之间的对立关系。耕地名义指标与建设用地指标的对立关系反映在两者的

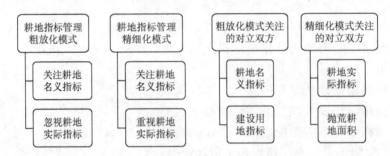

图 8-72　耕地指标管理模式比较　　图 8-73　耕地指标管理中的两对矛盾

此消彼长的关系。粗放式耕地指标管理模式所重点关注的是：$G_2=G_3-J_1$；$G_2+J_1=G_3$。建设用地指标占用多了，耕地名义指标自然减少；控制建设用地指标，也就保障了耕地名义指标额度。这是耕地红线和占补平衡制度的伟大意义。耕地红线和占补平衡制度，致力于确保耕地名义指标。

　　耕地实际指标与抛荒耕地面积的对立关系也反映在两者的此消彼长的关系。是粗放式耕地指标管理模式所忽视的：$G_1=G_2-P_1$；$G_1+P_1=G_2$。抛荒耕地面积多了，耕地实际指标自然减少。控制抛荒耕地面积，也就保障了耕地实际指标额度。前面为了确保耕地名义指标，尚有耕地红线和占补平衡制度。这里，没有战略层面的顶层设计来治理抛荒这一严重影响耕地实际指标的问题。

　　4. 耕地指标管理精细化模式

　　（1）粮食安全保障目标的制度基础分析。粮食安全是一个需要实现的战略目标。目标的实现，需要一些具体目标设定：目前设定的耕地目标，主要是耕地名义指标。此前，不加区分地强调耕地红线保护。耕地红线制度的实质是什么？耕地红线制度就是着眼于耕地名义指标的制度设计。占补平衡制度也是粗放式耕地指标管理模式的制度基础（图 8-74）。

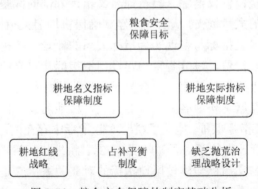

图 8-74　粮食安全保障的制度基础分析

这就清晰地界定了耕地红线保护的意义：耕地红线制度作为顶层设计，仅仅是粗放式耕地指标管理模式的核心制度，远远没有触及粮食安全战略保障所需要的核心层面的要素——耕地实际指标。耕地实际指标保护制度，是耕地指标管理精细化模式的核心。没有更进一步，深入到对抛荒耕地的治理层面，粮食安全的耕地基础是很不牢固的。只有耕地红线和占补平衡保障的耕地名义指标，没有彻底治理抛荒的战略设计，粮食安全保障的整体目标很难实现。

（2）耕地实际指标占原始耕地面积的比例分析。只有围绕更加核心的耕地实际指标做文章，建立抛荒耕地治理的战略，粮食安全保障的制度设计才更加完善。否则，只有耕地名义指标保障是不够的。我们考虑抛荒耕地面积占原始耕地面积的比例，假定为 B_3，则有 $B_3=P_1/G_3$。如果抛荒耕地面积存在，即 $P_1>0$，则 $B_3>0$。这时必须考虑耕地实际指标占原始耕地面积的比例，假定为 B_4，则有 $B_4=G_1/G_3=(G_3-J_1-P_1)/G_3=1-B_2-B_3$，耕地实际指标占原始耕地面积的比例，与下面两个要素是此消彼长的关系：一是转变为城乡建设用地指标的额度占原始耕地面积的比例 B_2；二是抛荒耕地面积占原始耕地面积的比例 B_3。

三、耕地实际指标提升分析

1. 提高耕地实际指标占原始耕地面积的比例需要双管齐下

（1）单方面降低 B_2 并不能必然提高耕地实际指标占原始耕地面积的比例。提高耕地实际指标占原始耕地面积的比例，是耕地指标管理的主要目标。可以通过降低转变为城乡建设用地指标的额度占原始耕地面积的比例 B_2 来实现，但是，远远不够。如果占补平衡制度执行有力，原始耕地面积真正实现占补平衡，没有因为建设用地指标占用而减少原始耕地面积，即此时耕地转变为城乡建设用地指标的数额为 0，即 $J_1=0$，耕地名义指标等于原始耕地面积，即 $G_2=G_3-J_1=G_3-0=G_3$，耕地名义指标占原始耕地面积的比例为 100%，即 $B_1=G_2/G_3=(G_3-J_1)/G_3=(G_3-0)/G_3=100\%$。转变为城乡建设用地指标的额度占原始耕地面积的比例 B_2 为 0，即 $B_2=1-B_1=0$。看上去似乎十分理想，已经根据占补平衡制度，堵住建设用地指标占用的漏洞，没有因为外来力量占用耕地指标的威胁。其实不然，只看到来自外部因素的威胁，是远远不够的。还要看到抛荒导致的有效耕地指标减少。

（2）两个比例之间具有相互替代的关系。如果此时，进行两种假设，考虑耕地实际指标占原始耕地面积的比例，与两个要素（即转变为城乡建设用地指标的额度占原始耕地面积的比例 B_2，以及抛荒耕地面积占原始耕地面积的比例 B_3）之间是怎样的此消彼长的关系。在公式 $B_4=1-B_2-B_3$ 中，考虑两种情况（为了简单起见，假定两种情况下，各有一个比例为 0，另一个比例为 m）：第一种情况下，转变为城乡建设用地指标的额度占原始耕地面积的比例 B_2 为 0，即没有转变为城乡建设用地指标的耕地指标。并且抛荒耕地面积占原始耕地面积的比例 B_3 不为 0，即抛荒耕地面积存在。假定抛荒耕地面积为 m。上述条件可以表示为一组联立关系式，即 $B_2=0$ 且 $B_3=m$，耕地实际指标占原始耕地面积的比例为 $B_4=1-B_2-B_3=1-0-m=1-m$。第二种情况恰好相反，转变为城乡建设用地指标的额度占原始耕地面积的比例 B_2 不为 0，假定其为 m。并且抛荒耕地面积占原始耕地面积的比例 B_3 为 0，即抛荒耕地面积不存在。上述条件也可以表示为一组联立关系式，即 $B_2=m$ 且 $B_3=0$，耕地实际指标占原始耕地面积的比例为 $B_4=1-B_2-B_3=1-m-0=1-m$，两个比例（即转变为城乡建设用地指标的额度占原始耕地面积的比例 B_2，以及抛荒耕地面积占原始耕地面积的比例 B_3）之间具有相互替代的关系。即使转变为城乡建设用地指标的额度占原始耕地面积的比例 B_2 为 0，只要抛荒耕地面积占原始耕地面积的比例 B_3 不为 0，耕地实际指标占原始耕地面积的比例仍然小于 100%。反之亦然。这两种情况下，抛荒与建设用地占用对耕地实际指标具有同等的侵占性。

（3）两个比例之间关系的深入分析。如果两种情况下，各有一个比例为 0，而另一个比例有高低之分，则情况更加复杂：第一种情况的前提条件此时已经修订为：$B_2=0$ 且 $B_3=m_1$。耕地实际指标占原始耕地面积的比例为：$B_{41}=1-m_1$。第二种情况的前提条件此时已经修订为：$B_2=m_2$ 且 $B_3=0$。耕地实际指标占原始耕地面积的比例为：$B_{42}=1-m_2$。根据 m_1 与 m_2 之间的关系，可以分为三种情况 $m_1=m_2$；$m_1>m_2$；$m_1<m_2$。因为前面已经把 $m_1=m_2$ 作为特殊情况加以讨论，兹不具论。下面主要讨论后面两种情况：如果 $m_1>m_2$，则 $B_{41}<B_{42}$。即对耕地实际指标占原始耕地面积的比例来说，抛荒严重—建设用地没有占用，与没有抛荒—建设用地占用不严重相比，前者的不利影响远远超出后者。反之亦然。即对耕地实际指标占原始耕地面积的比例来说，抛荒不严重—建设用地没有占用，与没有抛荒—建设用地占用严重相比，后者的不利影响远远超出前者。有 $B_{41}>B_{42}$。根据 m_1 与 m_2 之间的关系，可以分为三种情况，列表分析这些关系。

（4）两个比例之间关系的启示。以往偏重耕地名义指标的保护，固然没有错；但是没有处理好耕地实际指标与耕地名义指标的关系。过分关注外部因素——建设用地指标的影响，忽视内部因素——抛荒耕地的挑战。关注外部，忽视内部。关注粗放式管理，忽视精细式管理。

2. 耕地实际指标提升的必要性分析

没有认清精细式管理的重要性，总是会用这样的理论来自我安慰：只要耕地名义指标足够多，到时候粮食安全出现威胁，自然会有人去耕作抛荒耕地的。

四、人口与土地指标同步进城分析

1. 人口与土地城镇化同步发展的阶段

最近几十年来，城镇化发展经历两个阶段。

（1）没有人口城镇化的土地城镇化阶段。最早是土地城镇化，并没有伴随人口城镇化。这个阶段，实际上就是耕地城镇化，没有很好地管制耕地用途，大量耕地被占用，减少了大量耕地指标。

（2）人口与土地同步发展的城镇化。第二个阶段就是人口与土地的城镇化，其中可以分为两种模式：一是人口与耕地同步城镇化，这个阶段，虽然有了对人口城镇化的关注，但是耕地指标还在减少，耕地指标城镇化，支撑了人口城镇化。二是模式转型，耕地指标城镇化停止，人口与城乡建设用地指标同步城镇化。乡村建设用地指标与乡村居民同步进城，取代此前的耕地城镇化。

城镇化的三个阶段如图 8-75 所示。

图 8-75　城镇化的三个阶段

2. 人口与耕地指标还是人口与乡村建设用地指标同步城镇化

（1）就地占用耕地实现城镇化是一种短视的城镇化。土地城镇化的本质是耕地指标城镇化还是乡村建设用地指标城镇化？没有城乡土地资源统筹的情况下，就地占耕地，实现城镇化，是符合占用土地者的利益的。但是这是一种短视的城镇化。完全没有考虑土地城镇化的本质。

（2）土地城镇化的本质是乡村建设用地指标城镇化。土地城镇化的本质是什么？根据人地关系来看，建设用地指标随着人走是最合理的。一个人居住在乡村，占用一定面积的土地；现在要进城了，他所占用的建设用地指标随同进城是合乎情理的。因此，土地城镇化的本质是乡村建设用地指标城镇化，而不是耕地指标城镇化。

（3）耕地指标不因城镇化进程有所影响。至于耕地指标，属于城乡居民共同所有。无论是为城镇居民占用建设用地指标，还是为进城乡村居民占用建设用地指标，都只能在建设用地范畴内统筹解决。而不能占用属于城乡居民全体所有的赖以生存的耕地。耕地指标不应该因为城镇化而有所减少。耕地指标与城镇化完全无关。

（4）城乡建设用地指标的内部统筹完全可以解决城镇建设用地指标来源。平均来看，乡村居民人均占用的建设用地指标，要远远高于城镇居民的平均水平。这样，乡村居民进城，将其原来所有的建设用地全部带进城镇，是绰绰有余的。这就证明，城乡建设用地指标的内部统筹，是完全可以解决城镇建设用地指标来源问题的。

（5）人口城镇化必然伴随乡村建设用地指标的城镇化。从理论上来说，乡村居民进城，腾出来乡村建设用地指标，因此乡村居民与乡村建设用地指标同步进城最为合理。而即使乡村居民进城，粮食需求量并没有减少，甚至可能增加，因此耕地指标不能城镇化，耕地指标的城镇化，就意味着粮食安全赖以生存的耕地面积的减少，这是十分危险的。

3. 耕地城镇化向乡村建设用地城镇化的升级

（1）没有人口城镇化的情况下必然是耕地指标城镇化。只有土地城镇化的情况下，没有打算同步转移乡村居民进城，因此乡村居民腾出建设用地指标的可能性不大。因此，只能是零零碎碎的乡村居民进城定居。零散的宅基地复垦即使可能，也很难实施。没有人口城镇化的情况下，土地城镇化不大可能是乡村建设用地指标城镇化，而必然是耕地指标城镇化。

（2）大规模人口城镇化情况下才会出现乡村建设用地指标城镇化。乡村建设用地城镇化是有条件的。乡村建设用地指标城镇化与耕地指标城镇化相比，难度更大。耕地占用，要比乡村建设用地占用更加容易。因此乡村建设用地城镇化，不是可以轻易做到的。只有预期可以大规模转移乡村居民，乡村宅基地复垦才是可能的。没有大规模的乡村居民进城安置，乡村建设用地指标很难做到城镇化。

五、耕地用途管制与土地指标的关系

1. 耕地红线的变 5 化趋势

（1）永远保持不变。耕地红线永远保持不变，是一种理想状态。也是从目前出发，认为最理想的状态。这个额度，完全是基于目前的判断，包括基于目前所认识到的人口的未来增长趋势，基于目前所认识到的人均粮食需求量增长趋势，以及基于目前所认识到的农业生产技术的普及和提高幅度。

（2）未来有所调整。人口趋势的判断，存在较大误差。此前制定耕地红线之时，过高估计未来人口增加的趋势。这是一个重要的问题。过高估计而不是根据目前人口的实际增长幅度来预测未来的人口发展趋势，未免过度渲染了未来粮食需求的总量增加幅度。按说，随着社会发展，人均粮食消费应该发生变化。首先是浪费更少。浪费粮食可以养活 2 亿人口。这部分节约，完全可以应对未来人口增加部分的需要。只要目前的人口增长趋势不变，人口因素对未来粮食的需求并无太大影响。可以忽略不计。其次是结构变化。结构变化比较复杂。有粮食本身的比例下降，也有其他食品的需求增加，但是总体来说，粮食消费需要适应耕地资源禀赋，而不是脱离耕地资源禀赋去盲目追求结构调整。人均粮食消费对耕地的需求可以忽略不计。至于农业技术，很容易忽视农业技术的推广力度和技术创新速度。因为就目前的国际情况来看，农技开发和推广本身有很大潜力可以发掘，来应对粮食需求。未来粮食需求大幅增加的可能性不是没有，但是不会很大。大幅增加，可能发生在结构调整中一些不适应中国耕地资源禀赋的部分，如过度强调肉蛋奶的比例提升等。其实，几千年来，适应中国耕地资源禀赋的素食为主的食品结构被证实是合理的，也是几千年来养育了数以亿计的中华民族优秀儿女的有效食品结构。转变素食为主的食品结构，除了具有跟风效应，并不是良好的生活习惯，也与中国的耕地资源禀赋格格不入。目前的粮食生产总量，基本可以满足未来粮食需求量。未来粮食需求量的增加，不必担忧。因为结构转变产生的需求增加，完全可以通过市场因素解决。资源禀赋与消费结构之间的这种矛盾，可以通过价格上涨等加以调整。无限制地满足肉蛋奶，不符合中国的耕地资源禀赋。目前的耕地应对未来粮食需求，大有余地。考虑目前几千万亩到一亿亩左右的抛荒耕地，耕地红线实际上有很大调整余地。

2. 是否执行耕地红线和占补平衡制度的三种情况

根据耕地红线制定前后，尚有 18.26 亿亩耕地的实际情况判断，占补平衡是理想状态，耕地红线是底线。据图 8-76 所示，是否执行耕地红线和占补平衡制度，可以有三种情况。

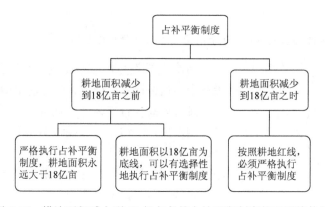

图 8-76　耕地面积减少到 18 亿亩之前占补平衡制度能否严格执行

（1）严厉的占补平衡制度确保耕地红线绰绰有余。这时严格执行占补平衡制度，则耕地红线永远会得到保障。因为耕地红线永远会有 2600 万亩的余地。土地用途管制的方式分类如图 8-77 所示。

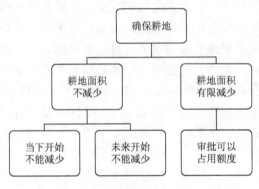

图 8-77　土地用途管制的方式分类

（2）根据严格执行的耕地红线来决定占补平衡执行力度。这时严格执行耕地红线，占补平衡根据耕地红线来决定执行力度。没有自己独立性的占补平衡制度将会有两个阶段。第一个阶段，在 2600 万亩耕地完全转变为建设用地指标之前，占补平衡可以宽松执行，可以有控制地逐步减少耕地指标，直到耕地面积减少到 18 亿亩。第二个阶段，在 2600 万亩耕地完全转变为建设用地指标之后，因为严格执行耕地红线，此后不允许减少一亩地的耕地指标，因此原来宽松的占补平衡制度必须严格执行，以配合严格的耕地红线制度。

（3）两个制度都没有严格执行。这时两个制度都没有严格执行，耕地红线失守。这也可以分为两种情况：一是耕地面积减少，对劳动力激励机制健全，粮食总产量得到保障；二是耕地面积减少，没有健全劳动力激励机制，粮食总产量没有得到保障。

3. 土地本身与土地指标的分离是土地管理精细化的产物

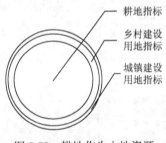

图 8-78　耕地作为土地资源用途管制的核心

用途管制产生土地指标。在没有用途管制以前，没有土地指标概念，或者说，此前土地自身与土地指标还没有分离，合二为一，融为一体。只有到土地用途管制以后，土地指标才成为不亚于土地本身的重要概念。用途管制如何产生土地指标的？首先，抓住核心。用途管制的主要目标就是粮食安全保障。粮食安全保障的主要支撑就是耕地。耕地成为用途管制的核心目标（图 8-78）。耕地的产出是农产品，直接经济价值不高。在没有用途管制的情况下，随着中国进入城镇化发展的快速通道，建设用地升值很快，耕地转变为建设用地是有利可图的。耕地减少，城镇建设用地增加，是发展趋势。用途管制把耕地作为首要目标，也是唯一目标。用途管制基本上没有考虑建设用地的可靠来源。采用优先考虑耕地，但是没有为建设用地留出充足余地的方法。这是人口与土地资源矛盾突出的国家，不得不选择的策略。

其次，制定红线。用途管制可以有多种方式，其中耕地红线是最严格的方式之一。

最后，死守红线。土地本身与土地指标的分离是用途管制的产物，也是土地管理精细化的产物（图8-79）。

图 8-79 土地本身与土地指标的分离是用途管制的产物

第六节 土地管理模式转型

一、土地管理精细化转型

土地管理的三个阶段是：土地本身管理—土地指标管理—土地本身和指标管理（图8-80）。初级阶段着眼于土地本身管理，着眼于土地本身，忽视了土地指标管理，管理仍然处于初级阶段。中级阶段着眼于土地指标管理。高级阶段统筹土地指标与其本身的管理。着眼于管理土地本身，固然不是高级阶段；着眼于单纯的指标管理，也不是高级阶段。高级阶段应该是土地指标与土地本身的统筹管理阶段。

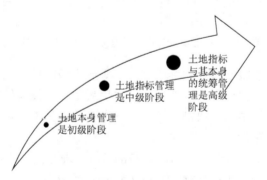

图 8-80 土地本身与指标管理的三个阶段

1. 耕地管理的三个阶段

（1）耕地指标与耕地占用之间的关系。耕地指标与耕地占用之间具有比较复杂的关系：不是简单的对等关系。

根据是否占用耕地和是否占用耕地指标，可以把占用耕地指标与耕地之间的关系分为4类：没有占用耕地也没有侵占耕地指标（初级阶段经常存在）、没有占用耕地但侵占耕地指标（抛荒）、占用耕地但没有侵占耕地指标（地票）、占用耕地也侵占耕地指标（初级阶段经常存在）。

表8-20中最常见的是耕地没有占用，也没有侵占耕地指标，以及耕地占用，侵占了耕地指标，这是初级阶段。

（2）初级阶段着眼于耕地本身管理。拿耕地来说明这三个阶段的发展：耕地红线出来以前，耕地管理的初级管理阶段，拘泥于耕地本身不被占用，没有指标意识，就没有耕地指标总量平衡下，耕地灵活置换的余地。把耕地指标不能减少等同于不能占用耕地，死守耕地本身，结果，城镇化急需建设用地指标，在占用耕地时，不仅占用耕地本身，而且因为没有指标管理，侵占了耕地指标。初级阶段的不足，在于没有引入指标管理，导致城镇建设用地指标增加的难度很大，占补平衡的实践，在初级阶段，根本无法实现。没有区分侵占耕地指标与占用耕地的区别，把侵占耕地指标与占用耕地等同起来。这是初级阶段管理粗放的表现。耕地本身与指标管理三个阶段的利弊比较如图8-81所示。

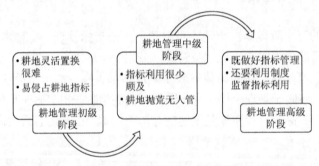

图 8-81　耕地本身与指标管理三个阶段的利弊比较

（3）中级阶段着眼于耕地指标管理。要等到中级阶段，出现指标管理和占补平衡的制度之后，才会出现这样的情况：占用耕地，却没有侵占耕地指标。在城乡建设用地指标置换中，地票制度等占补平衡实践中虽然占用城郊耕地，但是并没有侵占耕地指标总量。

（4）高级阶段统筹耕地指标与其本身的管理。表8-20中还有一种情况，就是没有占用耕地，却侵占耕地指标，侵占了实际耕地指标，而不是侵占名义耕地指标。这种情况，以抛荒表现最为显著。中级阶段，这种情况愈演愈烈。要等到高级阶段才能完全得到彻底治理。

2. 城镇建设用地管理的三个阶段

（1）初级阶段着眼于城镇建设用地本身管理。跟耕地管理一样，在管理的初级阶段，城镇建设用地在占用耕地并随而增加城镇建设用地的同时，实际上也同时增加了城镇建设用地指标。此时城镇建设用地指标的增加与面积的增加，伴随着所占用耕地面积和指标的同时等量减少。这种情况的适度发展情有可原，但是随着耕地指标的占用愈演愈烈，这种情况最终不能可持续发展。

（2）中级阶段着眼于城镇建设用地指标管理。当城镇建设用地指标和面积的增加直接威胁耕地指标的时候（而不仅仅是占用耕地面积），指标管理应运而生。这时的占补平衡，实际上是要把建设用地指标的总量控制在一个大体恒定的范围内，致力于建设用地指标内部的结构调整，而不是总量突破，优化建设用地指标的内部结构和比例，在城镇建设用地指标增加的情况下，尽可能地减少对耕地指标的占用。城镇建设用地指标管理让土地管理进入一个新阶段：这个阶段不再是建设用地指标总量扩张阶段，进入主要依靠结构调整解决城镇建设用地指标问题的阶段。新阶段的主要特色是通过建设用地指标的内部调整，提高乡村建设指标的利用效率，整体上提高了建设用地和土地的指标利用效率。这里分析城镇建设用地指标的效率。因为建设用地指标总量拓展的模式已告终结，因此城镇建设用地指标的获取成本增加。增加成本后的城镇建设用地指标，利用效率自然提升。乡村建设用地指标转化为城镇建设用地指标，提高了乡村建设用地指标利用效率；不允许建设用地指标总量突破，让城镇建设用地指标利用效率提升，两个要素的结合大大提升了建设用地指标的利用效率。

中级阶段的城镇建设用地指标管理获得合法的指标增加途径：初级阶段，大量占用耕地的模式，侵占耕地指标，被指不合理；中级阶段，土地指标内部的优化组合，让城镇建设用地指标的增加，拥有合法途径。这种合法途径是以较高的指标获取成本为代价的。比较初级阶段与中级阶段的城镇建设用地指标的合法性：在初级阶段，城镇建设用地指标的获得，是以耕地指标的减少为代价的。特别是后期，占用耕地指标的情况愈演愈烈，实际上已经很难控制。在获取耕地指标的成本很低的情况下，城镇建设用地指标利用效率不高。与其提升利用效率，不如占用新的耕地指标，因此城镇建设用地指标利用是完全低效的粗放行为。初级阶段，占用耕地所必然带来的耕地指标减少（中级阶段并不存在这个问题：占用耕地，但是耕地指标可以并不减少）是致命的，粗放型的城镇化发展有可能严重威胁到粮食安全保障。因此发展到最后，城镇建设用地指标的获取途径基本上成为一种没有合法性的存在。

与之相反，中级阶段，在土地指标的内部优化组合中，城镇建设用地指标找到了具有合法性的获取途径：提高土地指标内部的优化组合和资源配置，减少利用效率不高的乡村建设用地指标的比例，提升城镇建设用地指标比例，让源源不断的乡村建设用地指标成为滚滚而来的城镇建设用地指标的源泉，主要通过效率提升而不是占有耕地指标的粗放模式获取建设用地指标，虽然提高了城镇建设用地指标的获取成本，但是因为土地指标利用效率的整体提升，因此获得合法性。

下面需要分析中级阶段城乡建设用地指标的配置问题。在此阶段，假定没有产生必然的耕地指标占用，建设用地指标总量平衡。此时，城镇建设用地指标需求越大，指标缺口越多，来自乡村建设用地指标的支持越大，乡村建设用地指标减少幅度越大，最终城镇建设用地指标占建设用地指标总量的比例越高，乡村建设用地指标占比越低；因为城镇建设用地指标的利用效率一般高于乡村建设用地指标的利用效率，所以土地利用效率提升。此时，还有一个变化，就是城镇建设用地指标的成本提升，表明作为来源的乡村建设用地指标价值提升。乡村建设用地指标的价值提升，可能产生其对耕地的占用冲动增强，耕地指标保护的压力增大。

（3）高级阶段统筹城镇建设用地指标与耕地指标。下面对城镇建设用地指标与耕地指标占用的关系进行分析，初级阶段，不考虑乡村建设用地指标占用耕地，经常存在两者此消彼长的关系，此时，两者的总量大体均衡。中级阶段有两个问题值得注意：一个是占补平衡下，城镇建设用地指标的增加并不影响耕地指标；另一个是城镇建设用地指标没有增加，耕地指标却被占用。第二个问题值得深入分析。如果能够统筹耕地的抛荒部分的闲置指标与城镇建设用地指标，那么会有更高的土地利用效率。

二、土地管理的两次飞跃

1. 从土地本身管理向土地指标管理转型

土地管理的第一次转型是从土地本身管理向土地指标管理转型。可以说，这是一次飞跃。

2. 回归土地本身的管理

（1）关注耕地利用情况与指标管理的区别（图8-82）。单纯的关注耕地利用情况与单纯的耕地指标管理刚好相反：前者着眼于耕地的现实利用情况，往往不去追究耕地指标的增减、置换等等变化情况；后者刚好相反，着眼于耕地指标的增减、置换等变化情况，往往不去追究耕地的现实利用情况。如果是初级阶段偏重前者，那么中级阶段偏重后者。可以看出，单纯的偏重前者或者偏重后者，都是不够的。单纯偏重前者，不灵活，很难适应占补平衡

图8-82　关注耕地利用情况与指标管理下耕地利用率的区别

的需要；单纯偏重后者，目前已经引发严重抛荒等痼疾。

（2）初级阶段土地本身管理的局限。在第二次飞跃中，土地管理要从单纯的指标管理部分回归土地本身管理，是指这样一种思路：在中级阶段之前，土地管理没有引入土地指标这个概念。只有土地本身的管理。占用了一亩耕地，从实物上来看，一亩耕地变为建设用地。当然，耕地总量也减少一亩，因为没有土地指标的概念，没有采取占补平衡的措施，耕地指标自然减少一亩。此时的土地管理，首先并且几乎是唯一针对土地本身的管理。

（3）初级阶段土地本身管理的精髓。这个阶段，因为城镇化起步时间不久，抛荒比较少见。耕地占用与抛荒等耕地利用的影响因素同时受到关注（图 8-83）。这时，耕地的状态受到高度关注：一块耕地，现在是否处于耕作状态。如果没有处于耕作状态，是什么原因造成的？此时，最常见的就是想要耕作的农民，看着自己的耕地被占用。很少发生农民主动抛荒的现象。初级阶段，指标管理还没有引入以前，耕地本身的管理，具有一个很大的优势：农民对耕地利用的关注度很高。只要耕地没有被占用，基本都能按时耕作，很少发生抛荒现象。

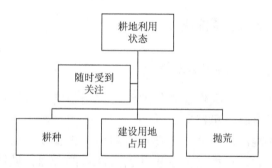

图 8-83　初级阶段对耕地本身的耕作利用状态的高度关注

此时对耕地本身的高度关注，是否是土地管理部门的制度使其不得不如此呢？客观来看，并非如此。既不是制度使然，也不是管理使然。主要是耕地利用的历史条件如此。耕地高效利用具有悠久的历史。它是长期的粮食安全保障的一个极其重要的核心组成部分，农民从历史时期到现在，都无不高度关注这个核心指标，很少随意抛荒。只有到了城镇建设用地指标开始扩展，耕地红线逐步严格之后，抛荒现象愈演愈烈，成为目前耕地指标管理中的痼疾（图 8-84）。

图 8-84　关注耕地利用的历史发展阶段

3. 从土地指标管理向土地指标及其本身管理转型

（1）转型的必要性。在看到耕地总量控制的伟大创新的同时，不得不考虑因此造成的一些严重问题：耕地指标把数目庞大的耕地面积锁在耕地红线这个铁笼子里面，不允许擅自开发，听任其在禁锢的耕地红线里面抛荒。耕地红线的铁笼子外面，是嗷嗷待哺的城镇建设用地指标。粮食安全保障的低效运行与新型城镇化建设所需建设用地指标的艰难保障并存，低效的耕地指标利用与紧缺的城镇建设用地指标并存。只有土地指标管理是远远不够的。在指标管理过度虚化了土地管理职能的同时，部分回归土地本身的管理，无疑是必要的，也是急需的。

（2）如何转型。转型的要点在于加强对指标的实际用途的管理。耕地指标不允许抛荒，实际耕地指标与名义耕地指标数量必须一致。这实际上涉及制度设计问题，不再单纯考虑耕地面积，要以产量为核心考虑问题。

三、耕地总量控制与抛荒关系试析

1. 土地指标高效利用和宏观统筹战略

（1）问题的提出。当我们发现耕地没有占用却侵占耕地指标（指耕地实际指标）这一奇妙组合时，可能印象并不很深：因为只局限于耕地领域，而耕地领域的事情总是很难激动人心，除非已经威胁到粮食安全保障战略。当这个命题转化为下列问题时，可能就显示出其引人注目的一面：城镇建设用地指标没有增加，而耕地指标（此处是指实际耕地指标）仍然被占用。面对这个问题，不禁需要深思：谁又是通过何种方式占用耕地指标，竟然没有带来紧缺的城镇建设用地指标的增加？其中的悖论引人深思：紧缺的城镇建设用地指标很难获取，从乡村建设用地指标获取的成本很高，难度很大；而名义上为粮食安全战略服务的耕地指标却大幅减少，并且没有恢复性增长的趋势。问题已经不能仅仅局限在耕地指标领域关起门来讨论，这已经不是一个纯粹耕地利用的问题，而是涉及土地指标高效利用的重大问题。把土地指标高效利用的问题进行详细分析。土地指标高效率利用应该是一个需要统筹的战略，姑且称为土地指标高效利用和宏观统筹战略。

（2）土地指标高效利用战略（图 8-85）。这个战略包括三个子战略，属于两个层次：第一个层次上，可以分为耕地指标高效利用战略和建设用地指标高效利用战略；第二个层次上，可以继续把建设用地指标高效利用战略进一步细分为两个战略：城镇建设用地指标高效利用战略和乡村建设用地指标高效利用战略。

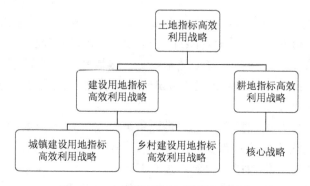

图 8-85 土地指标高效利用战略层次

（3）土地指标高效利用统筹战略。不仅需要高效利用，而且需要统筹高效利用。什么是统筹高效利用？就是一个版块的高效利用，可以提升其他两个版块的指标利用效率；一个版块的利用效率，因为其他两个版块的利用效率提升而获得提升。可以把城镇建设用地指标高效利用战略称为重大战略，可以把耕地指标高效利用战略称为核心战略。目前占补平衡最大限度地统筹了城乡建设用地资源，实现城镇建设用地指标高效利用战略和乡村建设用地指标高效利用战略的统筹。存在的问题是：耕地高效利用战略并未实现与其他两个战略的统筹。耕地利用效率局限于耕地红线保护圈内，没有实现动态的统筹促进态势。实际上，是耕地红线阻碍了三个战略的统筹（图 8-86）。

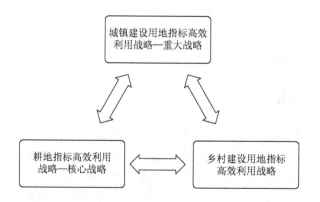

图 8-86 土地指标高效利用要能够相互促进统筹

2. 抛荒实践与耕地总量控制

（1）抛荒实践与耕地总量控制有无关系。目前，出现耕地没有占用却侵占耕地指标（指耕地实际指标）的奇妙组合。这种组合的原因主要是抛荒。目前抛荒严重，面积有数千万亩之大，但是粮食安全依然得到保障。这本身可能说明了一个问题：耕地红线被扩大，至少在目前，有 5%~10% 的耕地（0.9 亿~1.8 亿亩）可以不参加粮食生产，而粮食安全毫无威胁。这是否暗示一个问题：耕地红线是否保护了抛荒？抛荒是否在耕地红线保护下愈演愈烈？抛荒是否是耕地红线执行以来发展的最为严重？

（2）耕地红线是否保护了抛荒。耕地总量控制之前，建设用地指标增加；耕地指标减少，结构优化，效率提升。耕地总量控制之后，建设用地指标均衡，结构优化，效率提升；耕地指标均衡，效率下降。

（3）抛荒是否是耕地红线执行以来发展的最为严重。抛荒是否在耕地红线保护下愈演愈烈？是否随着耕地总量控制愈来愈严格，抛荒现象越发突出？耕地总量控制如果严格执行，如果继续忽视指标管理与土地本身管理的统筹，将会出现严重的抛荒现象：建设用地没有占用耕地，实际耕地指标却大幅度减少。这里没有建设用地指标的侵占，是无形的抛荒之手侵占了耕地实际指标。这种情况与什么因素有关？什么时候才愈演愈烈？这种情况什么时候才能彻底解决？理论上耕地总量控制是否加剧了抛荒？

3. 抛荒与耕地总量控制的理论关系

抛荒是一种出于农民自愿的选择。在没有有效的管理制度设计的情况下，耕地总量控制是一种计划管制；自愿选择与计划管制之间必然存在张力；张力的解决必须通过动态制度设计来实现。

四、耕地红线的时空统筹价值

1. 城镇建设用地指标的来源分析

城镇建设用地指标应该从何而来？这是一个不是问题的问题。这个问题十分简单：耕地。又十分难解：耕地红线已经阻止通向城镇建设用地指标的合法路径。虽然实践中还有占用耕地，但是已经从法理上不再光明正大。多少有点理亏。那么，这个神秘的课题究竟是否有解？这个问题是否有解，必须区分土地本身与土地指标。耕地用途管制让建设用地指标成为稀缺资源；耕地红线逼迫城乡建设用地指标间的关系日益紧密（图 8-87）；耕地红线让乡村建设用地指标的价值充分发挥。耕地红线在城乡建设用地指标之间建立了密切的关系。耕地红线出来以前，城镇建设用地指标紧紧瞅着紧邻的耕地打主意，从来没有想到要跟远在他乡的乡村建设用地指标建立姻亲关系。

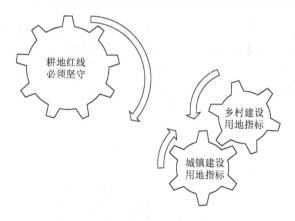

图 8-87　耕地红线逼迫城乡建设用地指标间的关系日益紧密

2. 耕地红线是土地利用权益的代际分野

（1）耕地红线可以确保粮食最大的需求量。耕地红线是出于对未来人口总量最大值和人均粮食消费量最大值的估计确定的，具有宁多毋少的特点。尽可能地考虑各种因素，包括最不利的因素在内。就目前的情况来看，一方面，人口增长趋势放缓，人均粮食浪费比较严重；另一方面，耕地抛荒严重，真正耕种的耕地的单产潜力没有充分发挥。耕地红线还是有很大余地和空间的。根据目前的趋势估计，未来粮食需求量最大时，确保粮食安全是绰绰有余的。不考虑耕地利用效率，仅从粮食安全保障角度来看，耕地红线是当代为后代粮食生产留下的最大财富。

（2）耕地红线提升建设用地指标的利用效率。考虑未来单产提升的科技潜力很大，耕地红线对于满足粮食安全绰绰有余，耕地红线实际上已经不只是粮食安全的屏障。耕地红线具有怎样的深刻含义？其中之一，就是约束建设用地指标。从目前来看，建设用地指标需求量很大，亟待解决新型城镇化战略实施中的用地问题。但是，从可持续发展的角度来看，过分宽松的供应，会降低现有建设用地指标的利用效率。约束建设用地指标，会倒逼现有建设用地指标的高效利用。假定现有建设用地面积为 b，耕地红线制度实施以前，按照原有用地效率计算，从现在到未来城镇化成熟阶段的建设用地需求为 c。假定耕地红线制度实施以后，按照新的提升之后的用地效率计算，从现在到未来城镇化成熟阶段的建设用地需求为 d，有 $d<c$。假定耕地红线制度实施以后，从现在到未来城镇化成熟阶段的建设用地需求量减少额度为 e，则 $d=c-e$；$c=d+e$。假定耕地红线实施以后，并没有因为建设用地指标控制严格影响新型城镇化战略，也就是说，建设工程如期开工，工程总量没有减少。这样，假定工程总量前后一致，都是 1，假定耕地红线制度实施以前建设用地指标利用效率为 g，耕地红线制度实施以后建设用地指标利用效率为 h，则 $g=1/(b+c)$；$h=1/(b+d)$。假定耕地红线制度实施以后建设用地指

标利用效率提升幅度为 j，则 $j=(h-g)/g=h/g-1=[1/(b+d)]/[1/(b+c)]-1=(b+c)/(b+d)-1=(b+d+e)/(b+d)-1=e/(b+d)$，即耕地红线制度实施以后，从现在到未来城镇化成熟阶段的建设用地利用效率提升幅度为 $j=e/(b+d)$。耕地红线对于提升建设用地指标的利用效率，意义重大。既然如此，耕地红线其实已经具有确保后代发展权的含义。耕地红线的三层含义如图 8-88 所示。

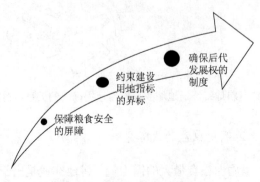

图 8-88　耕地红线的三层含义

参 考 文 献

[1] 陈悦. 重庆地票交易制度研究[J]. 西部论坛, 2010, 20 (6): 1-5.

[2] 夏帆. 土交所: 让城建有地农民有钱[N]. 重庆晨报, 2012-02-24.

[3] 郭振杰. "地票"的创新价值及制度突破[J]. 重庆社会科学, 2009 (4): 71-75.

[4] 谭新龙. 地票交易中各利益主体博弈的经济学分析[J]. 改革与战略, 2010, 26 (3): 91-93.

[5] 北京大学国家发展研究院综合课题组. 还权赋能: 奠定长期发展的可靠基础. 北京: 北京大学出版社, 2010: 48.

[6] 陈春, 冯长春, 孙阳. 城乡建设用地置换运行机理研究——以重庆地票制度为例[J]. 农村经济, 2013 (7): 37-40.

[7] 程世勇. 地票交易: 体制内土地和产业的优化组合模式[J]. 当代财经, 2010 (5): 5-11.

[8] 程世勇. 地票交易: 模式演进和体制内要素组合的优化[J]. 学术月刊, 2010, 42 (5): 70-77.

[9] 魏西云, 金晓斌. 地票运行绩效及改革路径[J]. 中国土地, 2012 (6): 56-58.

[10] 国土资源部. 关于规范城镇建设用地增加与农村建设用地减少相挂钩试点工作的意见[Z]. 国土资发 (2005) 207 号.

[11] 成都市人民政府. 关于完善土地交易制度促进农村土地综合整治的意见 (试行) [Z]. 成府发[2010]27 号.

[12] 成都市国土资源局. 关于完善建设用地指标交易制度促进农村土地综合整治的实施意见[Z]. 成国土资发[2011]80 号.

[13] 重庆市人民政府. 重庆农村土地交易所管理暂行办法[Z]. 渝府发[2008]127 号.

[14] 重庆市农村土地交易所. 重庆市城乡建设用地优化配置与农村建设用地复垦研究报告[R]. 2011.

[15] 重庆市国土资源局和房屋管理局. 关于规范地票价款使用促进农村集体建设用地复垦的指导意见 (施行) [Z]. 渝国土房管[2010]384 号.

[16] 北京大学国家发展研究院综合课题组. 还权赋能——成都土地制度改革探索的调查研究[J]. 国际经济评论, 2010 (2): 54-93.

[17] 陈悦. 重庆市统筹城乡中的土地流转制度改革[N]. 中国社会科学院院报, 2010-10-07.

[18] 魏峰, 郑义, 刘孚文. 重庆地票制度观察[J]. 中国土地, 2010 (5): 32-34.

[19] 沈冰, 郭培媛, 李婧. 完善地票交易制度的个案研究[J]. 经济纵横, 2010 (8): 83-87.

[20] 付海涛, 段玉明. 农地流转路径新探索——重庆地票交易制度研究[J]. 农业经济, 2012 (10): 24-26.

[21] 岳彩申, 张晓东. 证券化视角的地票交易制度创新及立法路径[J]. 重庆社会科学, 2011 (9): 57-63.

[22] 黄忠. 让市场发挥更大能量——地票制度再创新的思考[J]. 中国土地, 2013 (2): 19-21.

[23] 黄美均, 诸培新. 完善重庆地票制度的思考——基于地票性质及功能的视角[J]. 中国土地

科学，2013，27 (6): 48-52.

[24] 杨庆媛，鲁春阳. 重庆地票制度的功能及问题探析[J]. 中国行政管理，2011 (12): 68-71.

[25] 黄忠. 地票交易的地役权属性论[J]. 法学，2013 (6): 15-25.

[26] 张鹏，刘春鑫. 基于土地发展权与制度变迁视角的城乡土地地票交易探索——重庆模式分析[J]. 经济体制改革，2010 (5): 103-107.

[27] 尹珂，肖轶. 农村土地"地票"交易制度绩效分析——以重庆城乡统筹试验区为例[J]. 农村经济，2011 (2): 34-37.

[28] 杨飞. 反思与改良：地票制度疑与探——以重庆地票制度运行实践为例[J]. 中州学刊，2012 (6): 70-74.

[29] 段力誌，傅鸿源. 地票模式与农村集体建设用地流转制度的案例研究[J]. 公共管理学报，2011，8 (2): 86-92.

[30] 黄忠. 地票制度呼唤顶层制度支持[J]. 中国土地，2011 (12): 13-15.

[31] 叶延. 失地农民的土地保障——以重庆地票交易制度为视角[J]. 重庆理工大学学报 (社会科学)，2012，26 (8): 33-35.

[32] 陆铭. 建设用地使用权跨区域再配置：中国经济增长的新动力[J]. 世界经济，2011 (1): 107-125.

[33] 杨继瑞，汪锐，马永坤. 统筹城乡实践的重庆"地票"交易创新探索[J]. 中国农村经济，2011 (11): 4-10.

[34] 周立群，张红星. 农村土地制度变迁的经验研究：从宅基地换房到地票交易所[J]. 南京社会科学，2011 (8): 72-78.

[35] 郭振杰，曹世海. "地票"的法律性质和制度演绎[J]. 政法论丛，2009 (2): 46-50.

[36] 李南洁. 地票价格探析：基于耕地价格的思考[J]. 西部论坛，2013，23 (3): 7-11.

[37] 张泽梅. 重庆地票交易价格问题研究[J]. 社会科学研究，2012 (6): 30-32.

[38] 张泽梅. 成都地票交易价格分析[J]. 农村经济，2012 (7): 84-90.

[39] 严伟涛. 重庆农村土地"地票交易"价格机制探析[J]. 农业经济，2012 (5): 102-103.

[40] 郝利花，杜德权. 地票价格形成机制探讨[J]. 价格理论与实践，2012 (1): 42-43.

[41] 胡际莲，王国华. 农村土地流转中地票价格形成机制研究[J]. 经济纵横，2012 (5): 47-49.

[42] 邱继勤，邱道持. 重庆农村土地交易所地票定价机制探讨[J]. 中国土地科学，2011 (10): 77-81.

[43] 崔之元. 国资增值与藏富于民并进，地票交易促城乡统筹发展——重庆经验探索[J]. 探索，2010 (5): 83-87.

[44] 胡显莉，陈出新. 重庆宅基地地票交易中的农民权益保护问题分析[J]. 重庆理工大学学报 (社会科学)，2011，25 (11): 57-61.

[45] 张家源，张传华. "地票-户改-农民财产性收入"内在经济关系研究——基于博弈论的分析[J]. 学习与思考，2013 (2): 73-77.

[46] 覃琳，邱凌. 地票运行中的农民权益保障[J]. 中国土地，2012 (7): 38-39.

[47] 王绍洪. 重庆地票交易问题研究[J]. 西南民族大学学报 (人文社会科学版)，2013 (2): 134-138.

[48] 刘朝旭，雷国平. 重庆地票制度施行中存在的问题与对策[J]. 西部论坛，2011 (1): 32-36.

[49] 陈晓军，张孝成，郑财贵，等. 重庆地票制度风险评估研究[J]. 中国人口资源与环境，2012，

22 (7): 156-161.

[50] 吴义茂. 建设用地挂钩指标交易的困境与规划建设用地流转——以重庆"地票"交易为例[J]. 中国土地科学, 2010, 24 (9): 24-28.

[51] 孙芬, 郑财贵, 牛德利, 等. 关于开放地票交易二级市场的思考[J]. 江西农业学报, 2013, 25 (3): 156-158.

[52] 黄忠. 地票交易的正当性辩[M]. 中国不动产法研究, 2012: 138-145.

[53] 周中举. 农村土地使用权实物交易和地票交易制度评析——以农村宅基地使用权为中心[J]. 经济体制改革, 2011 (1): 83-87.

[54] 王守军, 杨洪明. 农村宅基地使用权地票交易分析[J]. 财经科学, 2009 (4): 95-101.

[55] 池芳春. 通过宅基地地票交易筹措农村劳动力进城住房资金[J]. 江苏农业科学, 2012, 40 (9): 394-397.

[56] 池芳春. 未来粮食需求增加条件下的地票制度创新试析[J]. 中国农机化, 2012 (6): 205-209.

[57] 谢来位. 成渝地票交易制度及其价格形成机制比较[J]. 价格理论与实践, 2012 (1): 43-44.

[58] 王鑫. 基于有限理性的地票制度演进理论研究[J]. 西部论丛, 2011, 21 (6): 21-26.

[59] 徐建国. 房价、地价、地票价三问[EB/OL]. http: //www. ftchinese. com/story/001036779 [2011-02-10].

[60] 石全红, 王宏, 陈阜, 等. 中国中低产田时空分布特征及增产潜力分析[J]. 中国农学通报, 2010, 6 (19): 369-373.

[61] 张佳宝, 林先贵, 李晖. 新一代中低产田治理技术及其在大面积均衡增产中的潜力[J]. 中国科学院院刊, 2011, 26 (4): 375-382.

[62] 郑佳欣, 杜静. 穗拟试点地票流转[N]. 南方日报, 2013-04-03.

[63] 易可君. 把地票制度作为湖南统筹城乡发展的重大战略. 国土资源导刊, 2011 (2): 47-49.

[64] 荣先恒. 重庆地票: 激活城乡要素市场[J]. 广西经济, 2011 (5): 18-19.

[65] 黄国辅, 梁小青. 重庆地票试点的湖北思考——基于沙洋王坪村的调研[J]. 学习月刊, 2011 (7): 31-33.

[66] 刘军, 王军. 重庆地票制度对陕西澄城县土地复垦整理的启示[J]. 新西部, 2010 (14): 28-29.

后　记

在保护耕地、保障粮食安全的条件下，为新型城镇化战略提供建设用地是中国面临的重大课题。占补平衡制度为此提供了平台与路径，是土地资源高效利用的制度创新。本书进行了土地资源占补平衡制度创新，研究了土地利用效率提升与建设用地指标配置，分析了土地资源占补指标的价格与收益，研究了土地资源占补平衡对新型城镇化建设的影响，在不同领域进行了土地资源占补平衡制度创新，建立种票制度、肥票制度、管票制度、推票制度、沼票制度、沙票制度、河票制度、政票制度、教育土地资源占补平衡制度等。研究了土地资源占补平衡与发展权问题，对土地资源占补平衡进行了评价，探讨了其发展趋势。统筹耕地与建设用地指标，建立稳步增长的粮食总产量红线。

2011 年 4 月 22 日～5 月 2 日为写作第一阶段；2011 年 8 月 12 日～10 月 16 日为写作第二阶段；2011 年 12 月 2 日～2012 年 2 月 23 日为写作第三阶段。一、二、三阶段为零星写作阶段。2012 年 3 月 21 日～5 月 21 日为写作第四阶段；2012 年 6 月 20～7 月 6 日为写作第五阶段；2013 年 2 月 14 日～4 月 3 日为写作第六阶段；2013 年 5 月 13 日～5 月 27 日为写作第七阶段；2013 年 6 月 13 日～9 月 20 日为写作第八阶段；四～八阶段为系统写作阶段，完成了书稿的主体部分。2013 年 11 月 2 日～11 月 7 日为修改第一阶段；2016 年 2 月 19 日～3 月 9 日为修改第二阶段；2017 年 1 月 21 日～3 月 15 日为修改第三阶段，作者对全书进行了系统修改。

本书得到以下基金资助：西安文理学院优秀学术著作出版基金；2017 年度西安市社科规划基金课题立项（17J113）；西安市社科基金项目（16WL02）；西安市科技计划项目（CXY1531WL04）；2017 年西安市科技计划——软科学研究项目（品质西安湿地生态占补平衡研究）；安徽大学农村改革与经济社会发展研究院资助项目（ADNY201503）；2015 年洛阳师范学院中原经济区智慧旅游河南省协同创新中心重点项目（2015-ZHLV-001）与 2015 年广西人文社会科学重点研究基地"广西人口较少民族发展研究中心"重点课题立项（GXRKJSZ201502）。

池芳春女士与田菁同学仔细修改了书稿全文，在此对她们的辛勤工作表示衷心感谢。

　　为本书提供支持的有肖云儒教授、张运良教授、刘鸿明教授、朱利民教授、惠宁教授、袁晓玲教授、郭鹏教授、王光教授、李玉莉老师等，借此机会，谨致谢忱。

田富强

2017 年 3 月 15 日